U0567680

权威·前沿·原创

皮书系列为
"十二五""十三五""十四五"时期国家重点出版物出版专项规划项目

BLUE BOOK

智库成果出版与传播平台

毕节蓝皮书
BLUE BOOK OF BIJIE

毕节试验区改革发展报告（2021）

ANNUAL REPORT OF REFORM AND DEVELOPMENT IN BIJIE
EXPERIMENTAL REGION (2021)

主　编／郑云跃

执行主编／黄水源　王红霞

副 主 编／陈康海　周　妤

社会科学文献出版社
SOCIAL SCIENCES ACADEMIC PRESS (CHINA)

图书在版编目（CIP）数据

毕节试验区改革发展报告 . 2021 / 郑云跃主编；黄
水源，王红霞执行主编；陈康海，周妤副主编 . --北京：
社会科学文献出版社，2022.8
（毕节蓝皮书）
ISBN 978-7-5228-0489-7

Ⅰ.①毕…　Ⅱ.①郑…②黄…③王…④陈…⑤周
…　Ⅲ.①区域经济发展-研究报告-毕节地区-2021
Ⅳ.①F127.732

中国版本图书馆 CIP 数据核字（2022）第 133204 号

毕节蓝皮书
毕节试验区改革发展报告（2021）

主　　编／郑云跃
执行主编／黄水源　王红霞
副 主 编／陈康海　周　妤

出 版 人／王利民
责任编辑／陈　颖
责任印制／王京美

出　　版／社会科学文献出版社·皮书出版分社（010）59367127
　　　　　地址：北京市北三环中路甲 29 号院华龙大厦　邮编：100029
　　　　　网址：www.ssap.com.cn
发　　行／社会科学文献出版社（010）59367028
印　　装／天津千鹤文化传播有限公司

规　　格／开　本：787mm×1092mm　1/16
　　　　　印　张：21.25　字　数：279 千字
版　　次／2022 年 8 月第 1 版　2022 年 8 月第 1 次印刷
书　　号／ISBN 978-7-5228-0489-7
定　　价／158.00 元

读者服务电话：4008918866

主要编撰者简介

郑云跃　贵州省社会科学院党委常委、副院长，研究员。主要研究方向为宏观经济、区域经济发展等。组织研究起草省第十一次党代会报告、省委"十三五"规划建议等重要文件文稿，组织起草省委主要领导在党的十八大、中央经济工作会以及省委全会、经济工作会、省委中心组学习会、省委全面深化改革领导小组会和中央领导同志来黔视察汇报提纲等重要文稿。参与国发〔2012〕2号文件、省第十二次党代会报告调研起草工作。组织开展《支持贵州发展总体思路及综合政策研究》《大数据战略》《开放型后发赶超战略》《推动黔中经济区上升为国家战略》等研究；承担国家社科基金、省社科规划课题研究；编撰《政策学原理》《贵州区域经济发展战略探析》等。担任省委改革办专职副主任期间，主抓改革办日常工作，着力推动中央和省委全面深化改革领导小组重大决策部署、依法治省重要改革举措的落实。

黄水源　博士、博士后，博士研究生导师。贵州省社会科学院农村发展研究所研究员，贵州省乡村振兴暨农村社会事业专家咨询委员会秘书长。主要研究方向为政治学理论、"三农"问题、乡村振兴等。著有《毕节试验的政治学阐释》等学术专著10余部，在CSSCI期刊、北大核心期刊公开发表学术论文30余篇，《毕节试验的政治学阐释》获全国社会主义学院系统科研成果奖一等奖。承担多项国家级、省级科研课题，主持多项省市"十四五"规划、扶贫开发规划、乡村振兴规划的编制工作。

王红霞 贵州省社会科学院农村发展研究所助理研究员。贵州省乡村振兴研究院理事。主要研究方向为现代农业、数字乡村建设、农村减贫等。主持和参与完成省、厅级课题近 10 项，发表论文 20 余篇。

陈康海 贵州省社会科学院农村发展研究所研究员。主要研究方向为区域经济、产业经济、农村经济等。主持和参与各类课题研究 50 余项，发表论文 40 余篇，有多项研究报告和论文获省部级奖励。

周 妤 历史学博士，公共管理学博士后，上海应用技术大学教授。出版著作 6 部，发表论文 30 余篇。《中国近代经世派与经世思潮研究》为"广东省中青年社会科学家文库"作品，《中国近代行政领导思想研究》为该书姊妹篇。主持中国博士后科学基金项目"中国近代经世派的行政管理思想研究"、教育部项目"早期马克思主义者对中华优秀传统文化的认识与运用研究"等 20 项课题研究。

摘　要

《毕节试验区改革发展报告（2021）》由总报告、分报告、经济分析篇、社会发展篇和乡村振兴篇五个部分构成。总报告概要回顾了2020年毕节试验区各方面的发展成就，对改革发展中存在的困难和问题进行了分析，并在探讨毕节试验区发展所面临的形势基础之上，提出了进一步改革发展的对策建议。毕节试验区的发展有目共睹，2020年全面完成脱贫任务，历史性地撕掉千百年来的绝对贫困标签，实现与全国同步全面建成小康社会；经济发展稳步推进、转型升级持续加快，生态文明建设成效显著，民生得以改善。但是与国内、省内其他地区相比，毕节试验区总体发展水平还较低、巩固脱贫攻坚成果任务仍然十分艰巨。面对新的机遇与挑战，毕节试验区应持续推进经济结构调整和转型升级，进一步完善基础设施，持续改善发展环境，进一步释放经济发展活力，持续巩固拓展脱贫攻坚成果同乡村振兴有效衔接，全力推动经济社会发展迈上新台阶，奋力开创建设贯彻新发展理念示范区新未来。

关键词：　毕节试验区　改革发展　贯彻新发展理念　绿色发展　乡村振兴

Abstract

The blue book consists of five parts: general report, sub report, economic analysis, social development and rural revitalization. The general report briefly reviews the development and achievements of Bijie in 2020, analyzes the difficulties and problems existing in reform and development, and puts forward countermeasures and suggestions for further development on the basis of current situation. The development of Bijie is obvious to all. By 2020, the task of poverty alleviation has been completed in an all-round way, absolute poverty has been eliminated historically, and a well-off society has been built in an all-round way at the same time as the whole country; Steady progress has been made in economic development, transformation and upgrading have been continuously accelerated, remarkable achievements have been made in the construction of ecological civilization, and people's livelihood has been improved. However, compared with other regions in China and Guizhou province, the overall development level of Bijie is still low, and the task of consolidating the achievements of poverty eradication is still very arduous. In the face of new opportunities and challenges, Bijie should continue to promote economic restructuring, transformation and upgrading, further improve infrastructure and development environment, further release the vitality of economic development, continue to consolidate and expand the effective connection between poverty alleviation achievements and rural revitalization, make every effort to promote economic and social development to a new level, and strive to create a new future for the construction of a demonstration zone that implements the new development concept.

Keywords: Bijie Experimental Area; Reform and Development; Implement New Development Concept; Green Development; Rural Vitalization

目 录 ↖↘

I 总报告

II 分报告

Ⅲ　经济分析篇

Ⅳ　社会发展篇

Ⅴ　乡村振兴篇

皮书数据库阅读**使用指南**

CONTENTS ↰

I General Report

II Sub Reports

III Reports of Economic Analysis

IV Reports of Social Development

V   Reports of Rural Vitalization

总 报 告

General Report

B.1

2020~2021年毕节试验区改革发展报告

总报告课题组*

摘　要： 2020年，毕节试验区全面完成脱贫任务，现行标准下农村贫困人口全部稳定脱贫，贫困村全部出列、贫困县全部摘帽，彻底解决区域性整体贫困问题，历史性地摘掉千百年来的绝对贫困标签，实现与全国同步全面建成小康社会。但是与国内、省内其他地区相比，毕节试验区总体发展水平还较低、巩固脱贫攻坚成果任务仍然十分艰巨。面对新的机遇与挑战，毕节试验区应持续推进经济结构调整和转型升级，进一步完善基础设施，持续改善发展环境，释放经济发展活力，巩固拓展脱贫攻坚成

---

* 总报告课题组组长：郑云跃，贵州省社会科学院党委常委、副院长，研究员。课题组成员：黄水源、王红霞、陈康海、周好。主要执笔人：黄水源，博士、博士后，博士研究生导师，贵州省社会科学院农村发展研究所研究员，主要研究方向为政治学理论、"三农"问题、乡村振兴等。

果同乡村振兴有效衔接，全力推动经济社会发展迈上新台阶，奋力开创建设贯彻新发展理念示范区新未来。

关键词： 毕节试验区　改革　新发展理念　高质量发展

党的十八大以来，习近平总书记高度重视毕节试验区工作，并对毕节试验区闯出新路子、探索新经验做出一系列重要指示，这为毕节试验区全面开启社会主义现代化建设新征程、努力建设贯彻新发展理念示范区指明了前进方向、提供了根本遵循。2020 年，毕节试验区不忘初心，牢记使命，强化学习和践行新发展理念，增强"四个意识"，坚定"四个自信"，做到"两个维护"，牢记嘱托、感恩奋进，汇聚试验区改革发展的强大动力，全力建设贯彻新发展理念示范区，与全国同步全面建成了小康社会。

一　2020年毕节试验区改革发展成效

2020 年毕节试验区扎实开展各项工作，脱贫攻坚取得全面胜利，基础设施基本完善，产业结构不断优化，一二三产业蓬勃发展，聚力绿色发展、人力资源开发，积极探索改革创新机制，发展势头更加强劲，实现了年度发展目标。

（一）脱贫攻坚取得全面胜利，彻底撕掉了千百年来的绝对贫困标签

1.以脱贫攻坚统揽全局，农村贫困人口全部脱贫

毕节试验区始终以脱贫攻坚统揽全局，找准关键、主动作为、精准到位、重点突破，通过实施"六个精准""五个一批"，打好"四

场硬仗"，实现了"两不愁、三保障"的各项目标，按时打赢脱贫攻坚战。2020 年，试验区上下坚决克服疫情影响，切实开展挂牌督战，努力打赢"冲刺九十天歼灭战"和"决战百日收官战"，夺取脱贫攻坚全面胜利。按照每人每年 4000 元（相当于 2010 年 2300 元不变价）的农村贫困标准计算，2020 年毕节试验区剩余农村贫困人口全部脱贫，比 2019 年减少贫困人口 12.38 万人，贫困发生率降为 0。151 个贫困村全部出列，纳雍县、威宁县、赫章县等 3 个深度贫困县全部脱贫摘帽。[①] 截至 2020 年底，毕节试验区 1981 个贫困村全部脱贫，7 个国家级贫困县全部摘帽，[②] 彻底摘掉了千百年来的绝对贫困标签。

2. 精准打好教育、医疗、住房"三保障"硬仗

在教育方面，为了阻断贫困代际传递，让更多贫困地区儿童受到义务教育，毕节严格全面落实《义务教育法》，劝回农村义务教育阶段中的辍学生 2.68 万名，并实现动态清零；资助贫困学生 327.95 万名，总资助金额为 44.9 亿元，实行应助尽助。[③] 贫困山区的孩子们通过农村易地扶贫搬迁，走出大山，享受公平优质的教育资源，用知识财富改变命运，切断贫困地区代际传递，让国家扶贫政策由输血式向造血式转变。在医疗方面，扎实推进重点医院建设，在贵州省首先推行省内定点医疗机构三重医疗保障全程即时结报。在住房方面，截至 2020 年底，农村危房改造 18.4 万户、整治老旧房屋 2.81 万户；通过开展易地扶贫搬迁工程，32.48 万户农民搬出大山、搬进新居；51.4 万贫困人口被纳入兜底保障。[④]

---

① 《毕节市 2020 年国民经济和社会发展统计公报》，澎湃新闻，https：//www.thepaper.cn/newsDetail_ forward_ 12437990。

② 张集智：《政府工作报告》，《毕节日报》2021 年 3 月 8 日，http：//rb.bjsyqw.com/html/2021-03/08/content_ 94226_ 13095325.htm。

③ 张集智：《政府工作报告》，《毕节日报》2021 年 3 月 8 日，http：//rb.bjsyqw.com/html/2021-03/08/content_ 94226_ 13095325.htm。

④ 相关数据由毕节市乡村振兴局提供。

3. 产业就业扶持持续巩固

多方筹集后续产业扶贫资金，支持易地扶贫搬迁安置点 113 个后续扶持产业项目和基础设施补短板项目建设。后续产业扶贫资金主要用于安置点后续产业项目建设。

在培训方面。强化培训效果，提升干群素质，培训是贫困地区稳定脱贫的重要扶贫措施。2020 年，毕节试验区情系农村干部群众，共培训扶贫干部 108.6 万人次，开展农村群众综合素质提高培训 382.4 万人次、贫困劳动力培训 44.4 万人次，极大地提高了基层干部的管理协调能力，提高了贫困群众的产业生产、管护、加工等技能。

在就业方面。通过举办线上线下招聘会、定向发布招聘岗位信息、开展有针对性的岗位培训等方式，促进贫困群体就地或就近就业。以东西部协作、结对帮扶等机制为依托，有序组织转移就业劳动力外出就业。2020 年，毕节通过 135 个服务网点、94 个劳务分公司、117 个劳务合作社，促进搬迁户具有劳动力者就业 10405 人；举办专场招聘会 168 场，上门走访 13.83 万户次，推荐岗位实现就业 1.69万人；安置区现有扶贫车间（基地）133 个，吸纳搬迁劳动力 2844人；通过开发十大公益转岗、兜底安置等措施实现就业 7811 人。①

（二）产业结构不断优化，经济持续平稳发展

围绕"四新"促"四化"，全力推进新型工业化、新型城镇化、农业现代化和旅游产业化发展。积极调整产业结构，大力推进经济平稳健康发展。2020 年，毕节试验区生产总值 2020.39 亿元，同比增长 4.4%。其中，第一产业增加值 486.55 亿元，同比增长 6.3%；第二产业增加值 533.45 亿元，同比增长 3.8%；第三产业增加值1000.39 亿元，同比增长 3.9%。第一产业增加值占生产总值的比重

---

① 相关数据由毕节市人力资源和社会保障局提供。

为 24.1%，第二产业增加值占生产总值的比重为 26.4%，第三产业增加值占生产总值的比重为 49.5%。① 产业结构"三二一"模式持续稳中向好。

（三）基础设施不断完善，夯实产业发展基础

加快交通设施建设，"十三五"期间，织毕高铁、织纳高铁建成通车，高铁运营里程 538 公里。高速公路通车里程 981 公里，大力实施县乡道改造和路面改善 2220 公里。毕节飞雄机场直飞 21 个城市、一条龙通达 134 个大中城市，草海飞机场开始建设。② 续建增加大中小型水库 51 座，13 座水库蓄水，增加库容 8105 万立方米，达到"县县有中型水库"。建设完成变电站 42 座，全面完成新一轮农网改造升级。行政村通光纤和 30 户以上的自然村 4G 网络全面覆盖，建成 5G 基站 2021 个。建设通村油路（水泥路）1.12 万公里、组组通硬化公路 1.46 万公里，30 户以上的自然村寨 100% 通硬化公路。③ 建成了粤港澳大湾区菜篮子物流配送中心，6 个农业物流园、230 个冷库投入运营，有力推动了农特产品进京、进粤、进滇、进川、进渝等。抓好"3+1"保障。投入 29.7 亿元落实饮水安全工程建设，完善有偿使用水、计量用水、错峰供给、应急供给的管理机制，基本缓解了 149.7 万人安全饮水问题。④

---

① 毕节市统计局、国家统计局毕节调查队：《毕节市 2020 年国民经济和社会发展统计公报》，《毕节日报》2021 年 5 月 10 日，http://rb.bjsyqw.com/html/2021-05/10/content_ 94224_ 13355634. htm。

② 张集智：《政府工作报告》，《毕节日报》2021 年 3 月 8 日，http://rb.bjsyqw.com/html/2021-03/08/content_ 94226_ 13095325. htm。

③ 张集智：《政府工作报告》，《毕节日报》2021 年 3 月 8 日，http://rb.bjsyqw.com/html/2021-03/08/content_ 94226_ 13095325. htm。

④ 张集智：《政府工作报告》，《毕节日报》2021 年 3 月 8 日，http://rb.bjsyqw.com/html/2021-03/08/content_ 94226_ 13095325. htm。

（四）工业产业结构不断优化，助促工业经济平稳运行①

贯彻落实国家新一轮全面深化改革战略部署，坚定不移地实施工业强市战略，把加快工业发展作为经济工作的首要任务，加快推进产业结构的深度调整，加快产业转型，促使经济继续保持稳中有进、稳中向好的发展态势，社会效益进一步提高。2020 年，顺利推进一批重大工业项目，科技带动创新能力不断增强，经济社会水平持续健康发展。工业技术加速发展，在巩固提升煤、电、烟三大支柱产业的同时，着力推动新型建材、先进装备制造、基础材料、优质白酒、现代化工、大数据电子信息、生态特色食品、健康医药等产业加快发展，呈现提速扩量、优化布局、增强后劲的发展态势。

1. 工业经济平稳运行，工业质量效益稳步提高

以发展壮大十大百亿级工业为抓手，持续推进大数据与实体经济深度融合，统筹推进产业园区、重大项目建设、民营经济、招商引资等重点工作，全力做好"稳增长、调结构、防风险、保稳定"，确保试验区工业经济实现高质量发展。2020 年，毕节试验区实现规模工业总产值 1100 亿元，基本形成了基础能源、清洁高效电力、优质烟酒、新型建材等十大工业发展的格局。规模以上主要工业品产量规模也呈增长态势。发电量由 2015 年的 291.7 亿千瓦时增长到 2020 年的 442.68 亿千瓦时，增长了 0.52 倍；白酒产量由 2015 年的 5324 千升增长到 2020 年的 14449.74 千升，增长了 1.71 倍；商混土土产量由 2015 年的 395.5 万立方米增长到 2020 年的 924.45 万立方米，增长了 1.34 倍。

从工业产销率、工业税收、工业用电量等指标看，工业提质增效明显改善。2020 年，试验区规模以上工业产销率 97.3%，实现工业

---

① 此部分内容涉及的数据均由毕节市工业和信息化局提供。

税收88亿元，是2015年工业税收（77.76亿元）的1.13倍，年均增长2.5%左右；规模以上工业企业每百元营业收入中的成本80.4元，较2015年下降3.2元；试验区工业用电量44.5亿千瓦时，是2015年工业用电量（36.56亿千瓦时）的1.22倍，年均增长4%左右。

2. 工业产业结构不断优化，产业特色鲜明

推动经济高质量发展的动力，主要来自工业结构的转型升级。"十三五"以来，毕节试验区工业发展坚持"立足煤、做足煤、不唯煤"的思路，紧紧围绕抓改造、调结构、去产能、促转型、补短板、提品质、增效益进行引导，积极打造国家能源战略储备基地，推进十大工业产业振兴行动，壮大优势产业，改造提升传统产业，加快信息技术与工业融合发展，提升产业链和供应链现代化水平，全力推进工业大突破，积极构建高质量发展的新型工业产业体系。通过系列措施不断优化产业结构，具体表现在以下三个方面。一是规模工业中传统煤炭产业比重下降。2020年，煤炭产业在规模工业中的占比为26.4%，较2015年的42%下降了15.6个百分点，工业发展对传统煤炭产业依赖有所减弱。二是新能源产业快速发展。风电、光伏太阳能、生物质等装机规模达到358.94万千瓦（风电175.14万千瓦、光伏太阳能180.8万千瓦、生物质3万千瓦），装机容量占全市总装机容量的25.13%，比2015年提高了11个百分点。三是规模工业产值中新兴产业占比明显提升。2020年，新型建材、大数据电子信息、生态特色食品、现代化工等新兴产业在规模工业产值中的占比达到26.5%，比2015年提高了11.5个百分点。

3. 产业布局持续优化，集聚发展成效明显

坚持"高端、绿色、集约"的主攻方向，不断优化产业布局，加快推进产业集聚集约发展，促进工业园区提档升级，9个工业园区主导产业发展的格局基本形成。2020年，毕节试验区工业园区实现

规模工业总产值650.79亿元,占全市规模工业总产值的82.79%,较2016年占比提高了8.19个百分点,工业园区经济贡献显著提高。同时,试验区工业园区能级不断提升,产业承载力持续增强,集聚效应进一步突出。2016年以来,毕节试验区9个工业园区中,新增1个国家级新型工业化产业示范基地,贵州省新型工业化产业示范基地增至7个,新增2个省级绿色示范园区,新增1个贵州省化工园区,毕节经开区获批省级高新区,赫章工业园区获批省级特色产业园区,进入省级经开区培育名录。经过近几年的培育发展,各园区主导产业不断发展壮大,产业链条延长增粗,逐步形成了毕节高新区锂电产业、七星关经开区轻纺产业、黔西经开区化工产业、金沙经开区白酒产业、赫章工业园铸造产业等多个优势特色产业集群。

4. 创新能力不断提升,产业技术不断突破

创新是引领发展的第一动力,工业经济提质增效、技术进步、创新驱动是关键。"十三五"以来,毕节试验区围绕打造创新创业生态,以政策创新、要素集聚、产学研用一体化为抓手,产业创新能力显著提升。2020年,毕节试验区综合科技进步水平指数达57.3%,比2015年提高27个百分点。同年,毕节试验区专利申请量7644件,增长224%;专利授权量3811件,增长124.6%。高新技术企业增至43家,科技型企业成长梯队增至38家。创建国家级星创天地5个、院士工作站2个、重点实验室1个、工程技术研究中心3个、省级大学科技园1个、众创空间3个、科技企业孵化器2个。截至2020年底,毕节试验区共有省级企业技术中心7家,高新技术企业已达43家,比2015年净增40家,企业技术创新能力逐步提升。两化融合不断深化,智能制造显成效。2020年,毕节试验区大数据与实体经济深度融合水平达到37.4,相比2017年、2018年和2019年分别增长8.2、4.6和2.1,实现连续4年持续稳步提升。自2018年启动煤矿机械化智能化改造建设三年攻坚行动以来,毕节试验区所有正常生产煤矿均实现了采掘机械化、辅助系统智能化改造;建成 6 个采煤智能化工作面,煤炭产业在智能化、物联网、大数据融合等方面实现实质性突破。

(五)聚力现代农业体系建设,促进山地特色高效农业发展

毕节试验区通过充分发挥高海拔落差、农业立体资源禀赋的比较优势,走出了一条与毕节发展相适应的山地特色农业现代化道路,基本形成了建设贯彻新发展理念示范区的农业体系。结合毕节地域环境多样性和山地特点,按照"一县一特""一乡一业""一村一品"的总目标,构建现代农业产业体系;蔬菜、茶叶、食用菌、中药材、经果林等特色优势产业得到大力发展,大方肉牛、威宁"三白"① 及苹果、锦皂角等农业生产初具规模,打造了具有现代山地特色的农业生产体系。不断改善农业基础设施条件,夯实农业资源要素保障,加大农业科技投入力度,促进农业装备提档升级,用现代农业设施、现代装备和先进农业技术手段武装传统农业,提高山地农业良种化、机械化、科技化、标准化、信息化水平,增强现代山地特色农业发展后劲,构建现代山地农业保障体系。围绕毕节山地特色农业现代化发展需求,注重培育新型农业经营主体,不断探索和完善"公司+合作社/家庭农场+农户"的经营模式,继续加大农业龙头企业的招商引资和培育力度,发挥龙头企业优势,带动种养基地规模化、订单化生产,构建现代农业经营体系。

(六)景区不断提质升级,推动文旅产业蓬勃发展

作为绿色产业、富民产业,文化旅游业是高成长性、高带动性、最具发展潜力的产业,具有"一业兴百业旺"的联动效应,完全符

---

① 即白萝卜、大白菜、莲花白。

合新发展理念和高质量发展要求。大力推进百里杜鹃、织金洞、慕俄格古城、韭菜坪、油杉河等老景区不断提质升级，将奢香古镇、中国河、平远古镇、九洞天、金海湖旅游区等一批重量级新景区相继推向市场，全域旅游供给格局初步形成。建成了以避暑旅游为主的百里杜鹃全域、黔西县柳岸水乡、化屋村、大方县木寨村等一批乡村旅游点。推出了百里杜鹃花舍度假民宿、黔西中建乡营盘村花都里民宿、新仁乡化屋花都里民宿等多个精品项目。聚焦毕节试验区显著的区域特质，塑造和提升了"洞天福地·花海毕节"的旅游品牌形象，并具有了一定的知名度和影响力。

（七）实施绿色治理工程，强力推进绿色发展

毕节试验区改革发展的重中之重，是准确把握新发展阶段，深入贯彻新发展理念，加快构建新发展格局。2014年5月15日，习近平总书记对毕节试验区做出重要批示，赋予毕节试验区"走出一条贫困地区全面建成小康社会的新路子""探索多党合作服务改革发展实践的新经验"的历史使命。2018年7月18日，习近平总书记再次对毕节试验区做出重要指示，要求"确保按时打赢脱贫攻坚战，着力推动绿色发展、人力资源开发、体制机制创新，努力把毕节试验区建设成为贯彻新发展理念示范区"。毕节试验区坚持以习近平新时代中国特色社会主义思想为指导，坚决贯彻落实习近平总书记视察贵州和对毕节的重要指示批示精神，坚持以高质量发展统揽全局，深入贯彻新发展理念，守好发展和生态两条底线，大力推进和实施大生态战略行动。2020年，试验区以建设生态文明先行示范区、筑牢两江上游生态屏障为目标，坚定不移地走"生态优先、绿色发展"之路，持续推动经济社会实现高质量发展，高水平保护生态环境。毕节试验区通过牢固树立"绿水青山就是金山银山"的理念，把绿色发展贯穿于经济社会建设全过程，加强绿色治理，建设绿色生态，发展绿色经

济，努力在生态文明建设上有新作为，在生态优先、绿色发展的道路上迈出坚定步伐，经济社会实力明显增强，民生福祉持续改善，为建设贯彻新发展理念示范区打下坚实基础。

2020 年，毕节试验区通过全面推进绿色工程治理、持续加大水资源保护力度、持续实施生态保护与修复、逐步完善环保基础设施等措施，生态优先、绿色发展成效突出。坚持把产业生态化和生态产业化统筹起来，推动经济发展与生态文明相得益彰、协同发展，使发展绿色产业成为建设的主基调，使生态环境更加优美。通过加快培育高质量、高效益的新型绿色产业，产业生态价值大幅提升，形成了新的经济增长点。

（八）创新"四共"机制，推动人力资源开发取得新进展

近年来，毕节试验区深入贯彻落实习近平总书记重要指示批示精神，积极抢抓东西部合作尤其是广州市对口帮扶机遇，以毕节职业技术学院为依托，加强与广州市的对接，创新"四共"机制，推动职业教育优质发展，提升人力资源开发水平。在此，以毕节职业技术学院关于人力资源开发实践为例，集中体现东西协作、共同推动人力资源开发的显著成效。

1. 共同构建高效率的协作平台

一是搭建技能练兵平台。两地签订合作协议，协调广东省相关单位、企业、学校注入资金，由毕节职院提供场地，共同建设毕节广州人力资源开发基地，建设实训机房，搭建技能实训平台。广东捐资3500 多万元支持毕节试验区公共实训基地、南粤家政培训基地、广东烹饪大师培训基地和广州技工培训基地建设。二是打造信息化管理平台。建立毕节广州职教协同系统，打造信息化管理平台。帮扶需求、用工需求、培训需求由毕节职院定期上传系统，广东相关企业通过该系统实时发布用工需求，促进双方技能培训与用工需求信息无缝

对接。推动广东有关方面先后组织 400 多人次到毕节职院开展帮扶工作，促成 40 多个人力资源开发合作协议的签订。三是打造市场运作平台。由毕节试验区人社部门牵头负责，毕节职院具体承办，与广东德生科技有限公司签订合作协议，共同打造毕节人力资源服务产业园职教城园区，促进人力资源交流与劳务合作，为市场化运作人力资源搭建平台。职教城园区已签约入驻人力资源服务机构 18 家，其中广州智聘公司等 3 家是国内知名的人力资源服务机构。

2. 共建高水平师资队伍

第一，走出去"充电"。充分利用产教融合、校企合作等合作平台，采取"海外研修+挂职锻炼"等方式，提升毕节职院师资力量。选派 165 名教师和管理人员分别到广州番禺职业技术学院开展研修培训和跟班学习，并选派 1 名校领导到广州番禺职业技术学院挂职锻炼半年。第二，请进来"传经"。争取广州番禺职院的支持，采取举办专题培训、"周末大讲堂"等形式，对专业带头人、骨干教师进行帮扶培训。针对校企合作订单班，协调广东省相关企业定期选派专家技师到毕节为学生上课，并组织职院教师同步观摩，学习专业学科建设、教学和师资培训等经验。协调广东有关专家到职院开展培训 7 批次，培训师生 1000 余人次。第三，组合式"攻关"。与广州番禺职院、国泰安研究院建立职业教育课题联合攻关机制，围绕"后发地区高职教育人才培养模式""区域职业教育课程与校本教材开发""东西部协同育训并举的人力资源开发模式"等重大课题开展研究，促进毕节职院教师科研素养和教学水平的提高。同时，协调广州有关方面专家到毕节职院进行专业建设指导和课题研究，为申报省特色高水平职业院校和专业"双专科"提供帮助。

3. 共同培养高技能实用型人才

第一，精准招生。协调广东有关企业冠名毕节职院开办订单班，由企业派出招生宣讲团，以建档立卡家庭、困难家庭为主要对象，对企业经营状况、未来发展战略、用工需求等方面进行宣讲，引导学生提前谋划未来就业。之后，企业派专家小组赴毕节职院组织面试，将品学兼优、家庭困难的学生选拔进订单班学习，有 1400 名学生进入企业订单班学习，其中困难家庭学生占比达 80%。第二，精准培养。创新"引企入校""现代学徒制""中高职贯通"等模式，建立"专业共建、资源共享、供需必应、传帮齐动"的特色办学机制，联合广东有关企业开办工程造价、建筑工艺、酒店管理等技能培训班，引导学生学以致用。同时与相关企业签订合作协议，在第五学期组织学生转入广东省相关技工学校，进行企业课程拓展、技能实操等学习培训，最后半年转入企业进行跟班实训。相关对口帮扶企业已举办跟岗实习 150 期次，跟岗培训学生 2000 余名。第三，精准扶持。坚持"保基本、可持续、能发展"的思路，建立困难学生管理台账，健全"一对一"帮扶办法和资助机制。对家庭困难的学生，协调广东有关企业出资，设立专项助学基金。同时，在足额发放国家励志奖学金和中职、高职等奖助学金的基础上，再拿出 10% 的学校事业收入用于资助困难学生。

4. 共同促进优质稳定就业

一是促进异地就业。建立党政部门、学校和两地企业间的协作机制，针对建档立卡家庭和困难家庭毕业生，采取吸纳到广东就业的双向选择方式，推动实现"学一门技术、就业一人、致富一户"。同时，每年邀请东部企业到毕节职院举办促进异地就业专场招聘会。二是就地扩大就业。定期邀请广州有关方面专家来毕节开展人力资源开发和就业指导工作，与广药集团在毕节的广东刺柠吉共建定向就业订单班，对毕节生产基地技术人员进行订单式培训。与广州越秀风行农牧公司建立校企合作，仅大方县城基地就吸纳就业 50 人。同时，利用"云就业"平台，组织职院毕业生参加线上线下招聘会，为本地就业拓宽渠道。通过组织本地企业 1000 余家参与招聘会，累计提供岗位 20000 余个。三是跟踪服务，做好就业工作。以东西部协作平台为依托，健全毕业生就业台账，建立毕业生就业跟踪指导和服务机制，实现动态管理毕业生就业信息。每年组织学校负责人到东部企业走访调研，通过网络对接、寄发调查问卷等形式，及时掌握已就业学生情况，适时开展与就业毕业生的座谈，了解职业发展情况，帮助协调解决困难问题，听取对学校人才培养、校企合作、培训服务等方面的意见和建议。积极开展毕业生跟踪服务走访调研 30 余次，指导毕业生就业创业服务 100 余次。

（九）聚焦重点，以改革推动体制机制创新

一是紧盯重点，统筹谋划。2020 年，试验区共召开 8 次深改委会议和 1 次改革试点工作调度会，传达改革精神，审议改革事项，确保"规定动作"抓到位、"试点动作"创特色、"自选动作"见实效。人力资源开发、煤炭行业精细化管理、幼教改革发展等 21 个方面的改革陆续落地。尤其针对新冠肺炎疫情，及时增强公共卫生服务能力；针对农村产业革命不断深化，适时推进农业保险优质发展；针对脱贫攻坚与乡村振兴的衔接问题，适时创新"四留"机制。改革在重点领域、关键环节的突破，正在不断转化为增强治理能力的生动实践。

二是建强机制，高效运转。"把握关键点、紧盯关键人、瞄准关键事、守好关键时、落在关键处"，迅速行动，压实责任。落实成为毕节抓改革的重要一环，深改委班子成员领办 16 项重大改革事项，以上率下做出示范。改革办部门联动、县区联动，打造样板亮点，实地检验党支部对村集体合作社领办、群团帮扶脱贫、国有企业改革等工作的成效。项目领衔、述职汇报、联动督导、现场推进，以及"立体式"配套、"预安排"审议、"样板点"引领、"差别化"考核、"开门搞改革的毕节实践"持续深化，行之有效的硬核措施不断

推出，构建起科学高效的组织、协调、落实体系。

三是普惠民生促和谐，社会大局保持稳定。以改革促发展、惠民生抓落实，向改革要活力、要动力、要生产力。2020年，试验区经济增速达4.4%，森林覆盖率达60%，12.5万贫困人口全部达到脱贫标准，法治政府示范创建入围全国50强，三重医保"一站式"即时结算率先推出，人居环境、发展环境进一步优化，看病更便宜，教育更公平，社会更安定，改革红利更多惠及群众。推进公安"放管服"改革，控疫情、防风险、保安全、保稳定，毕节试验区公安局荣获"全国抗击'新冠'肺炎疫情先进集体"称号；党支部领办村集体合作社的做法被中改办相关刊物刊载；创新推进商事制度改革，再获国务院督查督办奖励；"河长令+"工作机制、农村宅基地审批管理等工作得到了国家部委和省委相关领导的批示和认可；警方"两会+十户"联防、乡村治理监督员、乡村治理"两带三治"，展示了毕节改革创新、奋发向上的良好形象。

四是放管服改革扎实开展。市级政府工作事项全部进入政府大厅，行政机关审批手续一般受理时限由25.4个工作日缩短为7.5个工作日，民营企业经营工作时间缩短为2个工作日，建设施工审查时限缩短为80个工作日，极大地提高了工作效率。《关于深化商事管理制度改革加强事中事后管理的若干意见》获国务院通报表彰。"多证合一、一照一码"的改革，被纳入国家工商行政管理总局试点范围，对市场经济主体进行年报审查。民营经济市场主体达到50万家，增加值占GDP比重达到60.5%。[①] 引进投资项目数、落实投资额均列贵州省第3位。

---

① 张集智：《政府工作报告》，《毕节日报》2021年3月8日，http：//rb.bjsyqw.com/html/2021-03/08/content_94226_13095325.htm。

（十）加快建设对外开放平台，持续提升对外开放水平

国家和省推动对外开放的一系列举措，为毕节试验区进一步扩大开放提供了良好契机。2020 年，《中共中央国务院关于促进新时期西部大开发形成新格局的指导意见》（以下简称《意见》）出台，为促进西部大开发形成新发展格局提出了具体措施，西部大开发进入新的发展阶段。《意见》明确，要形成大保护、大开放、高质量的发展格局，从而助推西部地区实现更高质量、更有效率、更加公平、更可持续发展。这为毕节扩大对外开放提供了有利的环境和条件，西部陆海新通道的建设，使毕节的货物贸易可以直接通过南向通道到达我国南部出海口和东南亚地区，不再需要经过东部沿海地区，将毕节试验区与长江经济带有机衔接，与共建"一带一路"有机衔接，打造毕节对外贸易四通八达的交通大通道。通过通道的带动，把毕节的交通、物流、经济发展融为一体，让交通物流通道促进毕节产业贸易转型融合联动，推动毕节产业结构优化调整和对外经贸合作，使毕节试验区更好地融入全国对外开放大局。

对外开放平台建设取得明显成效。2019 年 7 月 23 日，毕节海关挂牌成立，为毕节试验区外贸企业享受海关便捷服务创造了条件，为毕节试验区融入粤港澳大湾区"菜篮子"工程和出口基地培育提供了支撑，有利于毕节试验区货物进出口便利化、营商环境改善、经济增长方式转变和贯彻新发展理念示范区建设，为毕节试验区外向型经济快速发展夯实了基础。依托毕节试验区铁路、机场、高速公路等基础设施建设的川滇黔区域性国际国内货物集散中心初具规模，毕节试验区东站作为毕节试验区枢纽货运中心站，将建成川滇黔区域性国际国内货物运输集散中心、集装箱集散中心和区域性加工贸易中心。年货运能力开通初期 100 万吨，扩展能力为 500 万吨。大方经开区特色农产品外贸转型升级示范基地、金沙经开区综合外贸转型升级示范基地等省级外贸转型升级示范基地，赫章城西商贸物流园、金海湖新区竹园物流中心等大型物流园区进展顺利。

二 毕节试验区改革发展中面临的难题

（一）产业结构有待优化

经济总量小，结构单一，投入不足，产业化程度低，园区建设进展缓慢。经济结构发展不合理，一、二、三产业发展极不均衡，结构性问题凸显。三大产业结构比例为24.1∶26.4∶49.5（见表1），第一产业总体值比贵州省高9.9个百分点，而第二产业、第三产业则依次比贵州省低8.4个、1.4个百分点。① 毕节持续巩固拓展脱贫攻坚成果同乡村振兴有效衔接、着力打造贯彻新发展理念示范区任重道远。

表1 毕节试验区三次产业结构比

单位：%，个百分点

年份	第一产业占比	第二产业占比	第三产业占比	第一产业占比同比提高	第二产业占比同比提高	第三产业占比同比提高
2016	25.5	30.3	44.2	0.2	-0.6	0.4
2017	24.6	29.2	46.2	-0.9	-1.1	2.0
2018	23.7	27.7	48.6	-0.9	-1.5	2.4
2019	23.1	27.2	49.7	-0.6	-0.5	1.1
2020	24.1	26.4	49.5	1.0	-0.8	-0.2

资料来源：根据2017~2021年《毕节市统计年鉴》计算所得。

从"十三五"期间毕节试验区三次产业结构比分析，制约毕节试验区经济社会发展的最大原因，即喀斯特山区特有的地形造成了

---

① 张集智：《政府工作报告》，《毕节日报》2021年3月8日，http：//rb.bjsyqw.com/html/2021-03/08/content_ 94226_ 13095325.htm。

山地居多、形成了"八山一水一分田"的自然环境，而这样的喀斯特山区地形复杂，使得基础设施建设投资过高，投入产出比低，导致资本投入不足，基础设施建设相对滞后，从而规模化产业发展成本较高，就业吸纳能力有限，于是外出务工是多数农村劳动力的选择。

（二）巩固脱贫成果任务重

一是脱贫人口基数大，返贫风险高。试验区有建档立卡脱贫人口41.06万户179.11万人，动态监测对象相对较多，识别监测对象约占贵州省1/5、全国1/54，返贫致贫风险高，监测帮扶压力大。

二是脱贫攻坚时期的产业刚刚起步，组织化程度、规模化程度和市场化程度相对较低。由于毕节试验区耕地破碎，海拔落差大，农业基础设施配套差，农产品市场竞争能力不强。一些县区脱贫攻坚产业发展后劲不足，许多农民收入主要依靠外出务工，群众增收渠道狭窄。而在外务工的脱贫户劳动力有40.9万人，占55.38%，稳岗就业压力大。同时，农业基础设施滞后，抵御自然灾害能力不强，发展现代农业的基础不牢。县域经济薄弱，城乡发展不平衡、经济与社会发展不平衡的状况没有根本改变。

三是易地扶贫搬迁地存在部分社会遗留问题。部分拆迁户因年龄偏大，原来主要是靠种地维生，但迁入安置点后，就业无着落、生活方式不习惯等社会现实问题还需逐步适应。少数搬迁户"占新不拆旧"，从而导致拆迁复垦工程进展缓慢、集中安置点入驻率不高等问题的出现。如果上述遗留问题得不到妥善解决，就会使易地扶贫搬迁项目的效益大打折扣，甚至会对当地政府的公信力、拆迁群众的受益造成一定影响。由于城镇化水平低，镇域经济实力不强，城镇集聚辐射能力弱，搬迁户劳动力主要还是靠外出务工增加收入，因此，对32.48万易地扶贫搬迁人口还需进一步加大后续扶持力度。

（三）基本公共服务水平还不高

公共服务基础设施功能格局还不齐全，专业化程度低。社会工作基础薄弱，社会组织孵化和培育比较滞后。兜底保障水平不高，社会救济群体数量大，特殊群体，如特困员工、残疾、老年、乡村"留守"人员等的关怀与保障还存有薄弱环节。地方投入较小，救济水平偏低，且社会救济资源的整合层次不高、力度不大，分散救助、条块分割救助的局面尚未得到根本转变。

（四）治理效能还有一定差距

由于 2020 年已进入政府债务偿付高峰期，地方债务风险面临较大压力，并且治理效能还有一定差距，运用市场化法治化手段解决问题的本领较弱。在面临生态环境、安全生产、社会治理等方面问题时，还需进一步完善联动机制，采取信息化手段、运用综合性措施。

三　毕节试验区改革发展形势分析

经过多年发展，毕节试验区进入从"试验"到"示范"的转型重要阶段，"十四五"时期是毕节试验区建设贯彻新发展理念示范区最关键时期。在中央、省委的大力支持下，毕节试验区发展站在了现代化建设的新起点，既面临历史最好机遇，又面临一系列挑战。

当今世界正经历着百年未有之大变局，随着新阶段经济技术革命和产业变革的深入推进，人类命运共同体理念深入人心。由于新冠肺炎疫情影响广泛深远，世界进入动荡变革期，同时不稳定不确定性明显增强，必须适应在新环境中谋发展。尽管我国经济发展面临的机遇和挑战都发生了重大变化，但仍持续稳中求进的发展势头，未来中国经济社会蓬勃发展、持续向好稳定推进，将成为具备更多的资源优势

和继续发展壮大的必要条件。党的十八届三中全会以来，随着我国各项事业改革的不断深化，一些长期制约经济社会发展的体制机制障碍逐步得到突破，全面深化改革仍是毕节试验区各项经济社会事业发展坚持的基本准则。以改革创新为发展的根本动力。在新发展战略布局下，毕节试验区以建设贯彻新发展理念示范区为目标，把贯彻落实国家新发展理念贯穿始终，把各项机制体制改革统筹推进，进入从"试验"到"示范"的转型重要阶段，为毕节试验区加速发展注入新动能，赋予其新内涵和新使命。

综合判断，国际化、现代化进程的推进和我国经济社会的快速发展，特别是共建人类命运共同体和"一带一路"的快速推进，再加上实现全面小康目标后我国经济社会发展的新活力，开启了建设社会主义现代化国家的新征程，这些必将为毕节建设贯彻新发展理念示范区、融入西部大开发形成新格局的各项实际工作提供前所未有的发展机遇。毕节试验区要切实增强机遇意识，认真领会和研究中央、省各项战略部署与政策举措，对标对表抓落实。最重要的是抢抓"建设贯彻新发展理念示范区"重大机遇，把握政策窗口期，科学谋划定位、找准坐标位置，突出差异化错位发展，从而呈现良好的经济发展态势、较快的增长速度和充足的动力，实现毕节试验区经济社会更好更快发展。

四 加快毕节试验区改革发展的对策建议

2021年，是全面实施"十四五"规划、全面建成社会主义现代化经济发展新征程的第一年。毕节试验区要坚定稳中求进的工作总基调，立足新时代，践行新发展理念，构建融合创新的发展布局，确保各项工作善始善终、善作善成。

（一）持续巩固拓展脱贫攻坚成果和乡村振兴有效衔接

1. 强抓"四化"助力巩固拓展脱贫攻坚成果和乡村振兴有效衔接

"四化"即新型工业化、新型城镇化、农业现代化、旅游产业化，既各有内涵，又环环相扣，是实现巩固拓展脱贫攻坚成果与乡村振兴有效衔接的治本之策。

毕节试验区要深入贯彻落实十九届六中全会精神，突出精准施策、夯实基础，守牢并防止发生大规模返贫的基本底线，聚焦产业发展和就业促进这两大关键点，大力实施特色田园乡村建设，着力在巩固和扩大脱贫攻坚成果与农村振兴有效衔接上体现新的责任担当；突出先行先试、守正创新，着力在实践"三大主题"上取得新突破，即推进绿色发展、人力资源开发和体制机制创新；突出发挥优势，补齐短板，围绕"四新"，着力培育主攻"四化"的新动力：即大力推进新型工业化、新型城镇化、农业现代化、旅游产业化，重点围绕构建现代产业体系、推进以人为本的新型城镇化、持续推进生态文明建设、保障改善民生等方面取得新突破，围绕继续巩固和拓展脱贫攻坚成果，全面推进乡村振兴战略行动，聚力"五大振兴"，即乡村产业振兴、人才振兴、文化振兴、生态振兴和组织振兴，提高农业发展的质量效益和核心竞争力，以产业振兴带动乡村全面振兴，为毕节试验区建设贯彻新发展理念示范区探索新路径。

2. 聚焦特色农业深加工和品牌培育，推动农业高质量发展

推进毕节试验区农业高质量发展，是今后一段时期的重要任务之一，重点是促进农业提质增效，以产业振兴推动乡村全面振兴和实现农业农村现代化。积极推进农业现代化建设，保持粮食稳定生产，实施国家藏粮于地、藏粮于技的重大战略部署，对种粮农民实行补贴，抓好标准化耕地建设和粮油种植资源的保护利用，确保稳定粮油产出。聚焦地方特色优势产业，重点围绕毕节试验区果蔬、辣椒、皂角、食用菌、油茶、刺梨等特色产业，大力发展羊角天麻、中药材、冬荪、竹荪、南瓜、魔芋代餐粉等特色种植业。重点推进越秀、正大、新希望等生猪养殖项目，加快肉牛、禽类养殖规模，盘活现有屠宰养殖场资源，做大畜禽生产企业。大力发展林下经济，充分发挥生态优势，重点围绕林下种植、林下畜牧养殖、林产品物流采集和机械加工以及林下景观再利用等方面的林特产品发展林下经济，如林下养鸡、养蜂等畜牧养殖。推动农产品精深加工，通过促进特色农业食品综合加工能力提升和农产品品牌打造，培育引进一批产品加工销售贯通、商贸与工业农产品相融合的龙头企业，启动威宁太给农业低温制肉、赫章核桃油等农特产品综合加工项目建设，引进七星关广药王老吉刺梨综合加工、风行集团生猪屠宰综合加工等建设项目，推动七星关刺梨、大方皱椒、织金皂角、赫章核桃、威宁果蔬等特色农业综合加工项目建成，促进农产品综合加工转化率提升到50%以上。

3.持续动态监测，防止规模性返贫

继续加强对脱贫不稳定户和边沿易致贫户的动态监测，实行动态清零，相关部门和驻村队员定期开展自查，通过实施低保、医疗、特困人才扶持等社会综合保障措施，切实做到应保尽保。重点做好返贫致贫预防工作，主要针对低收入、重特大疾病和负担较重的慢性病患者、中重度残疾人等特定人群家庭，综合考虑家庭收入、生活面临的各种风险、"两不愁三保障"及饮水安全、突发性刚性支出等各种因素，通过村委会和驻村工作队入户审核，民政、住建、医保等部门预警推送等方式，对存在返贫、致贫风险的农户进行全面核查，对符合条件的人员进行核实、审核、确认等程序，一旦发现，及时开展针对性帮扶措施，形成对象发现、风险警示、按时纳入、动态帮扶、问题消除的全闭环管理，切实避免出现大规模返贫致贫现象。

继续加强脱贫人口稳定就业，加强东西部劳务协作，深化易地扶贫搬迁后续扶持"五大体系"，即基本公共服务、培训和就业服务、

文化服务、社区治理和基层党建体系。积极推进"五个转变",即促进就业产业由保脱贫向全面提质增效转变、促进公共服务由保基本向全面提档升级转变、促进社区治理由粗放型向精细化管理转变、促进文化服务由单一化向多元化转变、促进基层党建由抓覆盖向全面引领转变。

进一步补短板、强弱项。完善返贫致贫人口快速发现和响应机制,加强对不稳定脱贫户、边缘户的动态监控。落实产业扶贫、就业扶贫、消费扶贫、兜底保障帮扶等措施,对易地扶贫搬迁进行后续扶持。加大扶贫项目资金和资产管理监督力度,加大政策、资金、项目、人才向贫困人口相对较多地区倾斜力度。深化东西部协作、定点帮扶、社会帮扶机制,加强与各民主党派中央和各级组织的联络与合作,积极争取各方面社会力量的支持。全力推广"龙头企业+合作社+农户"的组织模式,促进群众不断增收,村集体经济不断壮大。

4. 以"五大振兴"为着力点,推进乡村振兴

总结乡村振兴示范县和示范乡镇、示范村创建达标经验,提炼出可学、可看、可推广的乡村振兴成功典型,不断探索新路径、新模式,实现脱贫攻坚与乡村振兴有效衔接。一是推动产业振兴。以创建全国绿色发展先行区和农产品质量安全示范县为抓手,实施绿色农业、精品农业、品牌农业三大行动,确保省级示范村主导产业突出,"一村一品"发展得到辐射带动。二是推动人才振兴。加强对"三农"干部的培训和培养,着力造就一支爱农村、懂农民的人才队伍;加大对新型职业农民、创新型人才的培训力度,培育出更多的"土专家"。三是推动文化振兴。大力弘扬和践行社会主义核心价值观,不断加强农村精神文明建设。加大文化服务站、文体广场、乡村民宿等设施投入力度,保护传承好农耕文化、传统村落和民族村寨,务实开展"道德模范""好家风进万家""最美家庭"等评选活动。四是推动生态振兴。统筹整合农村公益性岗位,实现村庄道路保洁全覆

盖、山塘水库保洁全覆盖、河道沟渠保洁全覆盖。加快农村污水处理PPP项目建设，确保生活污水处理率达70%以上。深入推进"厕所革命"，确保农村卫生厕所普及率达85%以上、示范乡镇和示范村达90%以上、所有行政村村级公共厕所全覆盖。扎实开展村庄"八乱"治理，村容村貌得到全面提升。实施村庄绿化行动，重点打造一批绿化村寨。实施村庄亮化行动，推进行政村公共照明设施全覆盖。五是推动组织振兴。健全完善村党支部领导下的自治、法治、德治"三治合一"的乡村治理体系，形成乡村治理新机制，更加富有成效和活力。巩固扩大示范引领成果。采取"国有公司+银行+龙头企业"模式，引导各类金融资本和社会资本以市场化方式巩固乡村振兴示范项目建设成效。不断打造一批集聚提升类、特色保护类、城郊一体化类、搬迁撤并类等村居社区示范。推进特色田园乡村建设试点，打造乡村振兴核心区示范带。

5.持续稳固"两不愁三保障"成果

教育方面：巩固义务教育控辍保学成果，全面落实低收入家庭学生教育帮扶机制，进一步提高控辍保学工作质量，各校根据学生生理、智力与一般学生存在的客观差异，制定切实可行的帮教计划，对随班就读的残疾学生进行因材施教。同时，要尤其关注留守儿童的心理状态，用心用情去关爱他们的身心健康。还要继续完善教育配套服务设施，为义务教育阶段适龄儿童就近入学提供便利。

医疗方面：统筹发挥基本医疗保险、大病保险、医疗救助三重保障制度综合梯次减负功能，强化家庭医生签约服务。进一步开展农村卫生帮扶工作，做到摘帽不摘政策，资助脱贫人口参加基本医疗保险，实现应助尽助，脱贫人口住院基本医保、大病保险、医疗救助实现应报尽报。

住房方面：加大住房安全排查整治力度，对排查出的问题按时整改，实施农村危房改造，确保户户有安居。继续对脱贫人口、农村低收入人口住房安全实行动态监测，建立农村危房安全动态管理机制。

饮水安全保障方面：进一步巩固农村饮水安全工程，重点加强对已建农村供水工程的后续管护，建立农村供水保障长效机制，持续深化落实"有偿用水、计量用水、错峰供水、应急供水"措施，不断提升农村供水保障能力。

（二）深入推动新型工业化，着力构建工业产业体系

坚持工业强市战略，大力提升煤炭生产能力，同步推进机械化智能化建设。始终把新型工业化作为发展区域经济的重要引擎和重点工程来抓，按下经济发展快进键，以更大的马力推动新型工业化快速发展，跑出经济发展加速度。

全力推动产业大突破。把推动新型工业化高质量发展摆在更加突出的位置，促进工业产业节节攀升，加快发展。要推动首位产业错位发展，各县市要找准优势，突出地域特色，用好产业园区平台，把产业做大做强做成支柱，打造一批叫得响、立得住的工业品牌，如黔西煤化工产业等。要推动传统工业转型升级，必须以推动传统资源型工业向精深加工演变为方向，以推动煤、电、烟、酒等传统产业转型升级为重点，大力发展煤化工、磷化工等新能源产业，延伸产业链，实现价值最大化，促进产业提质增效。要推动创新型生产企业做大做强，围绕中高端装备制造、新能源汽车、先进建材、电子商务技术装备、大健康医药等新兴产业，做大产业规模，拉长产业链条。全力推动互联网与实体经济深度融合，加快"互联网+智能制造"新兴产业发展，提升现代产业数字化、网络化、智能化水平，从而形成区域分工协调、优势互补的现代产业发展格局。

（三）全力推进旅游产业化

围绕加快把毕节建设成为国际知名、国内一流的山地旅游目的地和休闲、度假、康养胜地总体目标，毕节坚持把旅游业培育和发展成为试验区新的经济增长点和支柱产业，全力做精旅游产品、做活旅游市场、做优旅游服务、盘活闲置低效旅游项目，大力推进旅游产业化，全力实施业态升级行动，推动旅游产品大提质。

一是做精做强"拳头"产品。围绕"洞天福地·花海毕节"旅游品牌，大力培育以"洞、花、湖、镇"为主打的拳头产品，形成龙头景区"顶天立地"、特色景区"铺天盖地"的良好态势。

二是做特做优"融合"业态。着力开发红色旅游系列产品。以长征国家文化公园贵州重点建设区毕节段相关项目建设为抓手，精心打造一批集红色文化追忆、爱国主义教育、城市休闲体验等功能于一体的黔西北红军文化主题街区、红色文化教育基地，将毕节建设成为极富黔西北特色的红色文化生态旅游胜地。

三是加快精品景区规模建设，创新旅游商品业态，优化配套服务设施，加大促销宣传力度，引导更多游客到毕节旅游观光。重点抓好全域旅游、智能旅游、舒适旅游的蓬勃发展，实现"旅游+"多产业的高层次融合。同时，落实好服务业蓬勃发展的十大工程建设，推动生产型服务业向专业化、价值链环节的中高层次拓展，推动生活类服务型产业向高质量、多样化方向发展转变。

四是实施闲置低效项目盘活行动，推动旅游效益大提质。切实加大推动盘活闲置低效旅游项目工作统筹力度，将闲置低效旅游项目纳入招商项目库，加强与市场对接，通过各级招商平台大力进行招商推介，引进优强企业参与合作。加强与金融部门的沟通协调，积极引导银行机构与企业开展融资对接。同时，指导企业做实项目包装，积极申报争取中央预算内资金、省文化旅游投资基金、省重大文化旅游项目贷款贴息等，多渠道为企业解决资金困难，全力推进闲置低效旅游项目盘活提升。

（四）扩大投资和消费

保持稳定投资和促进消费双轮驱动，形成需求牵引供给、供给创造需求的更高水平动态平衡。积极加大有效投资力度，进一步发挥投入的关键作用，使固定资产投入保持平衡。实施城区配电网改造，抓好县城天然气外送建设，推动物联网等新型信息技术基础设施建设、投资结构重点优化。不断创新政府融资方式，采取融资补助、资金投入、PPP 合作等方式，有效撬动民间资金投入重点工程建设。积极争取政府资金支持，做深做细项目申报和建设工作，确保在资金争取上有新突破，在其他金融机构的支持上有新成效。持续举办乌蒙山农特产品交易洽谈会、中国马铃薯文化节等活动，因地制宜开展地方特色美食文化节、工业商品博览会等活动。持续深入推进生活性服务消费，强调服务消费线上线下相结合，加快培育网络教育、远程医疗、直播带货等新型服务业态新途径。

（五）稳抓产业大招商

一是争取央企投资毕节。围绕履约、破零、扩能、提质目标，借力民主党派中央、全国工商联帮扶资源，打通央企对接渠道，积极对接，争取央企来毕投资兴业。二是加大对民营企业的招商力度。利用好工商联联系民企、亚布力中国企业家论坛等优势资源，每年由市级层面参加或举办一次专门针对民企的招商活动。三是加强平台招商。围绕省级招商引资活动平台，如贵洽会、数博会等，引进一批优强企业，带动试验区重点产业集聚发展。政府每年举办面向珠三角、长三角、京津冀和成渝地区的招商推介活动。四是加大金融招商力度。统筹整合财政产业资本向国有企业投资，支持国有企业、地方

龙头企业、银行等三方共同组建 SPV 产业项目群，推动招商引资项目建设，撬动社会资金更多向产业发展，有效缓解政府招商引资项目投入困难，进一步提升政府公共财政资源配置水平和财政投入使用效益。五是加大以商招商力度。与异地贵州商会、在黔商会、国内外行业协会，以及其他社会经济组织，形成以商招商的商务合作交流机制，利用当地商协会牵线搭桥，拓展招商资源，积极实施以商引商。

（六）坚持生态优先、绿色发展

坚持"绿水青山就是金山银山"的宗旨，坚持生态优先、绿色发展的战略定位和共抓大保护、不搞大开发的战略导向，守好发展和生态两条底线，进一步增强思想自觉、行动自觉，全面推进生产生活方式绿色转型。

要继续打好环境污染防治攻坚战，扎实做好中央、省生态建设环境保护督察和回头看反馈问题整治工作，统筹推进山林田湖草地综合治理，促进社会生产生活方式全方位绿色转变，持续改善绿水青山面貌，做大金山银山价值，在生态文明建设上出新绩，争取推出更多可复制、可推广的成功经验。以大生态战略行动为引领，大力实施"两江"上游生态保护修复、国家储备林建设、石漠化综合治理和水土流失综合治理等重大工程，全面实施长江流域禁渔，夯实绿色发展基础，确保毕节试验区森林覆盖率稳定在 60% 以上。

（七）维护好最广大人民利益，增进民生福祉

一是着力稳妥增加就业岗位。始终以广大人民群众利益为出发点，以高校毕业生、农村劳动者、军队转业人员等重要群体就业创业为重点人群，全面落实就业优先政策措施，重点支持残疾人、零就业家庭等困难群体就业机会。开展职业技能培训行动，加强技工培训。

贯彻落实就业优先政策，大力发展现代服务业，培育一批领军企业，增强吸纳就业能力。进一步探索劳务输出模式，围绕地方特色劳务群体，建立技能培训体系和评价体系，通过完善行业标准、建设专家工作室、邀请专家授课、举办技能比赛等途径，普遍提升从业者职业技能，提高劳务输出的组织化、专业化、标准化水平，培育一批叫得响的农民工劳务输出品牌。

二是进一步推进文化教育事业。做好培训、辅导和咨询服务。促进教师教学工作更加公开化、精品化。重点引进优秀教师教学资源，着力推进师德师风建设。严格落实教师工资待遇保障制度长效机制，杜绝挪用教师经费。发展文化建设事业，大力推进文化建设繁荣发展，继续推进创建全省文明城市，巩固提升公共文化阵地建设。

三是进一步完善社会保障。稳步提高城镇人口最低生活保障标准，推进未成年人保障工作制度的建立，做好对留守儿童（困境儿童）、失独家庭、残疾人等特殊困难群体的关爱服务。完善城乡居民社会保险制度，推进医疗保障制度改革。筑牢社会主义基本现代化建设底线，继续筑牢人民安全保障底线。不断完善社会救助体系，研究建立全试验区统一的社会救助标准，不断缩小城乡差别、地域差别，形成标准动态调整机制；淡化或废除政府属地化管理体制，与社会救助和户口挂钩，探索居住证救助准入机制；继续完善社会救助对象确认机制，提高社会救助的精准性，将基本医疗、子女教育、伤残康复等刚性支出纳入社会救助对象确认标准体系；提升基层社会救助经办业务力量，推动政府资金购买社会救助服务，积极引导社会力量投入，引导市场主体参与。

（八）全面提升干部能力

应对高质量经济发展的新要求，领导干部既要政治素质过硬，又要有较高的能力。第一，要强化全局性思维。牢牢树立全局思维，学十指弹钢琴，分清主次，把握重点，兼顾各相关领域发展，统筹城乡建设、生态文明、民生保障等主要工作，做到统筹兼顾，通力协作。处理好重要与一般的关系，以重点问题的解决带动整体工作的推进。第二，提升专业化水平。坚持缺什么学什么、缺什么补什么，尽快把认识的短板、经历的盲区、力量的弱点补起来，真正提升建设贯彻新发展理念示范区的能力水平，提升抓产业、抓创新、推四化的能力水平，提升抓招商引资、服务营商、促进对外开放的能力水平，提升识别、预防、化解社会各种风险的能力水平，提升解民忧、为民解困、保障民生的能力水平。第三，要善用市场化的先进管理手段。要把有效市场与有为政府更好地有机结合，协同发力，用市场经济的手段来推进经济发展，按照有效的市场规则，最大限度地减少对公共资源的直接配置，使有效市场释放更大活力、更大空间，推动地方经济快速发展、创造社会财富。

参考文献

谢朝政：《毕节：奋楫扬帆逐浪行磅礴乌蒙景更新》，《当代贵州》2021 年第 11 期。

施云燕、刘以攀：《毕节市民俗体育旅游与农村体育公共服务互动发展研究》，《旅游纵览》2021 年第 16 期。

周荣：《乡村振兴视域下生态产业化和产业生态化融合发展研究——以贵州省毕节市为例》，《贵阳市委党校学报》2021 年第 3 期。

陈驰：《习近平精准扶贫思想及其在毕节试验区的实践研究》，西南大学硕士学位论文，2016。

左太安、刁承泰、苏维词、孙秀锋、官冬杰：《毕节试验区石漠化时空演变过程和演变特征》，《生态学报》2014 年第 23 期。

刘克仁:《民营企业参与精准扶贫精准脱贫的毕节模式——以恒大集团帮扶毕节试验区为例》,《贵州社会主义学院学报》2019年第1期。

（致谢：本文基础材料由毕节试验区有关单位提供）

分 报 告
Sub Reports

B.2
2019~2020年毕节试验区经济
运行发展报告

谢 松*

摘　要： 2019~2020年，毕节试验区坚持以习近平新时代中国特色
社会主义思想为指导，深入贯彻落实习近平总书记对贵
州、对毕节试验区工作的重要指示精神，牢牢守住发展和
生态两条底线，坚持以脱贫攻坚统揽经济社会发展全局。
脱贫攻坚取得决定性胜利，经济实现快速平稳增长，经济
实力显著壮大。2020年全面小康社会如期建成，历史性
地摘掉千百年来的绝对贫困标签，但经济运行中存在的经
济增长下行压力较大、产业结构不合理、固定资产投资增
长缓慢等问题需要关注。促进毕节试验区经济高质量发展

* 谢松，贵州省社会科学院工业经济研究所副所长、工业经济运行研究中心副研究
员，主要研究方向为产业经济、区域经济、工业发展战略。

应确保经济运行稳定增长，加快发展现代产业体系，扩大固定资产有效投资。

关键词： 经济运行　脱贫攻坚　毕节试验区

一　2019～2020年毕节试验区经济运行特点

2019～2020年，毕节试验区坚持以习近平新时代中国特色社会主义思想为指导，深入贯彻落实习近平总书记对贵州、对毕节试验区工作的重要指示精神，牢牢守住发展和生态两条底线，坚持以脱贫攻坚统揽经济社会发展全局，坚决打好三大攻坚战，深入推进"三大战略"行动，持续推进"113攻坚战"，脱贫攻坚取得决定性胜利，经济实现快速平稳增长，经济实力显著壮大。2020年，全面小康社会如期建成，历史性地摘掉千百年来的绝对贫困标签。

（一）经济较快平稳增长，经济实力持续壮大

2019～2020年，毕节试验区经济实现较快增长，经济规模、实力持续壮大。2019年、2020年，毕节市地区生产总值分别达到1901.36亿元和2020.39亿元，同比分别增长8.0%和4.4%，两年平均增长6.18%。与全国同期相比，2019年增速高出全国平均水平2.0个百分点，2020年增速高出全国平均水平2.1个百分点，两年平均增速高出全国平均水平2.05个百分点。与全省同期相比，2019年增速比全省平均水平低0.3个百分点，2020年增速比全省平均水平低0.1个百分点，两年平均增速比全省平均水平低0.2个百分点。2019年和2020年毕节市地区生产总值在全省地区生产总

值中的比重基本保持稳定，约为11.3%。经济总规模在全省各市州
稳居第三位。

2019年、2020年，毕节市人均地区生产总值分别达到28378
元、29295元，同比分别增长7.5%和4.2%，两年平均增长5.84%。
与全国同期相比，2019年增速高出全国平均水平1.9个百分点，
2020年增速高出全国平均水平2.1个百分点，两年平均增速高出全
国平均水平2.0个百分点。与全省同期相比，2019年增速比全省平
均水平低0.1个百分点，2020年增速比全省平均水平高0.2个百分
点，两年平均增速比全省平均水平高0.06个百分点。2020年，毕
节市人均地区生产总值在全省各市州中仍处末位，人均地区生产总
值仅有同期全省平均水平的63.32%、全国平均水平的40.69%（见
表1）。

**表1 2019年、2020年毕节市、贵州省、国家地区生产总值与
三次产业增加值及其增速比较**

区域	项目	2019年	2020年
毕节市	地区生产总值(亿元)	1901.36	2020.39
	增长率(%)	8.0	4.4
	第一产业增加值	439.36	486.55
	增长率	5.3	6.3
	第二产业增加值	516.5	533.45
	增长率	6.6	3.8
	第三产业增加值	945.5	1000.39
	增长率	10.2	3.9
	人均地区生产总值(元)	28378	29295
	增长率(%)	7.5	4.2

续表

区域	项目	2019 年	2020 年
贵州省	地区生产总值(亿元)	16769.34	17826.56
	增长率(%)	8.3	4.5
	第一产业增加值	2280.56	2539.88
	增长率	5.7	6.3
	第二产业增加值	5971.45	6211.62
	增长率	8.8	4.3
	第三产业增加值	8517.33	9075.07
	增长率	8.5	4.1
	人均地区生产总值(元)	43727	46267
	增长率(%)	7.6	4.0
全国	地区生产总值(亿元)	986515.2	1015986.2
	增长率(%)	6.0	2.3
	第一产业增加值	70473.6	77754.1
	增长率	3.1	3.0
	第二产业增加值	380670.6	384255.3
	增长率	4.9	2.6
	第三产业增加值	535371	553976.8
	增长率	7.2	2.1
	人均地区生产总值(元)	70078	72000
	增长率(%)	5.6	2.1

资料来源:2020 年、2021 年《中国统计年鉴》,2020 年、2021 年《贵州统计年鉴》,2019 年《毕节统计年鉴》,2020 年《毕节市国民经济和社会发展统计公报》。

(二)第三产业在经济中占比保持高位,对经济增长的贡献大

2019~2020 年,毕节试验区不断深化服务业领域供给侧结构性改革,完善服务业工作机制,加快推进服务业重点领域发展,扎实推进

旅游业转型升级提质发展。成功承办第十四届贵州旅游产业发展大会，百里杜鹃管理区成功创建国家全域旅游示范区，百里杜鹃景区成功申建5A级景区。百里杜鹃跳花坡景区、金海湖旅游区、九洞天旅游景区、大方油杉河旅游景区以及纳雍总溪河旅游景区等成功申建4A级景区，大批服务业项目相继建设、建成投产见效。截至2020年，毕节已拥有13家4A级及以上旅游景区和一大批国家级、省级乡村旅游重点村，以旅游业为龙头的现代服务业实现快速发展，对经济增长的贡献大，推动经济增长的作用持续稳固。

2019年、2020年，毕节市第三产业实现增加值分别达到945.5亿元和1000.39亿元，同比分别增长10.2%和3.9%，两年平均增长7.0%；与全省同期相比，2019年增速比全省平均水平高出1.7个百分点，2020年增速比全省平均水平低0.2个百分点，两年平均增速比全省平均水平高出1.07个百分点。受新冠肺炎疫情影响，2020年第三产业增加值增速同比减缓6.3个百分点。

2019年、2020年，第三产业增加值在毕节市地区生产总值中的比重分别为49.73%和49.51%，第三产业增加值增长对毕节市地区生产总值增长的贡献率分别为61.8%和43.8%，2019~2020年，第三产业增加值增长对毕节市地区生产总值增长的贡献率为55.09%，拉动经济增长3.40%（见表2）。第三产业增加值两年平均增速比地区生产总值平均增速高出0.82个百分点，在三次产业中列第一位，比第一产业增加值增速高出1.20个百分点，比第二产业增加值增速高出1.81个百分点。

分行业看，2019年、2020年，毕节市旅游人次分别为12100.00万人次、7110.73万人次，旅游总收入分别为1107.00亿元、603.78亿元，旅游人次2019年同比增长21.0%，2020年同比下降41.2%；旅游总收入2019年同比增长33.0%，2020年同比下降45.5%。受新冠肺炎疫情冲击影响，2020年旅游人次和旅游总收入均大幅下滑。

邮政行业业务总量分别为 6.05 亿元和 6.32 亿元，同比分别增长 10%
和 9.7%，两年平均增长 9.85%；快递业务收入分别为 2.80 亿元和
3.54 亿元，同比分别增长 14.7% 和 26.5%，两年平均增长 20.46%
（见表 3）。2020 年，毕节市移动互联网用户数、移动电话用户数、
固定互联网宽带接入用户数分别达到 522.57 万户、633.77 万户和
109.34 万户，在全省各市州中均居第三位。

表 2　2019～2020 年毕节市三次产业对地区生产总值的贡献率与拉动率

单位：亿元，%

项目	绝对数		同比增长率		对地区生产总值增长的贡献率		对地区生产总值增长的拉动率		对地区生产总值增长的贡献率	对地区生产总值增长的拉动率
	2019 年	2020 年	2019 年	2020 年	2019 年	2020 年	2019 年	2020 年	2019～2020 年	2019～2020 年
地区生产总值	1901.36	2020.39	8	4.4	—	—	—	—	—	—
第一产业增加值	439.36	486.55	5.3	6.3	15.62	32.88	1.25	1.45	22.05	1.36
第二产业增加值	516.5	533.45	6.6	3.8	22.58	23.32	1.81	1.03	22.86	1.41
工业增加值	403.55	404.96	5.9	2.2	15.88	10.55	1.27	0.46	13.89	0.86
第三产业增加值	945.5	1000.39	10.2	3.9	61.8	43.8	4.94	1.93	55.09	3.40

　　资料来源：根据 2019 年《毕节统计年鉴》、2020 年《毕节市国民经济和社会发展统计公报》计算整理。

表3 2019~2020年毕节市服务业产出及增速

项目	2019年	2020年	两年平均
旅游人次(万人次)	12100.00	7110.73	
增速(%)	21.0	-41.2	-15.65
旅游总收入(亿元)	1107.00	603.78	
增速(%)	33.0	-45.5	-14.86
邮政行业业务总量(亿元)	6.05	6.32	
增速(%)	10.0	9.7	9.85
快递业务收入(亿元)	2.80	3.54	
增速(%)	14.7	26.5	20.46

资料来源:2019年《毕节统计年鉴》,2020年《毕节市国民经济和社会发展统计公报》。

(三)第一产业稳步增长,农业结构调整深入持续

2019~2020年,毕节试验区坚持农业农村优先发展,以深化农业供给侧结构性改革为主线,不断深化农村综合改革,深入推进农村产业革命,加快实施乡村振兴战略,全面推进"十百千"乡村振兴示范工程,积极培育发展农村新型经济主体,大力发展山地特色高效农业,深入实施"55441111"农业提升工程,建成一大批农业重大项目,蔬菜、食用菌、中药材、畜牧业等特色产业加快发展,农业实现提速发展,规模不断扩大。

2020年,毕节市完成农林牧渔业总产值、增加值分别为812.6亿元和513.11亿元,同比分别增长6.4%和6.2%。在农业总产值中,种植业总产值548.4亿元,同比增长7.8%;林业总产值33.5亿元,同比增长8.0%;畜牧业总产值196.6亿元,同比增长3.1%;渔业总产值2.6亿元,同比增长13.2%;农林牧渔服务业总产值31.4亿元,同比增长5.5%。种植业总产值占农林牧渔业总产值比重为67.49%,比上年提高1.03个百分点;林业总产值占农林牧渔业总产值比重为

4.12%，比上年提高 0.30 个百分点；畜牧业总产值占农林牧渔业总产值比重为 24.19%，比上年下降 1.29 个百分点；渔业总产值占农林牧渔业总产值比重为 0.32%，比上年提高 0.03 个百分点。

种植业主要产品粮食、蔬菜、食用菌、茶叶和中药材产量分别为 241 万吨、449.4 万吨、15.91 万吨、4629 吨和 13.18 万吨。全市拥有粮食播种面积 1139.8 万亩、蔬菜收获面积 426.6 万亩、食用菌收获面积 5.4 万亩、茶叶采摘面积 29.56 万亩、中药材采摘面积 23.91 万亩。建成坝区 207 个，占地 55.9 万亩。其中 11 个样板坝区平均亩产值达 20788 元；68 个达标坝区平均亩产值达到 9464 元。畜牧业肉类总产量 40.5 万吨，同比下降 0.37%，降速同比收窄 3.73 个百分点；禽蛋产量 4.4 万吨，同比增长 17.96%，增速同比提高 3.54 个百分点。猪出栏量 331.3 万头，同比下降 1.96%，降速同比收窄 8.59 个百分点；牛出栏 34.5 万头，同比增长 2.28%，增速同比减缓 4.87 个百分点；羊出栏 57.9 万只，同比增长 5.54%，增速同比提高 7.0 个百分点；禽出栏 3128.8 万羽，同比增长 20.92%，增速同比降低 4.18 个百分点（见表 4）。

积极培育农业经营主体，建设现代农业发展载体，推进农业园区建设，现代农业经营主体和农业发展载体数量不断增多、规模不断壮大，成为推动农业现代化发展的重要动力支撑。2020 年，全市拥有 420 家市级及以上龙头企业，其中国家级 2 家、省级 113 家、市级 305 家，累计从业人员达 32660 人，带动农户 14.28 万户，促进农户增收 12.99 亿元。拥有 16652 个合作社，成员达 198.97 万户。创建 747 个市级及以上合作社示范社，其中国家级 33 家、省级 331 家、市级 383 家。拥有 1147 个家庭农场，其中认定示范家庭农场、专业大户达 760 个，有 44 个是省级示范家庭农场。拥有农业园区 326 个，其中省级 71 个、市级 26 个、县级 29 个、乡级 200 个，建成标准化基地 183.95 万亩。

表4 2019~2020年毕节市农林牧渔业产出及增速

项目	2019年		2020年	
	绝对额	增速（%）	绝对额	增速（%）
农林牧渔业总产值（亿元）	717.8085		812.6	6.4
种植业	477.0091		548.4	7.8
林业	27.4716		33.5	8.0
畜牧业	182.9213		196.6	3.1
渔业	2.11		2.6	13.2
农林牧渔服务业	28.2957		31.4	5.5
农林牧渔业增加值	464.4	5.7	513.11	6.2
农林牧渔服务业	25.1	5.5	—	—
粮食产量（万吨）	238.4	-4	241	1.09
肉类总产量（万吨）	40.65	-4.10	40.50	-0.37
禽蛋（万吨）	3.73	14.42	4.40	17.96
家禽出栏（万羽）	2587.57	25.10	3128.80	20.92
猪出栏（万头）	337.91	-10.55	331.30	-1.96
牛出栏（万头）	33.73	7.15	34.50	2.28
羊出栏（万只）	54.86	-1.46	57.90	5.54

资料来源：2021年《贵州统计年鉴》，2019年《毕节统计年鉴》，2019年、2020年《毕节市国民经济和社会发展统计公报》。

（四）工业低速稳定增长，工业经济增长对国民经济增长的贡献率有所降低

2019~2020年，毕节市深入推进工业强市战略，以发展壮大十大百亿级工业产业为抓手，统筹推进产业园区、重大项目建设，大力推进新型工业化，积极引进工业发展项目，实施"千企改造"工程，先后完成黔西煤制乙二醇、威宁百万千瓦新能源基地、威赫电厂、织金60万吨/年聚烯烃等重大项目的建设，工业经济实现低速稳定增长，工业规模不断扩大，但工业经济增长对国民经济增长的贡献率有所降低。

2019年、2020年，毕节市全部工业增加值分别完成403.55亿元

和404.96亿元，同比分别增长5.9%和2.2%，两年平均增长4.03%（见表5）。2019年增速比同期全省平均水平低3.6个百分点，2020年增速比同期全省平均水平低1.4个百分点，两年平均增速比同期全省平均水平低2.48个百分点、比同期全国平均水平高0.44个百分点。工业增长对经济增长的贡献率有所下降。2019年、2020年，工业增加值增长对地区生产总值增长的贡献率分别为15.88%和10.55%，分别拉动地区生产总值增长1.27%和0.46%；2020年相对2019年，工业增长对经济增长的贡献率降低5.35个百分点，拉动率降低0.8个百分点。2019~2020年，工业增加值增长对地区生产总值增长的贡献率为13.89%，拉动经济增长0.86%。2020年，毕节市全部工业增加值在全省工业增加值中的比重为8.80%，比2019年下降0.25个百分点。

从规模以上企业看，2019年、2020年毕节市规模以上工业增加值同比分别增长5.3%和3.2%，增速比同期全省平均水平分别低4.3个和1.8个百分点；2019~2020年两年平均增长4.24%，增速比同期全省平均水平低3.04个百分点。

分三大门类看，2019年、2020年，采矿业增加值同比分别增长20.2%和7.0%，制造业增加值同比分别下降10.6%和增长4.5%，电力、热力、燃气及水生产和供应业增加值同比分别增长17.2%和下降6.1%；采矿业增加值两年平均增长13.41%，两年平均增速比同期全省采矿业平均增速高出3.57个百分点；制造业增加值两年平均下降3.34%，两年平均增速比同期全省制造业平均增速降低10.13个百分点；电力、热力、燃气及水生产和供应业增加值两年平均增长4.91%，两年平均增速比同期全省电力、热力、燃气及水生产和供应业平均增速降低2.18个百分点。

分行业看，2020年，酒、饮料和精制茶制造业，电气机械和器材制造业，农副食品加工业增加值实现两位数以上快速增长，同比增

速分别达到35.8%、16.0%和12.9%，比同期全省同行业平均增速分别高出29.5个、4.4个和12.6个百分点；煤炭开采和洗选业、非金属矿物制品业增加值同比分别增长9.6%和5.3%，比同期全省同行业平均增速分别高出4.1个和5.2个百分点。

表5 2019～2020年毕节市工业及行业产出增速

单位：%

项目	增速		两年平均增速
	2019年	2020年	
全部工业增加值	5.9	2.2	4.03
规模以上工业增加值	5.3	3.2	4.24
采矿业增加值	20.2	7.0	13.41
煤炭开采和洗选业增加值	—	9.6	—
制造业增加值	-10.6	4.5	-3.34
农副食品加工业增加值	—	12.9	—
食品制造业增加值	—	0.3	—
酒、饮料和精制茶制造业增加值	—	35.8	—
烟草制品业增加值	—	2.5	—
非金属矿物制品业增加值	—	5.3	—
电气机械和器材制造业增加值	—	16.0	—
电力、热力、燃气及水生产和供应业增加值	17.2	-6.1	4.91
水的生产和供应业增加值	—	4.1	—

资料来源：2020年、2021年《贵州统计年鉴》，2019年《毕节统计年鉴》，2019年、2020年《毕节市国民经济和社会发展统计公报》。

（五）固定资产投资低速增长，第一产业投资增速较快

2019年，毕节市固定资产投资同比增长0.9%，增速同比下降11.1个百分点，增速比同期全省平均水平低0.1个百分点，比同期全国平均水平低4.2个百分点。2020年，毕节市固定资产投资同比增长3.0%，增速同比提高2.1个百分点，增速比同期全省平均水平

低 0.2 个百分点，比同期全国平均水平高 0.3 个百分点。2019～2020 年，毕节市固定资产投资两年平均增长 1.94%，增速比同期全省平均水平低 0.15 个百分点，比同期全国平均水平低 1.95 个百分点。

分产业看，2020 年三次产业固定资产投资均实现增长，第一产业固定资产投资高速增长，增速最快，达到 24.1%；第二产业固定资产投资同比增速次之，同比增长 6.2%；第三产业固定资产投资增速最慢，同比增长 2.0%。与全省、全国三次产业固定资产投资相比，第一产业固定资产投资增速比同期全省平均水平低 21.4 个百分点，比同期全国平均水平高出 4.6 个百分点；第二产业固定资产投资增速比同期全省平均水平低 5.2 个百分点，比同期全国平均水平高 6.1 个百分点；第三产业固定资产投资增速比同期全省平均水平高 2.4 个百分点，比同期全国平均水平低 1.6 个百分点（见表 6）。固定资产投资主要投向交通水利电力通信等基础设施建设、生态环境保护修复治理、乡村振兴、脱贫攻坚、易地搬迁、农村危房改造、集镇建设、城镇棚户区改造、民生改善、教育卫生、产业发展等重点领域，建设、建成一大批重大项目，实现高速公路"县县通"，有力提升了试验区的交通路网等级水平和运输能力，电力、水利、通信设施水平和服务地方经济社会发展的能力，增强了产业发展能力，固定资产投资增长有力支撑了试验区的国民经济社会发展。

表 6 2019～2020 年毕节市固定资产投资增速

单位：%

区域	项目	增速		两年平均增速
		2019 年	2020 年	
毕节市	固定资产投资	0.9	3.0	1.94
	第一产业固定资产投资	—	24.1	—
	第二产业固定资产投资	—	6.2	—
	第三产业固定资产投资	—	2.0	—

续表

区域	项目	增速		两年平均增速
		2019 年	2020 年	
贵州省	固定资产投资	1.0	3.2	2.09
	第一产业固定资产投资	2.8	45.5	—
	第二产业固定资产投资	32.2	11.4	—
	第三产业固定资产投资	−3.8	−0.4	
全国	固定资产投资	5.1	2.7	3.89
	第一产业固定资产投资	0.6	19.5	—
	第二产业固定资产投资	3.2	0.1	—
	第三产业固定资产投资	6.5	3.6	

资料来源: 2020 年、2021 年《中国统计年鉴》, 2020 年、2021 年《贵州统计年鉴》, 2019 年《毕节统计年鉴》, 2020 年《毕节市国民经济和社会发展统计公报》。

（六）脱贫攻坚取得全面胜利, 城乡居民收入水平持续提高

截至 2020 年, 试验区所有贫困人口全部脱贫、所有贫困村全部出列、所有贫困县全部摘帽,"一达标两不愁三保障"和农村饮水安全全面实现, 延续千百年来的绝对贫困问题得到解决, 实现与全省、全国同步全面建成小康社会。

2019~2020 年, 毕节市城乡居民收入持续较快增长, 收入水平不断提高, 消费能力进一步增强。其中, 2019 年, 毕节市城镇居民人均可支配收入达到 32638 元, 比上年增长 9.2%, 增速在全省市州中位列第四; 2020 年, 城镇居民人均可支配收入达到 34274 元, 比上年增长 5.0%, 增速在全省市州中位列第六, 位次比上年下滑 2 位; 2019 年、2020 年增速比同期全省平均水平分别高出 0.3 个和 0.1 个百分点, 比同期西部地区平均水平分别高出 1.3 个和 0.8 个百分点, 比同期全国平均水平分别高出 1.3 个和 1.5 个百分点。两年平均增速

为 7.08%，比同期全省平均水平高出 0.2 个百分点，比同期西部地区平均水平高出 1.05 个百分点，比同期全国平均水平高出 1.4 个百分点。

2019 年，毕节市农村居民人均可支配收入达到 10364 元，比上年增长 10.8%，增速在全省市州中位列第四（与六盘水市并列）；2020 年，农村居民人均可支配收入达到 11238 元，比上年增长 8.4%，增速在全省市州中位列第四，位次比上年前进 1 位；2019 年、2020 年增速比同期全省平均水平分别高出 0.1 个和 0.2 个百分点，比同期西部地区平均水平分别高出 0.6 个和 0.1 个百分点，比同期全国平均水平分别高出 1.2 个和 1.5 个百分点。两年平均增速为 9.59%，比同期全省平均水平高出 0.15 个百分点，比同期西部地区平均水平高 0.34 个百分点，比同期全国平均水平高出 1.35 个百分点。

2019 年、2020 年，毕节市农村居民人均可支配收入增速比城镇居民人均可支配收入增速分别高出 1.6 个和 3.4 个百分点，农村居民收入增速持续领跑城镇居民收入。2020 年城乡居民收入比为 3.05，比上年缩减 0.1，城乡收入差距有所缩小。

与全省、西部地区、全国同期相比，毕节城镇居民人均可支配收入增速、农村居民人均可支配收入增速均高于全省、西部地区、全国平均水平。毕节城乡收入差距小于全省平均水平，高于西部地区、全国平均水平（见表 7）。

城乡居民收入快速增加，进一步增强了城乡居民的消费能力，城乡居民消费活跃，消费水平明显提高，城乡消费规模持续较快增长。2019 年，毕节市社会消费品零售总额同比增长 6.3%，2020 年受新冠肺炎疫情冲击影响，毕节市社会消费品零售总额同比增长 3.8%，增速同比下降 2.5 个百分点，两年平均增长 5.04%。

分城乡看，2019年、2020年，毕节市城镇消费品零售总额分别同比增长6.9%和3.9%，两年平均增速为5.39%，2020年增速比2019年减缓3.0个百分点；乡村消费品零售总额分别同比增长3.2%和3.4%，两年平均增速为3.30%，2020年增速比2019年提高0.2个百分点；城镇消费品零售总额增速明显快于乡村消费品零售总额增速，城乡消费市场两极分化现象仍然突出，乡村市场亟待振兴。

与全省相比，2019年、2020年毕节市社会消费品零售总额增速比同期全省平均增速分别高出1.2个和低1.1个百分点，两年平均增速比同期全省平均水平高0.04个百分点。其中，城镇消费品零售总额增速2019年比同期全省平均水平高出1.9个百分点，2020年比同期全省平均水平低0.3个百分点，两年平均增速比同期全省平均水平高出0.79个百分点；乡村消费品零售总额增速2019年比同期全省平均水平低2.9个百分点，2020年比同期全省平均水平低6.8个百分点，两年平均增速比同期全省平均水平低4.83个百分点。

与全国相比，2019年、2020年毕节市社会消费品零售总额增速比同期全国平均水平分别低1.7个和高出7.7个百分点，两年平均增速比同期全国平均水平高出3.16个百分点。其中，城镇消费品零售总额增速2019年比同期全国平均水平低1.0个百分点，2020年比同期全省平均水平高出7.9个百分点，两年平均增速比同期全国平均水平高出3.61个百分点；乡村消费品零售总额增速2019年比同期全国平均水平低5.8个百分点，2020年比同期全国平均水平高出6.6个百分点，两年平均增速比同期全国平均水平高出0.58个百分点（见表8）。

表7 2019~2020年毕节市城乡居民收入与增速

区域	项目	单位	绝对值		两年平均增速
			2019 年	2020 年	
毕节市	城镇居民人均可支配收入	元	32638	34274	—
	增长率	%	9.2	5.0	7.08
	农村居民人均可支配收入	元	10364	11238	—
	增长率	%	10.8	8.4	9.59
	城乡收入比	—	3.15	3.05	—
	城镇居民人均消费性支出	元	18716.00	17942.00	—
	增长率	%	9.00	−4.10	2.24
	农村居民人均生活消费支出	元	9866.00	10676.00	—
	增长率	%	10.60	8.20	9.39
贵州省	城镇居民人均可支配收入	元	34404	36096	—
	增长率	%	8.9	4.9	6.88
	农村居民人均可支配收入	元	10756	11642	—
	增长率	%	10.7	8.2	9.44
	城乡收入比	—	3.20	3.10	—
	城镇居民人均消费性支出	元	21402.38	20587.04	
	增长率	%	2.96	−3.81	−0.48
	农村居民人均生活消费支出	元	10221.65	10817.55	—
	增长率	%	11.47	5.83	8.61
西部地区	城镇居民人均可支配收入	元	36040.6	37548.1	—
	增长率	%	7.9	4.2	6.03
	农村居民人均可支配收入	元	13035.3	14110.8	—
	增长率	%	10.2	8.3	9.25
	城乡收入比	—	2.76	2.66	—
全国	城镇居民人均可支配收入	元	42358.8	43833.8	—
	增长率	%	7.9	3.5	5.68
	农村居民人均可支配收入	元	16020.7	17131.5	—
	增长率	%	9.6	6.9	8.24
	城乡收入比	—	2.64	2.56	—
	城镇居民人均消费性支出	元	28063.4	27007.4	—
	增长率	%	7.47	−3.76	1.7
	农村居民人均生活消费支出	元	13327.7	13713.4	—
	增长率	%	9.93	2.89	6.35

资料来源：2020 年、2021 年《中国统计年鉴》，2020 年、2021 年《贵州统计年鉴》，2019 年《毕节统计年鉴》，2020 年《毕节市国民经济和社会发展统计公报》。

表8　2019~2020年毕节市社会消费品零售总额增长率

单位：%

区域	项目	增长率		两年平均增速
		2019年	2020年	
毕节市	社会消费品零售总额	6.3	3.8	5.04
	城镇消费品零售总额	6.9	3.9	5.39
	乡村消费品零售总额	3.2	3.4	3.30
贵州省	社会消费品零售总额	5.1	4.9	5.00
	城镇消费品零售总额	5.0	4.2	4.60
	乡村消费品零售总额	6.1	10.2	8.13
全国	社会消费品零售总额	8.0	-3.9	1.88
	城镇消费品零售总额	7.9	-4.0	1.78
	乡村消费品零售总额	9.0	-3.2	2.72

资料来源：2020年、2021年《中国统计年鉴》，2020年、2021年《贵州统计年鉴》，2019年《毕节统计年鉴》，2019年、2020年《毕节市国民经济和社会发展统计公报》。

（七）财政收入持续低增长，财政支出快速扩张

2019年、2020年毕节市完成一般公共预算收入分别为130.3亿元和132.0亿元，同比分别增长0.1%和1.3%，2020年增速比2019年提高1.2个百分点，一般公共预算收入保持低速增长，规模小幅扩张。一般公共预算支出分别为689.0亿元和747.5亿元，同比分别增长19.9%和8.5%，2020年增速比2019年降低11.4个百分点，一般公共预算支出快速增长，规模快速扩张，财政收支规模缺口不断扩大，财政收支矛盾明显。

在财政收入中，税收收入持续下降，规模逐渐收缩；非税收入持续快速增长，规模快速扩大。2019年、2020年，毕节市完成税收收入分别为94.1亿元和79.7亿元，同比分别下降3.7%和15.3%，2020年增速比2019年降低11.6个百分点。其中契税、企业所得税、环境保护税、增值税等下降幅度较大，2020年同比分别下降18.6%、

16.0%、15.6%和12.5%。完成非税收入分别为36.2亿元和52.3亿元,同比分别增长11.5%和44.5%,2020年增速比2019年提高33.0个百分点。2020年非税收入占比达到39.62%,比2019年提高11.84个百分点,相应地税收收入占比下降11.84个百分点,为60.38%。一般公共预算收入仍以税收收入为主导。

在财政支出中,农林水支出、社会保障和就业支出、文化旅游体育与传媒支出、教育支出保持两年连续增长,2019年分别同比增长48.6%、19.8%、7.3%和8%,支出规模分别达到80.4亿元、80.4亿元、6亿元和161.2亿元;2020年分别同比增长70.8%、12.2%、22.2%和5.5%,支出规模分别达到137.3亿元、90.1亿元、7.4亿元和170.0亿元。

与全省相比,2019年毕节市一般公共预算收入增速比同期全省平均水平低2.3个百分点,增速和规模在全省市州中均位列第3。2020年增速比同期全省平均水平高0.2个百分点,在全省市州中,增速列第7名,规模列第3名。

2019年,毕节市一般公共预算支出增速比同期全省平均水平高出1.6个百分点,在全省市州中增速位列第2,规模位列第3。2020年增速比同期全省平均水平高出12个百分点,在全省市州中增速位列第1,规模位列第2,支出规模与第1名遵义市相比,仅差8.83亿元(见表9)。

表9 2019~2020年毕节市财政收支规模及增长率

单位:亿元,%

区域	项目	绝对值		增长率	
		2019年	2020年	2019年	2020年
毕节市	一般公共预算收入	130.3	132.0	0.1	1.3
	税收收入	94.1	79.7	-3.7	-15.3
	增值税	29.1	25.4	-3.5	-12.5
	企业所得税	7.7	6.5	14.3	-16.0
	个人所得税	2.2	2.2	-43.7	-0.6

续表

区域	项目	绝对值		增长率	
		2019 年	2020 年	2019 年	2020 年
毕节市	城市维护建设税	6.5	6.3	0.1	-3.6
	契税	10	8.1	25.8	-18.6
	环境保护税	1.6	1.4	48.9	-15.6
	非税收入	36.2	52.3	11.5	44.5
	一般公共预算支出	689.0	747.5	19.9	8.5
	一般公共服务支出	54.6	46.8	14.7	-14.2
	教育支出	161.2	170.0	8.0	5.5
	科学技术支出	18.5	18.2	18.1	-1.9
	文化旅游体育与传媒支出	6.0	7.4	7.3	22.2
	社会保障和就业支出	80.4	90.1	19.8	12.2
	卫生健康支出	85.1	88.9	10.3	4.4
	节能环保支出	30.3	25.6	81.4	-15.4
	农林水支出	80.4	137.3	48.6	70.8
	交通运输支出	9.1	16.2	-37.8	78.8
	住房保障支出	23	34.2	-41.3	48.7
贵州省	一般公共预算收入	1767.5	1786.8	2.4	1.1
	一般公共预算支出	5948.7	5739.5	18.3	-3.5

资料来源：2020 年、2021 年《贵州统计年鉴》，2019 年《毕节统计年鉴》，2019 年、2020 年《毕节市国民经济和社会发展统计公报》。

二　经济运行中需要关注的几个问题

（一）经济综合实力较弱，经济增长下行压力较大

2020 年，毕节市地区生产总值在全省地区生产总值中的比重仅为 11.33%，人均地区生产总值只有全省平均水平的 63.32%，在全省市州中处于挂末位置，毕节市经济总规模和人均经济规模均较小，经济综合实力较弱。传统产业增长动能不足，经济发展的新动力还处于培育发展期，新兴产业基础弱，支撑经济发展的新动力

还不够强大，新旧动力转换尚待增强。2019年地区生产总值同比增速为8.0%，2020年地区生产总值同比增速为4.4%，地区生产总值增速下降，经济增长减缓，下行压力较大。

（二）产业结构不合理，工业经济占比偏低

2020年，毕节市三次产业结构比为24.08∶26.40∶49.52。第一产业占比过大，第一产业增加值在地区生产总值的比重达到24.08%，比同期全省、全国分别高出9.83个和16.43个百分点；第二产业占比偏低，第二产业增加值在地区生产总值的比重仅为26.40%，比同期全省、全国分别低8.44个和11.42个百分点；尤其是工业，工业基础薄弱，规模小，工业经济增加值在地区生产总值中的比重低，仅为20.04%，比同期全省、全国分别低5.78个和10.76个百分点。在工业中，煤电等传统资源型重化工产业占比偏大，新兴产业规模较小，具有市场竞争力的产品不多，对经济增长支撑不足，产业结构有待调整优化，二产特别是工业在地区生产总值中的比重有待提高。

（三）产业层次不高，产品多处于价值链低端

大型企业、龙头企业相对较少，产业组织结构不尽合理，多数企业规模较小，技术层次较低，产业链短，经营管理水平不高，技术创新能力相对较弱，品牌影响力较小，产业园区发展活力不足，产业集中度不高。农业产业化、现代化程度偏低，农产品加工水平相对较低，产品单一。2020年，毕节市农产品加工转化率为48%，比贵州省低2个百分点、比全国低19个百分点。多数还处在初级加工阶段，精深加工不足，"接二连三"不够，产销对接不充分，利益联结尚不完善，对农村经济发展的带动作用较弱。工业多以传统资源型产业为主，精深加工高附加值产品相对较少，工业产品多处于价值链低端，

市场竞争优势不明显，盈利能力不强。现代化工、高端装备制造、大数据电子信息、基础材料、生物医药等新兴产业多处在产业发展的初期或起步阶段，产业规模小，产业链配套尚不完善，产业集群尚未形成，工业增长乏力，后劲不足。

（四）固定资产投资增长缓慢，产业投资结构有待优化

2019年、2020年毕节市固定资产投资分别增长0.9%和3%，固定资产投资增长缓慢，政府投资项目融资困难，社会资本投入不足，项目如期开工建设不确定因素增多，能够投产达产的大项目较少，投资增长压力较大。特别是第二产业投资增长缓慢，2020年第二产业投资增速比同期全省第二产业投资增速低5.2个百分点。第二产业投资增长不足，产业投资驱动力减弱，会导致第二产业特别是工业新旧动能加快转换的支撑动力不足，产业投资结构有待进一步调整优化。

三 对策建议

（一）确保经济运行稳定增长

强化要素保障，营造优良发展环境。加强运行调度，强化项目调度、服务和保障。抓好预判分析，加强经济运行中出现的新情况、新变化、新问题研究，深入分析薄弱环节和支撑要素。做好经济运行组织、科学调度、精准施策、稳优强弱、补齐短板，确保经济运行稳定增长。加强对经济运行热点难点问题的监测分析和调查研究，强化经济运行监测预警，建立完善经济运行监测预警体系，实现复杂经济运行状态的实时监测、动态预警，把握经济运行态势，提高经济运行统计监测质量。

（二）加快发展现代产业体系

贯彻新发展理念，深入推进供给侧结构性改革，加快培育高质量发展新动能，因地制宜培育壮大主导产业，努力构建产业兴、动力强、质量高的现代产业体系。一要大力推进农业现代化。深入推进农村产业革命，突出发展高山冷凉蔬菜、中药材、高山生态茶、优质马铃薯、食用菌、酒用高粱和生态畜牧业等特色优势产业，打造一批优质特色农产品生产基地，着力构建现代山地特色农业产业体系、生产体系、经营体系，加快传统农业向现代农业转变，提高农业质量效益和竞争力。二要加快推进新型工业化。坚持"立足煤、做足煤、不唯煤"，深入推动十大工业产业振兴，发展壮大基础能源、清洁高效电力、新型建材、先进装备制造、现代化工、优质烟酒、生态特色食品、大数据电子信息、健康医药、基础材料十大优势产业，着力构建现代新型工业体系。加快传统产业改造提升，推进信息化、工业化两化深度融合发展，深入实施"双千工程"，培育大型工业企业集团，发展"专精特深"企业，加快产业园区提质增效，提升产业链、供应链现代化水平，推动工业高质量发展。三要大力推进旅游产业化。充分发挥毕节试验区自然、人文、生态等资源比较优势，加快发展以大旅游为引领的现代服务业。重点加快旅游市场主体培育，推动"旅游+"融合发展，促进文旅融合、农旅融合、商旅融合、交旅融合、康旅融合、体旅融合，丰富旅游产品业态，提升旅游产品品质，完善旅游服务功能，提高旅游服务质量，助推旅游业高质量发展。

（三）扩大固定资产有效投资

深入推进供给侧结构性改革，加大力度补短板，千方百计扩大有效投资规模。一要努力扩大投资规模。要加大产业投资力度，着力产业投资攻坚，千方百计扩大产业投资规模，发挥投资对产业转型升级的推动作用，通过扩大产业投资促进传统产业转型升级、新兴产业加快发展。要加强基础设施投资攻坚，加快加大新型基础设施建设步伐，着力建成一批利当前、管长远的基础工程、战略工程、民生工程，提升基础设施支撑能力。二要优化投资结构，强化投资导向，贯彻新发展理念，坚决守好生态与发展两条底线，聚焦重大优质产业投资、重大基础设施投资、重大生态环境和公共设施投资等重点领域，推动资源要素从低质低效投资领域向优质高效投资领域流动，提高投资效率。三要进一步加强项目储备，加强项目库建设，加强重大项目的规划建设，储备一批优质后备项目。

参考文献

张集智：《2020 年毕节市人民政府工作报告》，2020 年 1 月 7 日。

张集智：《2021 年毕节市人民政府工作报告》，2021 年 2 月 27 日。

毕节市发展和改革委员会：《毕节市 2019 年国民经济和社会发展计划执行情况与 2020 年国民经济和社会发展计划草案的报告》，2020 年 1 月 7 日。

毕节市发展和改革委员会：《毕节市 2020 年国民经济和社会发展计划执行情况与 2021 年国民经济和社会发展计划草案的报告》，2021 年 2 月 27 日。

毕节市统计局、国家统计局毕节调查队：《毕节市 2019 年国民经济和社会发展统计公报》，2020。

毕节市统计局、国家统计局毕节调查队：《毕节市 2020 年国民经济和社会发展统计公报》，2021。

毕节市统计局、国家统计局毕节调查队：《毕节统计年鉴 2020》，中国统计出版社，2021。

贵州省统计局、国家统计局贵州调查总队：《贵州统计年鉴 2020》，中国统计出版社，2020。

贵州省统计局、国家统计局贵州调查总队：《贵州统计年鉴2021》，中国统计出版社，2021。

国家统计局：《中国统计年鉴2020》，中国统计出版社，2020。

国家统计局：《中国统计年鉴2021》，中国统计出版社，2021。

（本文基础材料由毕节试验区有关单位提供）

B.3
毕节试验区促进工业高质量发展报告

罗先菊*

摘　要： 工业化是现代化的重要内容和途径，是现代化的物质基础。"十三五"以来毕节试验区依托示范区发展优势，主动对标对表高质量发展要求，坚定不移实施工业强市战略，采取系列举措促进工业高质量发展取得了明显成效。但同时，也面临着工业经济规模较小、新旧动能接续不畅、工业发展质效不高、产业创新能力较弱、发展要素支撑不足等难题。毕节试验区应充分发挥其资源、政策和区位等优势，以努力将毕节建设成为贯彻新发展理念示范区为引领，培植壮大主导产业和骨干企业，加快新旧动能转换，促进三产融合和产城融合，构建绿色循环低碳发展体系和外向型经济发展体系，实现人民对美好生活的向往。

关键词： 工业　高质量发展　毕节试验区

　　工业代表了最先进的生产方式，没有工业化，就没有现代化；没有新型工业化，就没有高质量发展。自党的十九大提出我国经济已由高速增长阶段转向高质量发展阶段以来，在习近平新时代中国特色社

---
　　* 罗先菊，贵州省社会科学院对外经济研究所助理研究员、博士研究生，主要研究方向为财税理论与政策、产业经济、民族经济。

会主义思想指引下，在党中央、国务院的领导下，毕节试验区依托示范区发展优势，主动对标对表高质量发展要求，坚持"创新、协调、绿色、开放、共享"发展理念，坚定不移实施工业强市战略，科学谋划、优化工业产业空间布局，加快工业转型升级，提升工业竞争优势，努力探索走出一条欠发达地区加快工业化发展、喀斯特地区推进新型工业化进程的道路。

一　毕节试验区促进工业高质量发展的举措和成效

改革开放前，毕节属于典型的传统农业区，工业发展非常滞后。1988 年毕节试验区建立以来，工业经济得到较快发展，到 20 世纪 80 年代末，初步形成了"两烟"（烤烟和卷烟）支柱产业。2000 年国家西部大开发战略的实施，使毕节试验区工业迎来了又一次重大发展机遇。随着"西电东送""黔电送粤"等工程的逐步实施，煤、电产业迅速成长为毕节试验区的重要支柱产业。"十三五"以来，毕节试验区坚定不移实施工业强市战略，把加快工业发展作为经济工作的首要任务，在巩固提升煤、电、烟三大支柱产业的同时，努力推进新型建材、先进装备制造、基础材料、优质白酒、现代化工、大数据电子信息、生态特色食品、健康医药等产业加快发展，呈现提速扩量、布局优化、后劲增强的势头。

（一）工业经济平稳运行，工业质量效益稳步提高

"十三五"以来，毕节试验区以发展壮大十大百亿级工业产业为抓手，持续推进大数据与实体经济深度融合，统筹推进产业园区、重大项目建设、民营经济、招商引资等重点工作，全力做好"稳增长、调结构、防风险、保稳定"，确保了全市工业经济实现高质量发展。2016~2018 年，全市规模工业增加值增速分别为 11.6%、10.6%、

10.5%，工业经济连续3年保持2位数的增长。2019年，在外部风险
与挑战增加、下行压力持续加大的背景下，毕节试验区工业经济运行
在艰难中稳步增长，全年规模工业增加值增速达5.3%；2020年，受
新冠肺炎疫情影响，全市工业企业生产经营面临严峻挑战，全年规模
工业增加值增速为3.2%①。

2020年毕节试验区实现规模工业总产值1100亿元，基本形成
了基础能源、清洁高效电力、优质烟酒、新型建材等十大工业发展
的格局。分行业看，煤炭开采和洗选业增加值同比增长9.6%，农
副食品加工业增加值同比增长12.9%，食品制造业增加值同比增长
0.3%，酒、饮料和精制茶制造业增加值同比增长35.8%，烟草制品
业增加值同比增长2.5%，非金属矿物制品业增加值同比增长
5.3%，电气机械和器材制造业增加值同比增长16.0%，水的生产和
供应业增加值同比增长4.1%。分三大门类看，采矿业增加值同比
增长7.0%，制造业增加值同比增长4.5%，电力、热力、燃气及水
生产和供应业增加值同比下降6.1%。分县区看，金沙县、织金县
规模以上工业增加值增长较快，增速均在7.0%以上；金海湖新区
规模以上工业增加值增速为6.6%；黔西县、纳雍县、威宁县为负
增长②。

"十三五"时期，伴随着毕节试验区各产业的逐步壮大，规模以
上主要工业产品产量规模也不断扩大。毕节试验区发电量由2015年
的291.7亿千瓦时增长到2020年的442.68亿千瓦时，增长了
51.76%；白酒产量由2015年的5324千升增长到2020年的14449.74
千升，增长了1.71倍；商品混凝土产量由2015年的395.5万立方米
增长到2020年的924.45万立方米，增长了1.34倍③（见表1）。

———

① 资料来源：毕节市工业和信息化局。
② 资料来源：《毕节市2020年国民经济和社会发展统计公报》。
③ 资料来源：2015~2020年《毕节市国民经济和社会发展统计公报和统计月报》。

表1　2015～2020年毕节试验区规模以上主要工业产品产量

指标名称	2015年	2016年	2017年	2018年	2019年	2020年
发电量 (亿千瓦时)	291.7	384.8	400.79	445.04	479.2	442.68
卷烟(亿支)	222.5	205	207.5	201.9	212.35	—
白酒(千升)	5324	12258	12770	7366.62	10396.41	14449.74
水泥(万吨)	1029.8	1166.2	1253.33	1334.9	1275.23	1159.62
商品混凝土 (万立方米)	395.5	825.9	762.63	639.83	803.53	924.45
服装(万件)	2124	2254	3916	900.25	2177.69	1283.42
汽车(辆)	63583	94713	8.33	6.22	—	—
锂离子电池 (万只)	2768.6	5441.2	8277.22	12960.08	1135.04	—

资料来源：根据2015～2020年毕节市国民经济和社会发展统计公报和统计月报整理。

同时，从工业产销率、工业税收、工业用电量等指标看，毕节试验区工业质量效益有所提高。2020年，全市规模以上工业产销率为97.3%，实现工业税收88亿元，是2015年工业税收（77.76亿元）的1.13倍，年均增长2.5%；规模以上工业企业每百元营业收入中的成本80.4元，较2015年下降3.2元；全市工业用电量44.5亿千瓦时，是2015年工业用电量（36.56亿千瓦时）的1.22倍，年均增长4%[①]。

（二）产业结构不断优化，产业特色鲜明

经济高质量发展的驱动力主要来源于产业结构转型升级。"十三五"以来，毕节试验区工业发展坚持"立足煤、做足煤、不唯煤"，紧紧围绕抓改造、调结构、去产能、促转型、补短板、提品质、增效

---

① 资料来源：2015年和2020年《毕节市统计月报》。

益等进行引导，积极打造国家能源战略储备基地，推进十大工业产业振兴行动，壮大优势产业，改造提升传统产业，加快信息技术与工业融合发展，提升产业链、供应链现代化水平，全力推进工业大突破，积极构建高质量发展新型工业产业体系。通过系列举措，产业结构不断优化，具体表现在以下三个方面。一是传统煤炭产业在规模工业中占比下降。2020年，煤炭产业在规模工业中的占比为26.4%，较2015年的42%下降了15.6个百分点，工业发展对传统煤炭产业依赖性有所减弱。二是新能源产业快速发展。风电、光伏太阳能、生物质等装机规模达到358.94万千瓦（风电175.14万千瓦、光伏太阳能180.8万千瓦、生物质3万千瓦），装机容量占全市总装机的25.13%，比2015年提高了11个百分点。三是新兴产业在规模工业产值中的占比显著提升。2020年，新型建材、大数据电子信息、生态特色食品、现代化工等新兴产业在规模工业产值中的占比达到26.5%左右，比2015年提高11.5个百分点①。

（三）产业布局持续优化，集聚发展成效明显

"十三五"以来，毕节试验区坚持"高端化、绿色化、集约化"的主攻方向，持续优化产业布局，加快产业集聚集约发展，推动产业园区提档升级，基本形成了九大工业园区引领工业发展的格局。2020年，毕节试验区工业园区实现规模工业总产值650.79亿元，占全市规模工业总产值的82.79%，较2016年占比提高了8.19个百分点，工业园区经济贡献显著提高。同时，全市工业园区能级持续提升，产业承载能力不断增强，集聚效应进一步凸显。2016年以来，毕节试验区9个工业园区中，新增国家新型工业化产业示范基地1个，贵州省新型工业化产业示范基地增至7个，新增省级绿色示范园区2个，

---

① 资料来源：毕节市"十四五"工业发展规划。

新增贵州省化工园区 1 个，毕节经开区获批为省级高新区，赫章产业园获批为省级特色工业园并进入省级经开区培育名录①。经过几年培育发展，各园区主导产业不断发展壮大，产业链条延长增粗，逐渐形成毕节高新区的锂电产业、七星关经开区的轻纺产业、黔西经开区的化工产业、金沙经开区的白酒产业、赫章产业园的铸造产业等多个优势特色产业集群（见表 2）。

表 2　毕节试验区产业园区主导产业布局

开发区	发展重点
毕节高新技术产业开发区	重点发展大数据电子信息、新型建材、先进装备制造产业
	产业体系"3+1+X"：主导产业"3"（储能、绿色建筑、新医药大健康），"1"（现代物流），"X"（大数据、在线教育、数字文创等）
七星关区黔西北产业园	重点发展大数据电子信息、新型建材、绿色轻纺产业
大方同心产业园	重点发展健康医药、生态特色食品、煤电建产业
黔西县产业园	重点发展煤电建、现代化工、生态特色食品产业
金沙县产业园	重点发展大数据电子信息、生态特色食品、煤电建产业
织金县产业园	重点发展煤电化、生态特色食品、新型建材产业
纳雍县产业园	重点发展煤电化、生态特色食品、大数据电子信息产业
威宁县产业园	重点发展生态特色食品、新型建材、绿色轻纺产业
赫章县产业园	重点发展绿色铸造、生态特色食品、健康医药产业

（四）创新能力不断提升，产业技术不断突破

创新是引领发展的第一动力，技术进步、创新驱动是工业经济提质增效的关键。"十三五"以来，毕节试验区以政策创新、要素集聚、产学研用一体化为抓手，着力营造创新创业生态，工业创新能力显著提升。2020 年，毕节试验区综合科技进步水平指数达 57.3%，

---

①　资料来源：《毕节市"十四五"工业发展规划》。

比 2015 年提高 27 个百分点。同年，毕节市专利申请量 7644 件，增长 224%；专利授权量 3811 件，增长 124.6%。高新技术企业增至 43 家，科技型企业成长梯队增至 38 家。创建国家级星创天地 5 个、院士工作站 2 个、重点实验室 1 个、工程技术研究中心 3 个、省级大学科技园 1 个、众创空间 3 个、科技企业孵化器 2 个。截至 2020 年，毕节试验区共有省级企业技术中心 7 家，高新技术企业已达 43 家，比 2015 年净增 40 家，企业技术创新能力逐步提升①。

（五）两化融合不断深入，智能制造成效显著

党的十九大报告中明确提出"加快建设制造强国，加快发展先进制造业，推动互联网、大数据、人工智能和实体经济深度融合"。2018 年以来，毕节试验区持续开展大数据与实体经济深度融合工作，建设完成 28 个融合标杆，实施 220 个融合示范，带动 353 家企业转型升级。2020 年，毕节试验区大数据与实体经济深度融合水平达到 37.4，相比 2017 年、2018 年和 2019 年分别增长 8.2、4.6 和 2.1，实现连续 4 年持续稳步提升。自 2018 年启动煤矿机械化智能化改造建设三年攻坚行动以来，毕节试验区正常生产煤矿已全部实现机械化开采和辅助系统智能化改造；建成 6 个智能化采煤工作面，煤炭产业在智能化、物联网、大数据融合上取得实质性突破②。

二　毕节试验区促进工业高质量发展面临的困难

工业高质量发展是转型发展的基础和核心。近年来，毕节试验区通过全力抓主导产业、抓龙头企业、抓产业链条、抓园区平台、抓要素保

---

① 资料来源：《毕节市国民经济和社会发展第十四个五年规划和 2035 年远景目标纲要》。

② 资料来源：毕节市工业和信息化局。

障、抓生态环保等，有力促进了全市工业转型发展。但由于工业发展起步晚、基础弱、底子薄，毕节试验区推动工业实现高质量发展任务繁重。

（一）工业经济规模较小

近年来，毕节试验区工业增速有所放缓，工业经济下行压力较大，面临着总量小、存量不优、增量不足等难题。2020 年，毕节试验区三次产业比重为 24.08：26.40：49.52，可以看出三次产业结构中一产占比过大、二产支撑不足。根据美国经济学家西蒙·库兹涅茨对工业阶段的划分，"随着经济的发展和劳动力在各生产部门之间的转移，农业在 GDP 中所占份额下降，同时工业和服务业份额增加。当第一产业所占份额小于 20%、而第二产业份额高于第三产业时，国家或地区进入工业化中期阶段；当第一产业份额小于 10%，第三产业比例逐渐高于第二产业时，国家或地区进入工业化后期阶段"[1]。目前，毕节市尚处于工业化初期向中期过渡阶段，工业经济规模在全省属于靠后水平。2020 年，全市完成全部工业增加值 404.96 亿元，占 GDP 比重仅为 20%，相比"十二五"期末下降了 11 个百分点，对全市经济支撑有待提升。从贵州省内各市州工业增加值占该地区 GDP 比重指标来看，毕节该指标仅较铜仁（16.25%）和黔东南（11.76%）高，与遵义（38.75%）和六盘水（39%）存在较大差距。从毕节工业增加值占全省工业增加值比重来看，"十三五"前半期呈现上升趋势，由 2015 年的 13.6% 逐步上升到 2017 年的 14.3%，"十三五"后半期该指标明显下降，到 2020 年毕节工业增加值占全省工业增加值比重仅为 8.8%[2]（见图1）。

---

① 郭朝先：《当前中国工业发展问题与未来高质量发展对策》，《北京工业大学学报》（社会科学版）2019 年第 2 期，第 50~59 页。

② 资料来源：《贵州统计年鉴 2021》、2015~2020 年《毕节市国民经济和社会发展统计公报和统计月报》。

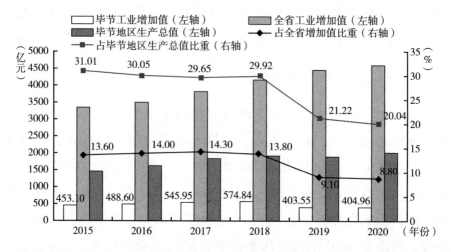

图1 2015~2020年毕节市工业增加值及其所占比重变化情况

（二）新旧动能接续不畅

从支柱产业支撑看，2020年，毕节试验区煤、电、烟三大支柱产业占规模工业增加值的比重高达60%①，但增长的动能不足、基础不稳，一旦某个产业出现问题，对工业经济运行都会带来较大影响。从新兴产业发展看，新兴产业基础弱，现代化工、高端装备制造、大数据电子信息、基础材料、生物医药等产业产值在工业中占比较小，具有市场竞争力的产品不多，对经济增长支撑不足。大项目推动慢，好项目、新项目少，工业增长乏力、后劲不足问题逐步显现。从园区平台现状看，园区缺乏龙头企业带动，产业链不完整，部分企业规模小，达不到上规入统条件。"僵尸企业"出清进度缓慢，占据资源，园区发展活力不足。

---

① 资料来源：《毕节统计年鉴2021》。

（三）工业发展质效不高

近年来，毕节试验区坚持以盘活存量、拓展增量为重点，大力调整工业经济结构，不断提升工业经济发展质效，努力推动工业经济快速发展。但从工业规模、工业产品、工业产业结构等方面可以看出，毕节工业经济实力偏弱。目前，传统产业整体产出效益不高，化工产品仍以资源型、粗加工、高消耗、低附加值的初级产品为主，产品品种单一，产业链短，产业幅窄。新型煤化工刚起步发展，产品以煤制乙二醇为主，产品体系不完善，抵御市场风险能力不够，精细磷化工、电池化学品等发展缓慢。部分制造业企业仍以"代工"为主，在产业链价值链中的"垂直分工"地位偏弱，产品附加值不高，缺少自主品牌和知名品牌，市场竞争力不强。产业链环节不完整，上下游企业衔接不紧密，企业间的关联性较弱，缺乏龙头企业引领，企业"小散弱"现象突出，目前尚无百亿级企业，与现代产业集群要求还有较大差距。

（四）产业创新能力较弱

目前，毕节试验区在产业创新方面面临着科技研发投入不足、创新主体培育不足、协同创新能力不足三大难题。2020 年，毕节市研究与试验发展（R&D）经费投入仅为 39057 万元，比上年减少 24692.4 万元；R&D 经费投入强度仅为 0.19%，比上年下降 0.15 个百分点，在全省排名处于末位[①]。全市科技研发投入明显不足，投向原始性、系统性、全面性研发更少，创新内生动力明显不足，缺乏对全局具有整体带动作用的科技先导的产业。在创新主体培育方面，全市规模以上企业、高新技术企业、科技型中小企业保有量低，企业科技创新能力不足，中高端产业及技术缺乏，先进前沿和关键环节技术

---

① 资料来源：《贵州省 2020 年研究与试验发展（R&D）经费投入统计公报》。

成果薄弱。在协同创新方面，高端创新载体不足，国家级创新载体或平台建设滞后，产学研主体合作不够紧密，围绕产业链协同创新的重大合作较少，不利于解决制约产业创新发展的关键问题。

（五）发展要素支撑不足

人才成为制约工业高质量发展的关键瓶颈。由于经济社会条件限制，毕节市在工业发展方面领军型人才和各类专业技术人才严重匮乏，特别是中小型企业很难吸引、留住高端人才，严重制约了企业自主创新能力的提升，现有人才储备难以满足毕节市工业高质量发展需求。同时，由于投融资服务体系不完善，企业融资难度大，难以满足重大工业项目资金需求。

三 毕节试验区促进工业高质量发展的形势分析

当前，世界正经历百年未有之大变局，新冠肺炎疫情、中美贸易摩擦等全球性经济不确定性突出，国际产业分工格局加快重塑，新一轮科技革命和产业变革与我国工业转型升级形成历史性交汇。"十四五"时期，毕节试验区促进工业高质量发展可谓机遇与挑战并存。

（一）面临的机遇

一是新科技及产业融合催生发展新动能。近年来，以人工智能、5G、生物技术、物联网等为代表的新一代信息技术与制造业深度融合发展，促进制造业在制造模式、生产组织方式、创新模式、服务模式、产业形态等多个领域发生深刻变革：智能制造、网络化协同制造、个性化定制将日益普遍；工业信息系统通过互联网逐步实现互联互通和综合集成，促进了机器运行、车间配送、企业生产、市场需求之间的实时信息交互；云制造平台、工业大数据等智能分析工具将帮助企业实现更好的决策。同时，先进制造业和现代服务业深度融合发展，已成为培育融合发展新业态、新模式的重要趋势。颠覆性科技创新和产业应用的不断涌现，将持续催生新模式、新业态、新产品，市场接受程度的提高和生产规模的扩大会形成新产业，成为制造业发展的新动能。相关技术的发展与产业创新应用将为毕节试验区改造提升煤电烟酒、装备制造、能源等产业，促进实体经济转型升级，加快培育新业态、新产品、新模式、新产业等提供动力支撑。

二是新发展格局和新一轮西部大开发带来新机遇。国家构建以国内大循环为主体、国内国际双循环相互促进的新发展格局将加速消费升级，加快产业链重构，形成资源、投资、消费共同发力格局，有利于毕节资源优势、生态优势转化为经济优势，加快新旧动能转换，推进高质量发展。中央积极推进新时代西部大开发形成新格局，深入推进"一带一路"和长江经济带、粤港澳大湾区、成渝双城经济圈建设，为毕节抓重点、补短板、强弱项，形成大保护、大开放、高质量发展的新格局，推动经济发展质量变革、效率变革、动力变革提供难得契机。

三是党中央的关心关怀和各级力量倾力帮扶提供新机遇。习近平总书记指示"要努力把毕节试验区建设成为贯彻新发展理念的示范区"，明确"推动绿色发展、人力资源开发、体制机制创新"三大主题，为全市促进工业高质量发展指明了前进方向、提供了根本遵循。习近平总书记在"十四五"开局的关键时刻视察贵州、视察毕节，提出了新任务、赋予了新使命，为推进新型工业化，开启全面建设社会主义现代化新征程提供了行动纲领、注入了强大动力。随着《努力把毕节试验区建设成为贯彻新发展理念示范区规划》的印发实施，统一战线、国家部委及省委省政府全方位支持毕节试验区发展的力度将更大，必将为转变毕节市工业经济发展方式，深化工业供给侧结构性改革，推进产业高端化、绿色化、智能化、融合化发展，提高新型

工业化整体水平和发展质量，奋力将毕节建成贯彻新发展理念示范区提供强大的动力支持。

四是交通等基础设施大改善带来重大机遇。毕节试验区位于贵州省西北部、川滇黔三省交界、乌蒙山腹地，杭瑞、厦蓉等高速公路和成贵、隆黄等铁路贯穿境内，2015年实现了县县通高速公路，2019年底成贵高铁全线通车。铁路运营里程538公里，高速公路通车里程981公里，毕节飞雄机场直飞21个城市、通达134个城市，威宁草海机场开工建设。毕节已逐渐成为西南地区区域性重要综合交通枢纽，2小时可融入成渝、滇中、黔中经济圈，是珠三角连接西南地区、长三角连接东盟地区的重要通道，"大进大出"的物流格局已基本构建，为全市工业产业发展提供坚实的物流基础。全市水利、电力等基础设施大幅改善，为毕节创造了良好的营商环境，成为"十四五"工业高质量发展的助推剂、加速器。

（二）面临的挑战

一是国际国内环境发生深刻变化。从全球来看，当今世界正处于百年未有之大变局，新冠肺炎疫情全球大流行使这个大变局加速变化，保护主义、单边主义上升，世界经济低迷，全球产业链供应链因非经济因素而面临冲击，国际经济、科技、文化、安全、政治等格局都在发生深刻调整，世界进入动荡变革期，今后一个时期，中国将面对更多不确定的外部环境。从全国来看，我国已进入高质量发展阶段，质量和效益替代规模和增速成为经济发展的首要问题，随着资源和环境约束不断强化，劳动力、能源、土地、原材料等生产要素成本不断上升，投资和出口增速明显放缓，部分行业产能严重过剩，自主创新能力问题凸显，传统的主要依靠资源要素投入、规模扩张的粗放发展模式难以为继，调整结构、转型升级刻不容缓。严峻复杂的国际国内发展环境将使毕节试验区制造业在结构调整、转型升级、市场开拓等方面面临一系列重大考验。

二是新一轮制造业竞争日趋激烈。随着欧美国家加快促进制造业回溯，东南亚、拉美国家不断加大承接产业转移力度，西部地区承接东部等发达地区产业转移的空间将会被挤压。在全省推动"四个轮子"一起转及周边宜宾、泸州、曲靖、昭通等地区加大新型工业化布局的大背景下，省内贵阳、遵义等市州及周边市州纷纷围绕新型工业化提出新定位、寻找新抓手，区域竞争呈现加剧态势。与此同时，毕节试验区在产业基础、要素保障、招商引资等方面缺乏竞争优势，工业后发赶超的压力巨大。

三是工业发展存在诸多短板。当前，毕节试验区还处于工业化初期向中期过渡阶段，工业自主创新能力弱，关键核心技术与高端装备对外依存度高，以企业为主体的工业创新体系还不完善；工业产品档次不高，缺乏国内外知名品牌和企业；资源能源综合利用率仍较低下，绿色发展水平有待提升；产业结构不合理，高端装备制造业和生产性服务业发展滞后；信息化水平不高，与工业化融合深度不够，整体工业发展水平与推进新型工业化的新要求还有不少差距。

四　毕节试验区促进工业高质量发展的路径

习近平总书记指出："高质量发展，就是能够很好满足人民日益增长的美好生活需要的发展，是体现新发展理念的发展，是创新成为第一动力、协调成为内生特点、绿色成为普遍形态、开放成为必由之路、共享成为根本目的的发展。"由此，毕节试验区在促进工业高质量发展时，应坚定不移贯彻新发展理念，以深化供给侧结构性改革为主线，坚持质量第一、效益优先，充分发挥其资源、政策和区位等优势，以努力将毕节建设成为贯彻新发展理念示范区为引领，加快推进新型工业化，大力实施工业倍增行动，奋力在规模总量、结构优化、平台支撑、产业链衔接、

项目建设、技术创新、两化融合上实现大突破，加快推动工业发展方式由粗放增长型向集约增长型转变，发展要素由传统要素主导向创新要素主导转变，产业结构由单一低质低效向多样高质高效转变"三大转变"，努力走出一条具有毕节示范区特色的新型工业化道路。

（一）坚持示范带动，培植壮大主导产业和骨干企业

主导产业是在产业结构中处于支配地位，比重较大，综合效益较高，与其他产业关联度高，对国民经济的驱动作用较大，具有较大的增长潜力的产业。毕节试验区应紧紧围绕全市基础能源、清洁高效电力、优质烟酒、新型建材、现代化工等优势产业，稳步推进煤矿企业转型升级，加快产能培育释放，促进煤炭资源深加工和煤炭伴生资源利用，着力打造现代煤炭资源深加工基地。统筹优化发展火电，有序发展风电、多元化发展光伏发电、积极发展水电，加快发展生物质、垃圾发电；优化调整卷烟产品结构，推动白酒企业做大做强，依托金沙酱香型白酒原产地优势，做大做强金沙窖酒，带动其他梯次品牌酱酒共同发力，促进优质酱香白酒品牌化、集约化发展。着力引进酒产业上下游配套包装等相关产业。支持金沙与仁怀、习水共同打造赤水河流域世界酱香型白酒产业基地核心区；以节能环保低碳为导向，加快建材行业升级改造步伐，重点加快发展新型建筑建材产业；实施上下游一体化发展战略，以新型煤化工产业为核心，以精细磷化工产业为补充，延伸下游煤（磷）基精细化工、化工新材料产业，加快建成国家新型能源化工基地。同时，围绕全市大数据电子信息、健康医药、生态特色食品、先进装备制造、基础材料、轻纺工业等"短板"产业，重点打造大数据电子信息产业智能终端制造及配套产业链、电子元器件产业链、锂电池产业链"三条产业链"，金沙县、七星关—金海湖电子产业集聚区"两个集聚区"。以大方食品药品产业园为核心，加快发展健康医药产业；大力发展本地特色优势食品精深加工产

业，依据原材料属地打造产业集聚区，重点打造和培育一批知名品牌及引领发展强的现代大型企业。以招商引资为突破口，推动全市装备制造业转型发展；紧盯铅锌资源开发利用龙头企业，加大招商引资力度，高起点谋划打造铅锌精深加工产业链；加快建设七星关、金沙、威宁轻纺工业产业集聚区，将其打造为新的增长极。按照壮大骨干企业、构建产业链条、培育产业集群的思路，进一步做大做强骨干企业，把培育龙头型、骨干型企业作为发展壮大产业的有力抓手，依托优势龙头企业，加大企业重组力度，打造产业品牌，聚力营造一流的政务、政策、服务等环境，强化政策集成和举措落实，重点培育一批10亿元以上的龙头企业，打造一批生产经营规模大、主业优势明显、带动能力强、发展潜力大的骨干龙头企业。

（二）坚持创新驱动，加快新旧动能转换

创新是高质量发展的第一动力。毕节试验区应抢抓科技强国、人才强国战略机遇，坚持把创新摆在工业发展的核心位置，着力强化科技创新，推进省级企业技术中心、省级制造业创新中心、省级技术创新示范企业、省级工业设计中心"三中心一示范"的培育和创新体系建设，积极构建产学研用深度融合的协同创新机制。深入开展产学研用基地建设行动，推进产业园区与高校、科研院所等共建技术转移中心、产业孵化园等，促进科技成果转化落地。深入推进大众创业万众创新，促进中小企业创新创业高质量发展，打造"双创"升级版。支持有条件的企业搭建设计中心及公共服务平台等载体，推动工业设计与相关产业深度融合。深入落实研发费用加计扣除等优惠政策，进一步加大政府各类专项资金和基金对企业研发活动的支持，引导企业加强研发投入。围绕感知、分析、决策、通信、控制、执行等智能制造关键技术环节，重点推动企业在先进制造技术、人工智能技术、工业大数据技术方面进行研究、突破。聚焦"四基"〔关键基础材料、

核心基础零部件（元器件）、先进基础工艺、产业技术基础］基础能力薄弱环节，对标国家、省"一揽子"突破行动，引导企业在重点领域实施关键核心技术攻关，攻克一批影响质量升级的新产品、新技术。抢抓数字中国重大机遇，推动工业企业进行"机器换人、设备换芯、生产换线"，打造一批"数字车间"，全面提升设计、制造、工艺、管理水平，推进工业数字化转型。推动烟、酒、茶特色轻工等领域的传统制造企业实施智能化改造，积极推动"智能车间"和"智能工厂"建设，加快新旧动能转换，推动产业振兴，促进工业高质量发展。

（三）坚持协调发展，促进三产融合和产城融合

协调是高质量发展的内生特点。聚焦毕节试验区各县域经济发展不平衡不充分的问题，按照"东部率先、中部崛起、西部赶超"的发展思路，以做强县域特色产业为重点，以做大产业园区为载体，统筹项目用地、财税金融、环境容量等要素资源，促进县域扩大经济总量、提高发展质量。加快推进东部金沙、黔西、七星关传统产业改造升级和新兴产业培育步伐，巩固提升基础能源、清洁高效电力、现代化工、优质烟酒、新型建材等主导产业；中部织金、大方、金海湖新区围绕产业优势，重点发展基础能源、现代化工、大数据电子信息、新型建材、生态特色食品、健康医药等产业；推动西部纳雍、威宁、赫章加快发展以新能源、农产品加工为主导的特色产业。同时，立足毕节"一产占比过大，二产支撑不足"这一难题，发挥工业"上带一产、下促三产"的特性，对小农经济进行改造，鼓励乡、村立足"一村一品、一乡一业"，通过"公司+合作社+农户""公司+农户"等形式组建农业产业化联合体，实行种养加、产供销一体化经营，大力发展特色农产品深加工，延伸农业产业链条，推动一、二、三产业联动发展。大力发展农产品加工业，不仅

可以提高全市的工业化水平，还可以实现农民身份的转变；更多农民通过对多工业生产方式的学习和掌握，不仅可以提高他们的劳动者素质技能，还可以进一步提升他们的社会地位。发挥"工业""促三产"作用，为服务业提供物质基础和经济支撑，带动金融、运输、商贸、中介、餐饮等服务业发展。此外，在发展工业时还应加快推进产城融合，促进协调发展。以科学规划为引领，优化园区总体发展规划与土地利用、城市建设、生态保护等规划深度融合，实行"多规合一、一规管总"。推进以人民为中心的产城融合、产教融合、城乡融合，促进住房保障、文化教育、医疗卫生、商贸流通等协同发展，加快建设生产空间集约高效、生活空间宜居适度、生态空间山清水秀的良好环境。

（四）坚持绿色发展，构建绿色循环低碳发展体系

绿色是高质量发展的普遍形态，也是毕节建设贯彻新发展理念示范区的三大主题之一。坚持"两山"理念，实施生态优先绿色发展行动，突出生态效益与经济效益并重、筑牢屏障与修复治理并进、防治污染与产业转型并举，让绿色发展成为工业经济增长新动力，努力构建绿色循环低碳发展体系，全力打造毕节特色产业生态化发展新高地。一是要大力发展绿色经济。深入实施绿色经济倍增计划、绿色制造行动计划。积极支持重点企业实施绿色化升级改造和综合利用产业化发展，建设工业资源综合利用基地。加快绿色制造体系建设，创建绿色工厂、绿色园区，积极打造绿色产品、绿色供应链，鼓励和支持重点行业领军企业开展绿色关键工艺、核心技术突破行动。加大清洁生产技术推行力度，实施中小企业清洁生产水平提升计划，构建"互联网+"清洁生产服务平台。二是促进资源循环化利用。分类有序淘汰落后产能、改造低效产能、化解过剩产能。落实过剩产业产能置换政策，倒逼过剩产能转型升级。依托市内火电、

化工等重点企业，围绕粉煤灰、脱硫石膏等各类工业固体废物，实施一批示范性强、辐射力大的重点项目，培育一批具有自主品牌、核心技术能力强的绿色龙头骨干企业，发挥大型企业集团示范带动作用，在绿色发展上先行先试。打造完整的工业固体废物综合利用产业链，建设循环经济示范基地。三是引导产品供给绿色化转型。增加绿色低碳产品、绿色环保装备供给，引导绿色消费，创造新需求，培育新模式，构建绿色增长新引擎，为经济社会各领域绿色低碳转型提供坚实保障。

（五）坚持开放发展，构建外向型工业经济

开放是高质量发展的必由之路。发挥北接渝新欧国际铁路联运大通道、南联西部陆海新通道的区位优势，发挥劳动力优势，推动"东部制造+毕节劳动力"，发展"国外订单—东部接单—毕节生产和出口"的来料加工模式。加强与深圳等大湾区城市、义乌等长三角城市合作，组织企业到大湾区、长三角学习来料加工技术，提升承接来料加工综合能力，助推毕节产业转型升级。同时，要建立和完善奖励扶持政策，推动工业产品走出去。鼓励企业开展电子商务，搭建销售平台，利用网络销售平台，促进网上消费；积极组织企业参加有关的博览会、经贸洽谈会、交易会、产品产销对接会、网交会，展示企业产品和企业形象，提高企业、产品的知名度、美誉度，努力扩大市场销售范围，逐步使工业产品走出本地市场。合理布局物流网络，建设设施先进、功能齐全、管理规范、配送快捷、服务优质的现代物流，为全市工业产品走出去提供物流保障服务。加强质量体系和标准化建设，引导工业企业按照国内行业标准、国际标准组织生产，形成一批科技含量高、竞争优势强、发展潜力好、消费者喜爱的产品，加强品牌培育，着力打造省内、国内知名品牌和著名品牌，提高工业产品的市场竞争力，为工业产品走出去提供质量保证。

（六）坚持共享发展，实现人民对美好生活的向往

共享是高质量发展的根本目的。习近平总书记强调："坚持共享发展，必须坚持发展为了人民、发展依靠人民、发展成果由人民共享。"工业生产方式一经出现很快成为一切民族经济发展的普遍趋势，这是因为工业化是劳动者素质技能的提高。劳动者，是经济发展的主体，也是工业化的主体。随着工业化进程的快速推进，对劳动者的培训及其素质技能的全面提高是一项重大工程，它不仅影响着工业化速度的快慢，也决定着工业化的利益分配。[①] 新型工业化的发展，需要更多掌握科学技术的高技能的复杂劳动者，而不是简单的体力劳动者，需要具备符合现代技术发展的职业技能。毕节促进工业高质量发展过程中必须明晰，全面工业化的成败取决于劳动者素质技能的高低和发挥程度大小，劳动者的技能水平、就业结构、协作意识和能力，决定着产业的技术含量和机器化水平、产业结构及产业间的联动效应，以及产业的规模经济性。唯有抓住劳动者素质技能的提高和发挥效能这个关键，在贯彻落实把毕节试验区建设成为贯彻新发展理念的示范区的"人力资源开发"这一主题时才能找到落脚点。加强人力资源培训能力建设，促进人力资源培训品牌化、特色化发展，提升人力资源培训水平，推动人口大市向人力资源强市转变，这是发展为了人民、发展依靠人民的体现。除此之外，还要发展成果由人民共享。工业化从其根本点而言是劳动者素质技能提高，带动生产方式从农业生产方式演化为工业生产方式的过程，在这个过程中，每个人都将拥有满足其美好生活需要的各种生产资料和生活资料。毕节试验区未来促进工业化高质量发展的重要任务就是完成大批劳动者从农民到产业工人的转换，协助其适应身份转换的要求。

---

① 刘永佶主编《中国少数民族经济学（第三次修订版）》，中国经济出版社，2013。

参考文献

徐建伟、王岳平、付保宗：《改革开放以来我国工业发展的阶段性特征与未来展望》，《经济纵横》2017 年第 3 期。

王海林：《中国道路：从工业化到世界先进制造业集群》，四川人民出版社，2019。

B.4
毕节试验区农业现代化发展报告

陈昊毅 *

摘　要： 习近平总书记多次强调，没有农业农村现代化，就没有整个国家的现代化。2020 年是毕节试验区"十三五"收官之年，"十三五"以来，毕节试验区深入贯彻落实习近平总书记视察贵州和对毕节试验区的重要指示批示精神，牢记嘱托、感恩奋进，坚持以脱贫攻坚统揽经济社会发展全局，在推动毕节试验区农业现代化发展上取得了明显成效，为毕节全面打赢脱贫攻坚战并与全国全省同步全面建成小康社会做出了重要贡献。但是应当看到，从毕节试验区"十三五"末农业现代化的发展程度看，其农业现代化发展水平与全国和全省平均水平仍然存在较大差距，因此，毕节要实现高质量推进农业现代化，必须充分发挥乡村振兴战略对农业现代化的引领作用，不断构建具备竞争力的现代农业产业体系，继续大力推动农业绿色化转型、提升农业职业素养并不断加大农业科技投入。

关键词： "十三五"　农业现代化　脱贫攻坚　毕节试验区

---

* 陈昊毅，贵州省社会科学院农村发展研究所助理研究员，主要研究方向为农业现代化。

一 "十三五"毕节试验区农业现代化
发展成就及经验启示

（一）"十三五"以来毕节试验区农业现代化发展成就

1. 粮食和主要农产品供给能力提升，保障能力增强

五年来，毕节试验区深入推进农业供给侧结构性改革，以调整农业产业结构为主要抓手，认真践行"五步工作法"，牢牢把握"八要素"推进农村产业革命，实现了粮食产量的基本稳定，主要农产品供给能力不断提升。一方面，毕节市委市政府始终把粮食安全放在十分重要的地位，在有序推进农村产业革命、大规模调减低效作物籽粒玉米的背景下，落实"藏粮于地、藏粮于技"战略，建设旱涝保收、高产稳产高标准农田370万亩，划定粮食生产功能区265.79万亩、重要农产品生产保护区40.62万亩，通过加大对高标准农田的投入和建设力度，实现了粮食种植面积和粮食产量基本稳定，全市粮食种植面积从2016年的1020.15万亩增加到1139.8万亩①，粮食产量从2016年的262.9万吨小幅减少到2020年的241.0万吨。另一方面，毕节试验区通过实施农村产业革命、聚焦"55441111"② 农业特色产业提升工程等举措，按照规模化、特色化、商品化的要求认真谋划各项产业，重点发展了蔬菜、茶叶、食用菌、生态畜牧、水果、中药材、马铃薯等具备比较优势的农业特色产业，主要农产品产出均实现了大幅度增长（见表1），其中蔬菜产量增长106.1%，水果产量增长

---

① 本文中各年度数据如无特别说明，均由历年《毕节市统计年鉴》《毕节市国民经济和社会发展统计公报》整理计算得到。

② 即：种植马铃薯500万亩，蔬菜和经果林各400万亩，茶叶、中药材、皂角和刺梨各100万亩，养殖猪、牛等家畜500万头。

501.3%，中药材产量增长 834.8%，食用菌产量增长 353.3%，茶叶产量增长 74.5%，肉类产量增长 26.9%。毕节试验区的农业生产从过去传统以单一种植为主的结构逐步进入农林牧渔业全面发展的阶段，现代农业产业体系基本建立，农业生产力布局得到不断优化，经济作物种植进一步向优势区域集中。

表1 2016 年与 2020 年毕节试验区主要农产品产量比较

年份	粮食（万吨）	蔬菜（万吨）	水果（万吨）	食用菌（万吨）	肉类（万吨）	中药材（万吨）	茶叶(吨)
2016	262.9	218.0	15.1	3.51	37.6	1.41	2653
2020	241.0	449.4	90.8	15.91	47.7	13.18	4629

2. 农业经济加快发展，农民收入水平不断提高

"十三五"以来，毕节试验区深入贯彻落实习近平总书记视察贵州和对毕节工作的指示批示精神，以脱贫攻坚统揽经济社会发展全局，大力发展现代山地特色高效农业，通过推动高标准农田建设，积极推广高产、高效、绿色农业生产技术，不断强化农业科技支撑等举措，纵深推进农村产业革命，实现了试验区农业经济的快速发展。五年间，毕节第一产业增加值从 2016 年的 344.4 亿元增长到 2020 年的 486.55 亿元，年平均实际增速高于 6%。从第一产业增加值增速看，除 2019 年低于 6% 外，其余 4 年均高于 6%，远高于同期全国第一产业增加值增速（见图 1），也略高于全省第一产业增加值增速。经过五年的较快发展，毕节第一产业增加值占试验区生产总值的比重和占全省第一产业增加值的比重不断提升（见图 2），第一产业增加值占全市生产总值的比重从 2016 年的 21.2% 提高到 24.1%，第一产业增加值占全省第一产业增加值的比重从 2016 年的 18.5% 提高到 2020 年的 19.2%，第一产业发展呈现速度提升、实力增强、结构优化的良好发展态势。

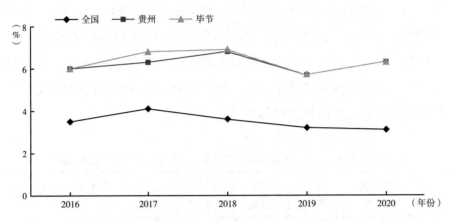

图1 "十三五"毕节市第一产业增加值增速与贵州和全国的比较

图2 "十三五"毕节第一产业增加值占生产总值的
比重和占全省第一产业增加值的比重

伴随着农业经济的快速发展,"十三五"毕节试验区农村居民收入也得到大幅提高,农村居民可支配收入从2016年的7668元增加到2020年的11238元(见图3),其增速除2020年受新冠肺炎疫情影响略低(为8.4%)外,其余年份均高于10%,持续快于毕节城镇居民人均可支配收入(见图4),城乡居民人均可支配收入比由2016年的

3.27 下降到 2020 年的 3.05，城乡居民收入差距不断缩小。同期，毕节农村居民人均消费支出由 2016 年的 7253 元增加到 2020 年的 11263元，五年年均增长率均高于 10%，均高于同期毕节城镇居民消费支出增速。这些数据都表明，"十三五"时期毕节试验区农业经济实现了快速发展，农村居民生产生活水平得到明显提高，城乡差距不断缩小，农业农村现代化水平步入新发展阶段。

图 3　毕节"十三五"农村居民与城镇居民人均可支配收入

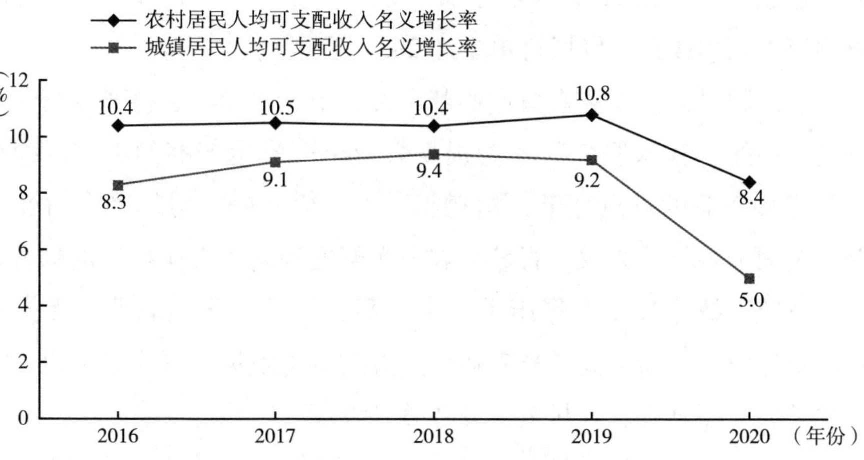

图 4　毕节"十三五"农村居民与城镇居民人均可支配收入增速

3. 农业基础设施和装备条件不断改善，农业科技含量不断提升

一是毕节通过打赢以农村公路"村村通"和"组组通"为重点的基础设施这场硬仗，实现了农村基础设施的大幅改善，到2020年底，已全面实现"县县通高速""乡乡通油路""村村通公路""组组通硬化路"的目标；基本建成夹岩水利枢纽及黔西北供水工程，实现"县县有中型水库"，基本实现"乡乡有稳定水源"，交通水利基础设施的改善有效带动了农村地区特别是贫困地区的农业产业发展和农民增收致富，有力推动了毕节试验区农业现代化进程。二是着力推进全市农业园区的提质增效，通过不断改善园区建设基础条件，助力农业现代化建设。截至2020年底毕节在建农业园区326个，其中省级园区71个，市级园区26个，县级园区29个，乡级园区200个，共建成标准化农业基地183.95万亩。三是大力推进高标准农田建设，到2020年全市高标准农田建设任务41.05万亩，开工在建高标准农田项目83个，面积27.87万亩，建设完成12.97万亩。同时完成坝区土地整治10.6万亩，累计建成有效灌溉面积46.3万亩、田间道路8396千米。四是不断推进坝区配套设施建设，到2020年底全市坝区累计建成生产大棚2147万平方米、冷库库容7.2万立方米，购置冷链物流车辆104台，发展订单生产28.5万亩①。

与此同时，在实施农村产业革命过程中，毕节将农村产业革命八要素之一的"技术服务"作为提高农业全要素生产率的重点，围绕特色优势产业的重点环节，构建起"产、学、研、用"联合协作机制，全面加强科技兴农、智慧兴农，大幅度提高了农业科技进步贡献率，农业科技进步支撑作用进一步彰显，试验区设施农业、无土栽培、观光农业等新型高科技农业生产方式加速发展，农业数字化、智慧化转型不断推进，农村电子商务蓬勃发展。

---

① 相关数据由毕节市农业农村局提供。

4. 农业可持续发展能力增强

五年来，毕节试验区在不断推进农业现代化建设过程中牢牢守好发展和生态两条底线，充分贯彻绿色发展理念，强力推进土地污染防治，累计完成受污染耕地安全利用 417.71 万亩，完成率 100%；全市获绿色食品认证 22 个、有机食品认证 126 个、地理标志产品认证 11 个；成功创建粤港澳大湾区"菜篮子"基地 20 个、涉及产品 45 个、备案面积 1.55 万亩；深入推进化肥零增长行动，化肥使用量 2019 年和 2020 年已连续两年实现负增长[①]；七星关区成为国家农产品质量安全县，金沙县入选国家农业绿色发展先行区。经过"十三五"毕节农业绿色化的发展，毕节农产品优质化水平不断提升，农业可持续发展能力不断增强。

（二）毕节试验区"十三五"农业现代化发展的经验启示

1. 以脱贫攻坚统揽毕节经济社会发展全局

五年来，毕节试验区充分贯彻习近平总书记对贵州和毕节工作的指示批示精神，坚持以脱贫攻坚统揽经济社会发展全局，取得了脱贫攻坚战役的全面胜利，不仅撕掉了千百年来的绝对贫困标签，也极大地推动了毕节农业现代化发展。一方面，农业现代化的进程作为一个将传统农业改造为现代农业的过程，关键是要引进新的现代农业生产要素[②]，通过把脱贫攻坚作为头等大事和第一民生工程，毕节试验区的大量优质资源和现代生产要素进入贫困地区和农业领域，加快推动了对本地传统农业的改造步伐。另一方面，以脱贫攻坚统揽农业供给侧结构性改革的推进，促进了试验区农业基础设施的改造升级，实现了种养殖经济作物的结构调整，推进了农业生产技术的普遍应用，加快

---

① 相关数据由毕节市农业农村局提供。
② 〔美〕西奥多·W. 舒尔茨：《改造传统农业》，梁小民译，商务印书馆，2006。

了毕节现代农业产业体系的形成步伐。

2. 坚定不移走现代山地特色高效农业之路

习近平总书记在 2015 年视察贵州时指示要加快发展现代山地特色高效农业，五年来毕节试验区牢记嘱托，坚定不移走现代山地特色高效农业之路，通过充分发挥毕节试验区高海拔落差和立体农业资源禀赋的比较优势，走出了一条适合毕节发展的山地特色农业现代化之路。一是结合毕节地理环境的多样性和山地特色，按照"一县一特""一乡一业""一村一品"的总目标构建起现代农业产业体系，大力发展了蔬菜、茶叶、食用菌、中药材、经果林等特色优势产业，大方肉牛、威宁"三白"① 和苹果、织金皂角等农业生产已初具规模，现代农业生产体系逐渐形成。二是不断完善基础配套，构建起现代山地特色农业生产体系。"十三五"以来，毕节市不断完善农业基础设施条件、夯实农业资源要素保障，加大农业科技投入推动农业装备升级，利用农业现代设施、现代装备和先进农业技术手段武装传统农业，提高山地农业良种化、机械化、科技化、标准化和信息化水平，增强了现代山地特色农业发展后劲。三是注重主体培育，构建现代农业经营体系。围绕毕节山地特色农业现代化的发展需求，注重培育新型农业经营主体，不断健全完善"公司+合作社农户+家庭农场+农户"的经营模式，持续加大农业龙头企业招引和培育力度，充分发挥龙头企业优势，带动种养基地规模化、订单化生产。

3. 不断深化改革，激发农业现代化内生动力

五年来，毕节试验区在推进山地特色农业现代化过程中不断深化改革，探索实践出了一些好的经验和做法。在农村集体产权制度改革上，毕节开展了"资源变资产、资金变股金、农民变股东"的"三变"改革，盘活了农村闲置资产，推动财政资金入股增值，促进了

---

① 即白萝卜、大白菜、莲花白。

农业增效、农民增收，创新了多种利益链接机制，壮大了农村集体经济。在推进农村产业革命的过程中，毕节认真贯彻《中国共产党农村工作条例》，开展了党支部领办村集体合作社的有益尝试，壮大了农村集体经济，促进了脱贫攻坚与乡村振兴有效衔接。在推进农业坝区建设工作中，毕节试验区对标全省坝区创建的4类8项指标，创新采取"4321工作法"（即构建"四大推进体系"、配置"三类资源要素"、抓住"两个关键环节"、健全"一套工作机制"），有效推进了500亩以上坝区的产业结构调整。这些探索和实践不仅深化了毕节试验区的农村改革，成为毕节试验区农业供给侧结构性改革的突破口，促进了农业生产力的发展，盘活了城乡存量资产、自然资源和人力资本，促进了农业生产增效、农民生活增收、农村生态增值，助力毕节赢得脱贫攻坚伟大战役，也推动了毕节农业现代化步伐向前迈进。

二　新时期毕节试验区农业现代化总体进程与发展环境分析

（一）毕节试验区农业现代化的总体进程

发达国家农业现代化进程的一般规律是随着生产力和GDP水平的提高，第一产业增加值占国内生产总值的比重逐渐降低、第一产业从业人员占就业人员比重逐渐降低、农村人口逐渐向城市转移、农业劳动生产率不断提高的过程。2020年毕节试验区第一产业增加值占GDP比重为24.1%，仅相当于1991年中国第一产业增加值占当年GDP比重24%的发展水平，[1] 也仅相当于贵州2003年第一产业增加值占GDP比重23.8%的发展水平。可以看出，目前毕节试

---

[1]　根据国家统计局网站数据计算得出。

验区农业现代化发展的总体进程仅相当于我国 20 世纪 90 年代初期和贵州 21 世纪初期的发展水平，与全国全省农业现代化发展平均水平存在较大差距，距离全面实现农业现代化仍有较长的路要走，尚需不懈努力。

（二）新时期毕节试验区农业现代化的发展思路

"十四五"是毕节试验区加快农业现代化进程的关键时期，要坚决贯彻落实习近平总书记 2021 年新年视察贵州时的重要讲话精神，围绕"四新"主抓"四化"，以高质量发展统揽毕节经济社会发展各项工作，紧紧围绕全面实施乡村振兴战略和"两步走"的战略安排，做好"三农工作"的工作重心从脱贫攻坚向乡村振兴的历史性转移，持续推进毕节试验区农业现代化工作。因此，第一，要贯穿"一条主线"，即把毕节试验区农业农村高质量发展作为主线，通过推动脱贫攻坚战略与工作体系的平稳转型，实现高质量巩固拓展脱贫攻坚成果和乡村振兴的有效衔接。第二，要做到"一个确保"，即确保粮食播种面积和产量保持基本稳定，全面提高粮食综合生产能力，逐步优化粮食供给体系。第三，要强化两大动力，即体制改革和科技创新，继续以推动农业供给侧结构性改革为目标，做好农村集体产权改革经验的总结和推广；围绕现代山地特色高效农业发展需要，完善农业科技攻关和转化等方面的政策体系和服务体系，通过科技创新激活农业发展的要素和资源，不断提升农业全要素生产率。

（三）毕节试验区农业现代化发展的形势分析

1. 优势与机遇

中央对农业农村现代化发展的高度重视。当前，党中央把巩固和拓展脱贫攻坚成果、全面推进乡村振兴和加快农业农村现代化视为

"需要全党高度重视的一个关系大局的重大问题"①，随着乡村振兴战略的推动实施，对现代农业的投入也将不断提高，中央对农业农村现代化发展的大力支持将是今后一个时期毕节试验区农业现代化发展的重大历史机遇。

"十三五"经济社会高速发展奠定了良好基础。当前毕节农业现代化发展程度仍然较低，与全国全省平均水平存在较大差距。但毕节试验区经过"十三五"这一快速发展阶段带动农业农村经济实现了高速发展，同时农村基础设施大幅改善，农业现代产业体系基本形成，给未来农业现代化的加快发展奠定了良好基础。从农业现代化发展进程的不同发展阶段看，毕节农业现代化发展也即将进入发展的加速阶段。

随着中国经济进入新发展阶段，人民收入水平和生活质量不断提高，大众农产品需求将更倾向于购买绿色、有机农产品，而毕节山地特色高效农业农产品的绿色性、特殊性和丰富性更符合未来人们对农产品的消费需求，市场空间较大。

在过去很长一段时间内，全球农产品的实际价格呈现长期的下降趋势，农业一直是效益相对较低的行业②。近年来，受到全球气候变暖导致自然灾害频发、国际政治局势动荡加剧、生物质能源发展和全球食物需求增长等因素共同影响，国际农产品价格不断走高，农业将有望成为投资回报效益较高的产业之一，农业投资回报率的提高必将吸引更多资本、土地、人力等生产要素进入，迎来发展的黄金时机。

"十四五"时期，毕节试验区将大力推进新型工业化、新型城镇化和旅游产业化发展，继续实施大数据战略行动。推进新型工业化将

---

① 《习近平出席中央农村工作会议并发表重要讲话》，http：//www.gov.cn/xinwen/2020-12/29/content_ 5574955. htm。

② 黄季焜：《新时期的中国农业发展：机遇、挑战和战略选择》，《中国科学院院刊》2013 年第 3 期。

促使更多的农村剩余劳动力从较低效的农业生产部门中转移出去，进一步优化农业生产结构，同时工业化的发展为农产品的生产和加工提供了所需的先进生产设备和生产技术，提高了农业部门的劳动生产率。推进新型城镇化发展将促使居民消费结构不断变化，拉动绿色生态农产品的消费需求，带动农产品的多样化开发，对农业产业结构起到优化作用。推进旅游产业化将促进农业产业和旅游产业的深度融合发展，促进农业增长和农民收入提高。实施大数据战略行动，促进信息技术在"三农"领域的综合利用，将提升毕节试验区农业信息化水平，提高农业现代化水平。

2. 劣势与挑战

毕节山地农业固有的脆弱性、稀缺性和分散性是发展现代农业面临的主要挑战。脆弱性主要指毕节农业生态环境十分脆弱，试验区设立之初即将"生态建设"列为试验区三大主题之一，根本原因在于当时生态环境不断恶化，虽然近年来生态建设取得了显著改善，但相较其他地区，农业生产受资源环境约束仍然更为明显，土地石漠化、水土流失、土地破碎等弊端更是制约了现代山地特色高效农业的发展。稀缺性是指试验区人均农业生产者所占有的土地、资本、农业生产机械、农业科技投入等生产要素较少。分散性是指土地破碎、不连片集中导致的农业生产单元分布过于分散，农户生产经营方式以小农分散经营为主，不利于建立现代农业生产经营所需的规模化生产经营体系。

人均农业生产率较低，农业生产成本较高。毕节农业生产以山地为主的特性决定了其不利于使用大型农用机械进行规模化生产，而近年来小型农业机械受制于多种因素推广缓慢，农业生产效率提升受到制约，规模经济效应不明显。

劳动力资源外流，农村老龄化严重。长期以来，毕节传统农业生产存在生产效率和效益都较低的现实困境，同时农业产品的市场销售过程还面临较大的不确定性风险，因此大量农村劳动力选择进入城市务工而非进行农业生产经营活动，这导致了农村劳动力尤其是高素质劳动力资源的供给不足。同时农村地区老龄化现象日益严重，其所带来的各种社会问题日益凸显，制约了试验区农业现代化进程的推进。

三　加快推进毕节试验区农业现代化的对策建议

加快推进毕节试验区农业现代化建设，要立足试验区的具体情况，以农业供给侧结构性改革为主线，以高质量发展为统领，以乡村振兴为引领，大力发展现代山地特色高效农业，加快构建现代农业产业体系、现代农业生产体系、现代农业经营体系，实现农业绿色化转型，抓好职业农民科技培育、现代农业科技支撑等重点领域和关键环节，实施梯次推进战略，探索出一条山地特色农业现代化之路。

（一）以高质量发展统领推进农业现代化

要按照高质量发展的要求，以质量和效益为中心加快毕节试验区农业现代化发展。一是要加强农业"三个体系"建设，以供给侧结构性改革为主线，以农业产业体系、生产体系、经营体系为重点，持续推进农业现代化建设；继续做大做强各个特色优势产业，提高农产品标准化、规模化、品牌化水平。二是着力加强农业提质增效，加快传统农业向现代农业转型步伐，着力转变农业生产方式、组织方式、经营方式，以绿色农业、智慧农业为主要发展模式，培育现代农业新的增长点，走品质优良、产出高效的现代农业高质量发展之路。

（二）充分发挥乡村振兴战略对农业现代化的引领作用

乡村振兴与农业现代化之间存在相互作用、相互促进的内在联系。党的十九大报告指出："要坚持农业农村优先发展，按照产业兴旺、生态宜居、乡风文明、治理有效、生活富裕的总要求，建立健全城乡融合发展体制机制和政策体系，加快推进农业农村现代化。"[①]这不仅高度概括了乡村振兴战略的基本内涵，也更加明确了加快推进农业现代化是实施乡村振兴战略的目标之一。因此，在全面实施乡村振兴起步阶段，要高度重视农业发展的阶段性特征和面临的突出问题，注重将产业兴旺、生态宜居、乡风文明、治理有效、生活富裕的乡村振兴总要求与农业现代化发展阶段性特征紧密结合、协同推进，在全面实施推进乡村振兴的同时，也着力分步骤、分阶段、循序渐进地推进毕节试验区农业现代化发展。

（三）继续构建具备竞争力的现代农业产业体系

要把优化农业产业结构和实现农业全产业链发展作为主攻方向，加快构建毕节试验区现代农业产业体系。一是要调整优化农业产业结构，明晰优势产业，突出区域布局，以蔬菜、茶叶、食用菌、中药材、水果为主，大力推进种植产业提质增效。要不断优化发展生态畜牧业，稳定发展生猪产业，大力发展生态牛羊产业；根据各地资源的比较优势，深入推进"一县一业"，做强做优县域主导农业产业，形成"小而特、小而精、小而优"的区域农业生产布局，通过调整优化农业产业结构，继续提高毕节农产品整体品质和效益。二是强化全产业链发展思维，加强延伸特色优势产业链。要大力推进农产品精深

---

① 习近平：《决胜全面建成小康社会　夺取新时代中国特色社会主义伟大胜利——在中国共产党第十九次全国代表大会上的报告》，《人民日报》2017年10月28日。

加工业发展，以茶叶、食用菌、辣椒、水果等农产品为主体，不断提升农产品加工转化率，建设好特色农产品产业链体系和现代冷链物流体系。要大力发展农业社会化服务，围绕农业活动，加强农业生产、生活、生态有机结合，把延伸农业产业链、提高农产品附加值作为现代农业的主攻方向。要着力推进一二三产业深度融合，从增加产品数量向提高产品质量转变，更加注重一二三产"叠加效应"，不断增强农产品竞争力。

（四）推进农业绿色化转型

充分贯彻绿色新发展理念，积极转变农业发展方式，实施农业绿色生产，构建以绿色、生态、循环为导向的现代农业发展格局，走绿色兴农之道。一是提高农业资源利用率，通过实施化肥农药减量增效工程，降低农药化肥环境污染，提升农业绿色产出效率；全面开展农业废弃资源循环利用，推进废旧农膜回收利用；大力推广耕地轮作模式，提高土地资源利用效率，促进土地可持续发展。二是加快完善特色优势农业产业标准体系建设，将农业生产环境、生产过程、产品质量、包装标识等流程标准化建设，以绿色、有机农产品作为农业发展方向，进一步加强农产品质量监管，健全农产品质量安全监管体系、追溯体系和动植物防疫保障体系，健全农产品市场准入衔接机制，加快农业绿色化转型，助推毕节试验区现代山地特色高效农业发展。

（五）全面提升农民职业素养，激发农业现代化内生动力

在推进山地特色高效农业现代化进程中，要高度重视对农户进行农业职业教育。一方面要实施好职业农民培育工程，建立健全新型职业农民教育培训机制，不断提升广大农民的科学文化水平，推动小农户从传统农民向新型职业农民的身份转变，改变广大农民的传统农业

发展思维，提高其对发展现代山地特色高效农业的理性认识，引导其从传统农业发展方式转向以新技术、新机械、新经营为特征的现代山地特色高效农业生产经营模式，从而培育其成为专业生产型、经营管理型、技能服务型的新型职业农民。另一方面要加快建立新型职业农民的"输入"机制，要将返乡创业人员和返乡大学生作为推动现代山地特色高效农业建设的生力军，通过建立起较为完备的引进、扶持政策，不断完善相关激励机制，引导返乡大学生、返乡创业人员中的优秀人才进入农业生产经营领域创业就业，使其成为毕节试验区乡村振兴和农业现代化建设的主力军，有效激发农业发展的内生动力。

（六）加大农业科技投入，提高现代农业科技支撑

习近平总书记多次强调科技兴农，要求"让农业插上科技的翅膀"，走内涵式发展道路。加强现代农业与农业科技的深度融合，一是要强化农业科技对农业产业的全过程支撑：以现代种业科技作为农业产前支撑，选育高产、高效、优质的农林牧渔业品种；以在生产过程中使用现代栽培、养殖、管理等科技手段，选用适合山地作业的农业机械用具等方式作为产中科技支撑；以加快农产品精深加工、利用互联网推进农村电商网络营销等方式作为产后科技支撑。二是要加快农业产学研一体化发展，不断完善优化农业科技制度环境，发挥农业科技特派员作用，激励产学研各方主体加大在各要素中的投入，围绕毕节特色优势产业开展相关产业基础性和技术性研究，在良种选育、繁育、生产、栽培等方面实现突破，用科技疏通产业发展瓶颈；要强化以各县区为主导推动农业科技探索、科技成果转化，并推进产业化应用；要积极研发引进适用于山地农业的农业机械器具，降低人工成本，提高劳动生产率，推动毕节山地农业向机械化发展。三是要加强现代信息技术在农业中的运用，加强物联网、大数据、区块链、人工

智能等现代信息技术在农业领域的应用，统筹推进数字农业、智慧农业建设，提升农业信息化水平。①

（七）实施梯次推进的毕节试验区农业现代化发展战略

面向中长期发展，要将农业现代化发展的一般规律与毕节试验区的发展实际紧密结合，围绕试验区农业发展的重点领域，实施分地区、分阶段、分重点的梯次推进战略。鉴于此，我们建议毕节试验区在推进农业现代化过程中，一是要分类推进，按照"因地制宜、分类指导、突出重点"的原则，结合区域内不同县（市、区）的发展基础和比较优势，引导有条件的县（市、区）加快优先推进山地农业现代化的发展，可以区域内不同经济发展水平为标准将各县区分为山地农业现代化先行示范县（区）、重点推进县（区）、夯实基础县（区）等三类进行分级分类指导，实施梯次推进的发展战略。二是探索山地农业现代化示范点建设。按照差异化发展思维，选择在特色产业资源、农产品精深加工、农村电商营销等领域具有代表性且发展较好的基地（园区）打造山地农业现代化示范点，充分发挥对试验区农业现代化的示范引领作用。同时积极探索山地农业现代化示范县与乡村振兴示范县协同发展路径，发挥乡村振兴示范先行作用，助推试验区早日实现农业现代化。

①《中共贵州省委　贵州省人民政府关于全面推进乡村振兴加快农业农村现代化的实施意见》，《贵州日报》2021年3月15日。

B.5
毕节试验区卫生健康事业发展报告

罗艳*

摘　要： 卫生健康事业平稳发展是推动地区经济高质量发展的基础
保障，是实施好健康中国战略的重要前提。近年来，毕节
试验区通过加大资金投入，积极引进人才，借力东西部医
疗卫生对口帮扶，提升医疗服务水平，持续巩固健康扶贫
成果，推进毕节试验区卫生健康事业向好发展。同时，毕
节试验区卫生健康事业发展也存在卫生人才数量依然不
足、优质医疗资源配置不均、基层医疗服务能力欠缺、
"一老一小"健康服务保障不到位等问题，应在今后发展
中予以重视并解决。

关键词： 卫生健康　医疗　毕节试验区

人民健康是民族昌盛和国家富强的重要标志。2016 年，习近平
在全国卫生与健康大会上强调"把人民健康放在优先发展战略地位，
努力全方位全周期保障人民健康，让群众享有公平可及的健康服
务"。① 同年，我国出台了《"健康中国 2030"规划纲要》，指出健康

---

　* 罗艳，贵州省社会科学院城市经济研究所助理研究员，主要研究方向为旅游管
　　理、人文地理。
　① 《习近平：把人民健康放在优先发展战略地位》，新华网，http://www.
　　xinhuanet. com/politics/2016-08/20/c_ 1119425802. htm。

中国战略的核心是以人民健康为中心，全民健康是建设健康中国的根本目的。党的十九大报告再次强调要深入实施健康中国战略，为人民群众提供全方位全周期的健康服务。在国家政策的大力支持下，我国各地卫生健康事业稳步向好发展。

在健康中国建设的背景下，特别是在新冠肺炎疫情的冲击下，各级政府对卫生事业的关注和投入越来越多，学者对全国各地卫生健康事业的研究也越来越深入、广泛。缘于卫生健康事业与经济社会发展关系密切，同时卫生健康工作与广大人民群众的切身利益紧密相关，因此发展好卫生健康事业具有非常重要的意义。建党百年来，我国卫生健康法治经历了探索、初创、恢复重建、初具雏形、持续完善等阶段，已形成卫生健康法律制度体系，有效保障卫生健康各方面工作有法可依。在各地积极推进卫生健康发展的同时，也存在城乡卫生健康事业发展不平衡、基层医疗服务能力不足等普遍问题，需要加以重视。为实现健康中国建设，各地应形成以文明健康为主导的生活模式，要以提高服务水平为标准加强公共卫生管理工作，应积极推进健康治理体系和治理能力现代化，积极将健康理念融入政府决策、建立跨部门协调机制、完善与制定相关法律法规与制度，以落实好"将健康融入所有政策"。同时，还要不断加强科技引领，从建设国家医学中心和区域医疗中心、建设高水平医院和高水平专科、提升医学科技创新能力、构建强大公共卫生服务体系等四方面入手，推进卫生健康事业高质量发展。另外，各国要坚持"生命至上，健康至上"的理念，推动全球公共卫生治理体系建设，合理配置全球公共卫生资源，形成利益交融的"共同体"，最终构建人类卫生健康共同体。

近年来，贵州积极落实国家关于发展卫生健康事业的各项政策，毕节试验区（以下简称毕节市）也在积极推进卫生健康事业稳步发展，通过加大政府投入、鼓励社会参与、加强卫生人才培养和引进等多种方式，在医疗卫生改革、医疗服务能力、健康扶贫及成果巩固方

面取得了重大成绩，有效保障了人民群众身心健康。截至 2020 年，毕节市每千人拥有执业医师数为 2.25 人，每千人拥有护士数为 4.42 人。①

一 毕节试验区卫生健康事业发展的环境分析

（一）政策环境分析

为有效护佑群众健康，推进健康中国建设，实现全民健康，提高民生福祉，我国出台了一系列政策予以支持。2016 年，我国印发了《"健康中国 2030"规划纲要》，指出健康中国战略的核心是以人民健康为中心，建设健康中国的根本目的是实现全民健康。党的十九大报告指出要深入实施健康中国战略，全方位全周期为人民群众提供健康服务。党的十九届五中全会指出，"十四五"时期我国卫生健康体系更加完善，提高民生福祉。贵州层面，为落实好国家关于推进新时期卫生健康事业发展的各项要求，贵州通过出台《贵州省推进家庭医生签约服务的实施意见》《省人民政府办公厅关于转发省卫生健康委卫生健康服务能力提升"八大工程"行动计划（2019—2022 年）的通知》《贵州省全面提升县级医院综合能力工作实施方案（2019—2020 年）》《关于全面推进紧密型县域医疗卫生共同体建设发展实施意见》等系列文件予以支持，并通过实施医疗卫生"百院大战"和基层医疗卫生服务能力三年提升计划，推进医疗卫生改革，开展院士专家医疗卫生援黔行动、"黔医人才计划"等，全方位全周期守护人民群众身体健康。在国家和贵州省的大力支持下，毕节市卫生健康事业得到稳步发展。

---

① 相关资料由毕节市卫生健康局提供。

（二）经济环境分析

近年来，贵州大力推动新型工业化、新型城镇化、农业现代化、旅游产业化，促进经济高质量发展，为卫生健康事业发展提供了强大动力。大环境方面，贵州通过积极融入"一带一路""成渝经济圈""长江经济带"等方式增强外部动力，又通过加快产业转型升级、加强改革创新等方式增强内生发展动力。2020年贵州GDP达17826.56亿元，首次迈进全国20强，增速为4.5%，位居全国第二。[①] 小环境方面，2019年，毕节市地区生产总值达1901.36亿元，总量位居贵州省第三，[②] 同时近几年毕节市经济的迅猛发展（见图1），为卫生健康事业的稳步发展提供了强有力的经济支撑。

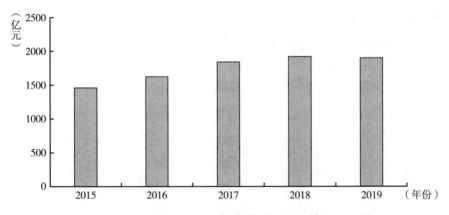

图1　2015~2019年毕节市GDP情况

（三）社会环境分析

随着健康中国战略的实施，加上人民对美好生活的向往需求，人

---

① 《31省份2020年GDP出炉　贵州GDP总量首次迈入全国20强》，多彩贵州网，http://www.gog.cn/zonghe/system/2021/01/30/017828611.shtml。

② 资料来源：根据《贵州统计年鉴2020》整理得出。

们对身心健康的要求越来越高，对卫生健康事业要求也越来越高，对卫生健康事业高质量发展提出了新的要求。同时在新冠肺炎疫情这一突发重大公共卫生事件的影响下，全国各地越发注重卫生健康事业的发展，推动了卫生健康事业的高质量发展。从图2可以看出，近年来，贵州积极发展卫生健康事业，着力培养卫生健康人才，每千人口卫生技术人员由2015年的5.3人增长到了2019年的7.39人，贵州与全国的差距越来越小，并于2019年贵州每千人口卫生技术人员数首次高于全国平均水平，比全国高出0.13人。国家在加强卫生健康人才发展的同时，也不断夯实卫生健康事业的硬件，从图3可以看出，2015~2019年我国每千人口医疗卫生机构床位数不断增加，贵州同时期每千人口医疗卫生机构床位数均高于国家平均水平。综上表明，近年来贵州卫生健康事业得到了快速发展，为毕节市卫生健康事业稳定发展起到了很好的带动作用。

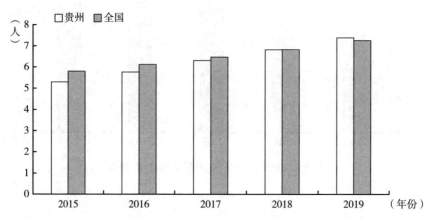

图2 2015~2019年国家与贵州每千人口卫生技术人员数量

（四）技术环境分析

《中共中央关于制定国民经济和社会发展第十四个五年规划和二〇三五年远景目标的建议》将坚持创新驱动发展作为首要任务，指

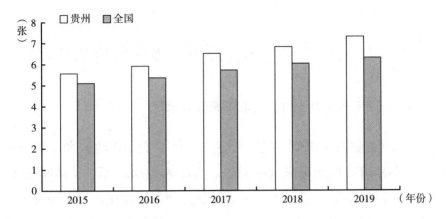

图 3　2015～2019 年国家与贵州每千人口医疗卫生机构床位数对比

出要把科技自立自强作为国家发展的战略支撑。随着我国经济社会的快速发展，我国科技发展也取得了长足的进步，2019 年我国 R&D 人员全时当量为 480.1 万人，R&D 经费支出为 22143.6 亿元，分别较上年增长了 9.59% 和 12.53%，[①] 在国家大力推动科技创新背景下，我国和贵州医药制造业领域的科技创新取得一定成效（见表 1）。医疗卫生事业的科技进步，推动医疗服务水平的提升，为群众获得更优质的医疗服务提供科技支撑。

**表 1　2015～2019 年全国与贵州医药制造业研究与
试验发展（R&D）活动及专利情况**

类型		2015 年	2016 年	2017 年	2018 年	2019 年
全国	R&D 经费（万元）	4414576	4884712	5341765	5808857	6095605
	有效发明专利数（件）	31259	37463	41673	45766	47910
贵州	新产品开发经费支出（万元）	34460	59084	58828	—	58286
	新产品开发项目数（项）	209	308	329	—	381

　　资料来源：根据 2015～2019 年《中国统计年鉴》及 2015～2019 年《贵州统计年鉴》整理得出。

---

①　资料来源：根据《中国统计年鉴 2020》整理得出。

二 毕节试验区卫生健康事业发展取得的成绩

（一）医药卫生体制改革取得新进展

《"健康中国 2030"规划纲要》指出要全面深化医药卫生体制改革，不断解决群众看病就医问题。为深入推动医药卫生体制改革，毕节市有以下举措。一是大力推动分级诊疗制度实施，毕节市境内的乡镇卫生院均与市内外二级以上的医疗卫生机构搭建了稳定的对口帮扶关系，在工作中建立并完善双向转诊工作制度。同时，全面推开县域医疗卫生共同体建设，建成县域医疗卫生共同体 24 个，覆盖基层医疗卫生机构，医共体内明确基本公共卫生服务工作和经费交由医共体统筹管理，建立县、乡、村三级家庭医生团队签约服务模式，明确实行乡村一体化管理，逐步实现"大病不出县""小病不出乡"的医疗格局。二是积极开展建立现代医院管理制度试点工作，大力推进毕节市第一人民医院、金沙县中医院、金沙县人民医院建设贵州省省级现代医院管理制度试点工作，同时积极推进城市医疗集团建设。三是深化综合监管体系改革，强化卫生健康执法业务培训，加强医疗卫生监督执法，加大公共场所、学校及周边环境整治力度，积极开展公共卫生监督管理工作。

（二）公共卫生服务能力持续增强

受新冠肺炎疫情突发重大公共卫生事件的冲击，毕节市不断加强公共卫生服务建设。2020 年初，毕节市已全面落实"早发现、早报告、早隔离、早治疗"政策，建立了市级专家分片联系指导制度，积极发挥广州援毕专家作用，开展呼吸科医师护士转岗紧急培训。2020 年，毕节市乡镇卫生院全部设置预检分诊和隔离留观室，共有

14家医疗卫生机构可开展核酸检测，应对突发公共卫生事件的能力得到增强。此外，毕节市全面落实国家基本公共卫生服务项目，完善居民电子健康档案，截至2020年，毕节市居民电子健康档案建档率为90.51%，并开展高血压、糖尿病、严重精神障碍患者等重点人群健康管理。

妇幼健康服务方面，开展了"妇女儿童医疗巡回诊疗服务"，提升医务人员技术水平和服务能力，初步建立产前筛查（诊断）网络。截至2020年，毕节市住院分娩率99.21%，孕产妇死亡率15.81/10万，婴儿死亡率7.4‰，5岁以下儿童死亡率10.12‰，法定传染病发病率336.55/10万，均控制在指标范围内，毕节市宫颈癌、乳腺癌筛查任务完成率分别为100.37%和100.46%；叶酸补服任务完成103.74%；毕节市孕产妇HIV、梅毒、乙肝三项检测率分别为99.54%、99.64%和99.64%；新生儿遗传代谢性疾病筛查任务和听力筛查任务分别完成110.62%、111.22%。

健康养老服务方面，积极开展医养结合服务试点建设和智慧健康养老服务试点建设工作，开展多样化的老年身心关爱项目，全方位服务老年群体。2020年毕节市6个单位被省确定为基层医疗机构医养结合服务试点，2个单位被省确定为安宁疗护试点单位，3个单位被省确定为智慧健康养老服务试点。

（三）卫生机构稳步发展

2019年，毕节市争取到中央和省级预算内投资项目3个，总投资7.49亿元，全面推进"百院大战"建设，不断推进医疗卫生机构标准化、规范化建设。从表2可以看出，近几年毕节市医疗卫生机构正稳步发展，2020年医疗卫生机构达到5487个，卫生院机构249个，村卫生室4442个，分别比2015年增加了304个、44个、331个。

表2　2015～2020年毕节市卫生机构发展情况

单位：个

类型	2015 年	2016 年	2017 年	2018 年	2019 年	2020 年
医疗卫生机构数	5183	5016	4886	4920	5296	5487
医院、卫生院、社区卫生服务中心（站）	536	536	538	558	569	593
疾病预防控制中心	10	10	10	10	10	10
妇幼保健院（所、站）	10	10	10	10	10	10
卫生院机构数	205	204	204	239	243	249
村卫生室数	4111	4079	4079	4051	4383	4442

资料来源：贵州省宏观经济数据库。

（四）医疗床位明显增多

毕节市医疗床位与医疗机构同步增长，进一步满足就医群众住院需求。从表3可以看出，2020年毕节市医疗卫生机构床位达46365张、医院和卫生院床位45059张、妇幼保健院（所、站）床位904张、县医院平均每院病床692张、县妇幼保健所站平均每所站床位91.75张、卫生院平均每院床位39.88张，分别比2015年增加了39.42%、41.21%、41.03%、81.12%、50.95%、23.05%，县医院平均每院病床数增长最快，是毕节市医共体发展的结果，也为实现毕节市"大病不出县"的目标提供了基本保障。

表3　2015～2020年毕节市医疗床位数情况

单位：张

类型	2015 年	2016 年	2017 年	2018 年	2019 年	2020 年
医疗卫生机构床位数	33255	33498	36323	38104	42365	46365
医院、卫生院床位数	31909	32349	35153	36989	41377	45059
妇幼保健院（所、站）床位数	641	710	—	713	741	904

类型	2015 年	2016 年	2017 年	2018 年	2019 年	2020 年
县医院平均每院病床数	382.06	369.75	—	615.67	647.88	692
县妇幼保健所站平均每所站床位数	60.78	65.56	—	77.13	77	91.75
卫生院平均每院床位数	32.41	30.12	30.12	36.77	37.95	39.88

资料来源：贵州省宏观经济数据库。

（五）卫生健康人才总量持续增加

为加强卫生健康人才队伍建设，提升医疗服务水平，毕节市通过开展"银龄计划"，加强住院医师规范化培训、全科医师转岗培训和订单定向医学生培养等方式全面壮大毕节市卫生健康人才队伍。从表 4 可以看出，截至 2020 年，毕节市执业（助理）医师、注册护士分别为 16212 人、21103 人，平均每千人口执业（助理）医师、平均每千人口注册护士分别为 2.35 人、3.06 人。整体来看，2020 年毕节市各类卫生健康人才数量相较于 2015 年几乎实现倍增。

表 4　2015~2020 年毕节市卫生人才队伍发展情况

单位：人

类型	2015 年	2016 年	2017 年	2018 年	2019 年	2020 年
医疗卫生机构卫生技术人员	25448	27681	30396	32477	35047	44664
执业（助理）医师	7978	8315	9205	10321	11726	16212
注册护士	10412	12146	13753	15220	16338	21103
平均每千人口医疗卫生机构卫生技术人员	3.85	4.17	4.56	4.86	5.22	6.47
平均每千人口执业（助理）医师	1.21	1.25	1.38	1.54	1.75	2.35

续表

类型	2015 年	2016 年	2017 年	2018 年	2019 年	2020 年
平均每千人口注册护士	1.58	1.83	2.07	2.28	2.43	3.06
疾病预防控制中心卫生技术人员	457	473	945	470	485	509
妇幼保健院(所、站)卫生技术人员	687	741	543	904	1183	1664

资料来源:贵州省宏观经济数据库。

(六)医疗服务能力稳步提高

为提升毕节市医疗服务能力,毕节市开展了县级以上公立医院"5+2"重点专科建设,截至 2020 年,毕节市共有 1 个国家级中医重点专科,5 个省级重点学科、重点扶持专科,12 个市级重点学科、重点扶持专科。从表 5 可以看出,2015~2019 年,毕节市不同类型的医疗卫生机构的诊疗人次和入院人次都在不断增加,病床使用率也在波动上涨,一定程度体现了毕节市医疗服务水平的提高。

表 5   2015~2019 年毕节市医疗服务情况及卫生人才队伍发展情况

类型	2015 年	2016 年	2017 年	2018 年	2019 年
诊疗人次(万人次)	1870.06	1967.41	2206.10	2419.36	2661.85
医院(万人次)	566.96	681.53	764.32	853.18	929.72
农村乡镇卫生院(万人次)	341.70	400.62	473.67	595.05	675.44
社区卫生服务中心(万人次)	2.93	13.39	49.48	57.68	52.78
入院人次(万人次)	88.69	91.1	103.55	122.62	134.79
医院(万人次)	69.20	73.77	83.99	97.94	105.38
农村乡镇卫生院(万人次)	15.42	13.35	16.30	21.39	25.59
社区卫生服务中心(人次)	1253	1722	7991	7090	4577
病床使用率(%)	53.22	58.03	62.07	70.83	67.46
医院(%)	66.60	66.35	70.83	75.09	74.79
农村乡镇卫生院(%)	39.84	33.60	35.43	37.22	44.48
社区卫生服务中心(%)	86.81	66.97	50.04	39.86	38.6

资料来源:2016~2020 年《贵州统计年鉴》。

（七）健康扶贫成效显著

2020 年，毕节市完成健康扶贫减贫 12.38 万人，占全省的 40.16%，在国家和省脱贫攻坚考核评估中交出"零问题"满分答卷。[①] 全面完成健康扶贫"三个三""四要四有"工作任务，县乡村三级医疗机构及人员"空白点"基本消除，239 个乡镇卫生院、3327 个村（居）卫生室达到了健康扶贫基本医疗保障的要求。此外，毕节市积极落实健康扶贫政策，有效解决了贫困群众因病返贫的问题，2020 年，毕节市共专项救治农村贫困人口 30 种大病患者 31680 人；享受县域内"先诊疗后付费"政策的贫困群众 177386 人，政策落实率达 100%。为服务好重点人群，毕节市深入开展家庭医生签约服务，2020 年毕节市建档立卡贫困人口 41.17 万户，已签约 38.87 万户，为建档立卡贫困人口中高血压患者 103752 人、糖尿病患者 19260 人、严重精神障碍患者 19311 人和肺结核患者 3480 人提供了家庭医生签约服务。东西部医疗卫生对口帮扶成效显著，截至 2019 年，毕节市 27 家市县级医疗卫生机构与广州市 35 家医疗卫生机构开展结对帮扶，广州市各帮扶医院共向毕节市 12 家医院派出驻点帮扶专家 68 人，毕节市充分利用东部地区的人力、财力、物力提升自身的医疗服务水平。

三 毕节试验区卫生健康事业发展存在的问题

（一）卫生健康人才队伍建设仍需加强

从表 6 可以看出，2015～2019 年毕节市每千人口卫生技术人员也

[①] 资料来源：《毕节市高质量推进健康扶贫与乡村振兴有效衔接》，https://baijiahao.baidu.com/s? id=16931723765575694778，最后检索时间：2021 年 9 月 17 日。

在稳定增长，贵州省于 2019 年每千人口卫生技术人员数首次高于全国水平，高出 0.13 人，但毕节各年每千人口卫生技术人员数均达不到贵州省和全国的平均水平，仅从 2019 年来看，毕节市每千人口卫生技术人员数比贵州省少 2.17 人，比全国少 2.04 人，差距较大。此外，2020 年毕节市每千人口拥有全科医师 0.202 人，由此可见毕节市卫生健康人才队伍数量仍然不够，还需加强。

表6　2015~2019 年毕节每千人口卫生技术人员与贵州省、全国对比情况

单位：人

地区	2015 年	2016 年	2017 年	2018 年	2019 年
毕节	3.85	4.17	4.56	4.86	5.22
贵州	5.3	5.76	6.31	6.82	7.39
全国	5.8	6.12	6.47	6.83	7.26

资料来源：根据《中国统计年鉴 2020》《贵州统计年鉴 2020》整理得出。

（二）优质医疗资源配置不均衡

毕节市优质医疗资源分布不均衡可从两个角度来看，一是从省级层面看，相对于贵州省其他地区，毕节市三级甲等医院仅有 1 家，二级以上公立综合医院有 9 家，在贵州省排名最末（见表7），与贵州其他地区优质医疗资源数量差距明显。二是从毕节市层面看，毕节医疗卫生资源分布不均衡，境内唯一的三级甲等医院坐落在七星关区，其他地区虽均有二级医院分布，但由于三级医院在医疗技术水平、医疗质量和安全、医疗管理、医疗设备等多方面相对于二级医院具有明显的优势，因此吸纳和积聚了更多优质的医疗技术人员，从而也吸引了更多的患者。城乡间、区域间医疗服务差距较大，导致虹吸现象产生，即患者都往优质医疗机构就诊，最后出现了境内医疗资源分配不均衡的局面。

表7　2019年贵州省各市州医疗资源情况对比

单位：家

地区	二级以上公立综合医院数	三级甲等医院数
贵阳市	26	5
六盘水市	10	1
遵义市	19	2
安顺市	9	2
毕节市	9	1
铜仁市	11	1
黔西南州	9	2
黔东南州	18	2
黔南州	14	2

资料来源：根据贵州省卫健委资料整理得出。

（三）基层医疗服务能力不足

前文已经分析了毕节市医疗卫生人才总量不足的问题，同时，毕节市基层医疗机构还存在医疗卫生服务水平和服务能力不高的问题，在解决群众看病难、看病远的问题上还有很大提升空间。调研发现，毕节市基层医疗机构的全科医生、疾病控制和疾病预防的专业技术人员均存在短缺。此外，一些乡镇卫生院具有部分低学历和低职称的医疗技术人员，导致乡镇卫生院整体医疗服务能力较弱，同时由于乡镇卫生院工资水平和待遇较低，也出现了医疗技术人员工作积极性不高的现象，他们无意愿进一步拓展诊疗服务，最后无法实现经济创收，最终一直处于"工作积极性不高—无意愿拓展诊疗服务—无法实现经济创收—收入低—工作积极性不高"的不良循环中。同时，部分地区村医保障制度还不完善，对村医工作积极性和稳定性形成挑战。

（四）"一老一小"健康服务供给能力不足

毕节市妇幼医疗卫生资源总量不足，城乡妇幼医疗资源分布不

均，乡村两级妇幼健康服务能力较弱。随着三孩政策的实施，0~3岁婴幼儿照护体系还不完善，相关机构建设、人员培养和引进等都需加强。此外，随着毕节市老龄人口的逐步增多，老年人健康服务需求也逐渐上升，而毕节老年健康服务机构建设还相对滞后，针对老年疾病特点的预防和治疗方面的服务还不健全，老年卫生健康服务供需还存在一定差异。

四 进一步推动毕节试验区卫生健康事业发展的对策

（一）加强人才队伍建设，提升卫生健康服务水平

完善卫生健康人才培育和引进制度，制定"毕节市卫生健康人才培养和引进方案"，加强高层次人才和儿科、公共卫生、全科医生、中医药等紧缺人才的培养和引进，继续实施"银铃计划"，进一步提升毕节市卫生健康服务质量。持续加强卫生健康人才能力提升工作，积极组织各级医疗卫生技术人员参加省内外的业务知识培训，持续提升医疗服务水平，鼓励在职的医疗技术人员参加继续教育，提升业务素养。不断完善毕节市医疗技术人员薪酬激励机制，加大高层次人才、紧缺岗位、高强度的医疗技术人员的激励力度，激发人才工作积极性和主动性。

（二）加快优质医疗资源扩容和区域均衡布局，满足群众健康服务需求

加强毕节市第一人民医院、毕节市中医院、毕节市第三人民医院等三级医院的内涵提升，通过实施分级诊疗制度，逐步降低三级医院普通门诊比例。鼓励七星关区人民医院、毕节市第二人民医院等有条

件的二级医疗机构按照三级医疗机构的标准进行建设，实现优质医疗扩融。持续深化毕节市医联体的建设内涵，促进优质医疗资源下沉，让基层群众享有优质的卫生健康服务。持续加强贵州省人民医院与毕节市医疗机构的对口帮扶工作，通过定期或不定期组织医疗专家以现场派驻或远程医疗等方式，在管理、人才培养、技术传授等方面对毕节市医疗卫生事业提供帮扶，实现"重病不出省、大病不出市、小病不出镇"的目标。

（三）补齐基层医疗卫生短板，提高基层医疗机构服务能力

在基层医疗卫生机构标准化建设的基础上，加强基层医疗机构硬件投入和设施设备升级，不断完善基层医疗机构彩色超声多普勒、健康一体机、胎心监护仪、除颤仪等多种医疗设备的配置，提升基层诊疗水平。此外，要加强基层人才队伍建设，一方面要加强现有基层医疗卫生技术人员的能力和素质提升工作，定期到二级以上医疗机构跟班学习和参加业务培训，提升业务能力。另一方面，要加强本土医疗卫生人才的培养，继续推进农村订单定向免费医学生（全科医生）培养，确保基层医疗队伍的稳定性。

（四）关注"一老一小"健康服务需求，完善体系建设

加强0~3岁婴幼儿照护机构建设，加强相关人才的引进和培养，以满足三孩政策下的新需求。完善毕节市妇幼健康服务体系，推进县级妇幼保健院提档升级，加强乡村两级妇幼健康网点建设，在乡镇卫生院配备一定数量的妇幼保健专业技术人员。鼓励社会资本兴办儿科、产科等医疗机构。根据老年人健康服务需求，不断完善老年医疗服务体系，二级以上综合医院应建立完善老年病医学科和康复科，鼓励社会资本参与老年康养机构建设，推进医与养深度融合。不断完善"一老一小"照护服务发展的政策制度，积极探索在政府购买服务、土地

供应等多方面对参与"一老一小"发展的机构予以政策支持。加强与财政部门和医保部门的合作,探索适应毕节市情的长期护理保险制度。

五 小结

卫生健康事业是推动经济社会高质量发展的基本保障,在我国实施健康中国战略背景下,发展好卫生健康事业显得尤为重要。近年来,毕节市加大力度,内外联动,有效地推进了地区医疗卫生事业向好发展,医疗机构数量、人才总量、千人口卫生技术人员数量都在大踏步发展,但总体与贵州省差距仍较大。下一步,毕节市应着力优化医疗资源布局,不断提升基层医疗机构服务能力,为毕节群众提供优质的医疗服务,助力健康中国、健康贵州、健康毕节建设!

参考文献

龚向光:《建党百年我国卫生健康法治建设历程与启示》,《南京中医药大学学报》(社会科学版)2021年第2期。

王志明:《河南省卫生健康事业发展状况分析》,《统计理论与实践》2021年第5期。

季冬晓、黄晓云:《全面推进健康中国建设》,《山东干部函授大学学报》2020年第12期。

章含青、王萱萱、陈家应等:《新时代卫生与健康事业规划制定的几个重要问题》,《南京医科大学学报》(社会科学版)2021年第2期。

黄明会:《以科技创新支撑引领卫生健康事业高质量发展》,《当代党员》2021年第11期。

王紫薇:《人类卫生健康共同体构建探析》,《湖南工业职业技术学院学报》2021年第2期。

经济分析篇
Reports of Economic Analysis

B.6

2020年毕节试验区居民消费研究报告

龙海峰　柳嘉佳*

摘　要： 近年来，随着毕节试验区脱贫攻坚取得重大成就，人民收入不断增长，人民消费水平不断提高，生活质量有了极大改善。家庭消费逐渐升级，家电消费品档次逐步提升，交通消费日趋多元，通信消费稳定增长，住房消费比较平稳，文化娱乐消费明显增加。然而，由于受到消费环境、消费结构和疫情等因素的影响，毕节仍然面临很多困难和问题，尤其是城乡消费不均衡、消费结构不合理、消费环境欠佳等因素，严重阻滞了消费市场健康发展。针对上述问题，本文提出了完善收入分配制度，提高居民收入；完善消费机制，促进合理消费；加大监管力度，培育和谐市场环境等建议。

---

* 龙海峰，贵州民族大学在读博士，中共清镇市委党校讲师，贵州省社会科学院智库处，主要研究方向为产业经济、区域经济、社会政策；柳嘉佳，贵州省草业研究所研究实习员，主要研究方向为植物生态学。

关键词： 脱贫攻坚　居民消费　文化娱乐　毕业试验区

随着经济社会的快速发展和科学技术的进步，人民群众的可支配收入和消费水平得到了很大的提高，居民的消费水平现代化已经成为衡量生活质量的重要标志。近年来，毕节试验区通过不断发展，脱贫攻坚取得显著成效，人民生活水平也极大提高，消费能力进一步增强，家庭对生活耐用消费品的需求开始由实用型向享受型方向发展，时尚化、个性化、现代化的家庭耐用消费品逐渐走入人们的生活，成为当前社会消费的潮流。

一　毕节试验区居民消费现状

（一）脱贫攻坚成效显著，生活质量不断提高

近五年来，毕节试验区累计减少贫困人口 130.16 万人，易地扶贫搬迁 32.48 万人，1981 个贫困村全部出列，7 个国家级贫困县全部摘帽，"一达标两不愁三保障"和农村饮水安全全面实现。精准识别"四看法"、就业扶贫"十大员"成为全国典型。毕节黔西县荣获"2018 年全国脱贫攻坚组织创新奖"，毕节试验区延续千百年的绝对贫困问题得到解决。城乡居民医保参保率稳定在 95% 以上，城乡低收入人口年人均补助标准提高到 4092 元、2976 元，分别增长 22%、88%。毕节试验区城市、农村低保平均标准提高到 7620 元/年、4313 元/年，分别增长 39.56%、66.11%。居民消费价格指数从 2019 年的 101.6 提高到 2020 年的 102.6，其中，食品烟酒的消费价格指数从 106.2 提高到 113.4。衣着消费价格指数基本保持在 100 左右（见图 1）。随着互联网的不断发展，生活物质多元化，使

得人们对生活消费品选择具有多样性，人们生活质量和生活水平显著提高。

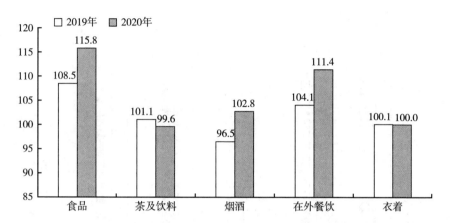

图1 2019~2020年毕节居民食品烟酒及衣着消费价格指数

资料来源：毕节统计局《毕节统计年鉴2021》，中国统计出版社，2021。

（二）现代化家电增长迅速，消费档次逐步提升

居民家庭生活耐用品消费结构发生了显著变化，居民家庭主要耐用消费品"洗衣机、冰箱、彩电、热水器"在数量增加的同时，消费档次提升明显加快，尤其是彩电和冰箱，彩电随着电子产品的快速发展，逐渐向大屏液晶电视转变，冰箱从以前的单柜向更大、更智能的方向转变，时尚和新颖的产品吸引了更多的消费者。特别是2020年以来，随着脱贫攻坚取得巨大成效，越来越多的扶贫移民住进了新房，居住条件不断改善，推动了居民家庭彩电、冰箱、热水器等家电产品消费。随着居民生活燃煤减少，居民生活环境逐渐改善，人民对生活质量的要求越来越高。其中，对家庭主要耐用消费品的需求最为明显，带有多功能、节能环保、数控安全的新产品逐渐代替了老产品，比如绿色环保冰箱、宽屏液晶彩电、自动洗

衣机等成为居民家庭的新宠，消费档次不断提升。截至 2020 年末，每百户居民家庭拥有彩电 110 台、洗衣机 106 台、电冰箱 105 台、空调 93 台（见图 2）。

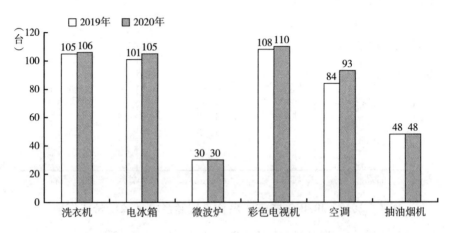

图 2　2019～2020 年毕节百户居民家电拥有量

资料来源：毕节统计局《毕节统计年鉴 2021》，中国统计出版社，2021。

（三）交通出行日趋多元，交通工具升级换代

随着居民生活节奏加快，道路交通快速发展，截至 2020 年，毕节试验区铁路运营里程达 538 公里，正式步入"高铁时代"；高速公路的通车里程 981 公里，县乡公路改造提质加速，实现"县县通高速""乡乡通油路""村村通公路""组组通硬化路"。飞雄机场直飞 21 个城市、通达 134 个城市，威宁机场开工建设。交通工具日渐向多元化、现代化发展。电动车、燃油小轿车发展速度不断加快，电动车以价格适中、方便快捷、绿色环保等优点，逐渐成为居民出行的重要交通工具，小轿车逐渐成为居民家庭出行的重要交通资产。截至 2020 年底，毕节 100 户居民家庭拥有小轿车 42 辆、摩托车 26 辆，其中小轿车增长速度最快，平均每一百

户家庭拥有汽车数量从 2019 年的 37 辆增长到 2020 年的 42 辆（见图 3）。

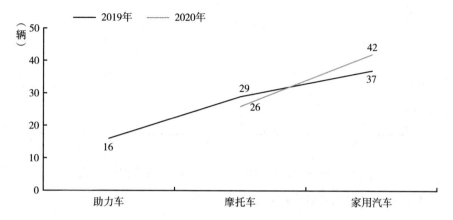

图 3　2019~2020 年毕节百户居民交通工具拥有量

资料来源：毕节统计局《毕节统计年鉴 2021》，中国统计出版社，2021。

（四）通信消费发展快速，家庭网络逐渐覆盖

近年来，随着科技网络的飞速发展和信息基础设施的日臻完善，通信终端设备的款式不断推陈出新，各种现代化通信设备逐渐走入人们的生活。截至 2020 年底，行政村通光纤和 30 户以上自然村实现 4G 全覆盖，5G 基站建成规模居全省前列。城镇居民家庭百户拥有固定电话 1 台、移动电话 302 台；拥有计算机 58 台，比 2019 年末增加了 5 台，增长 9.4%（见图 4）。上网逐渐成为现代家庭文明的一种时尚，越来越多的城镇居民通过互联网进入万物联通的世界，通过互联网了解世界，很多居民通过互联网购物消费和进行农产品推销，互联网逐渐成为人们生产生活的重要组成部分，给人们带来了生活的方便和快捷，不断丰富人民的生活。

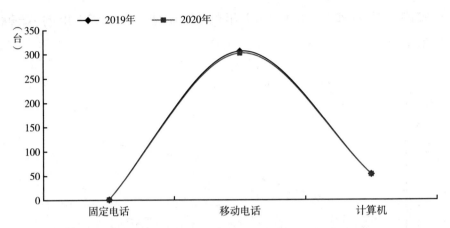

图4　2019～2020年毕节百户居民家庭通信网络数

资料来源：毕节统计局《毕节统计年鉴2021》，中国统计出版社，2021。

（五）住房消费趋势平稳，高档家具需求增加

截至2020年12月，毕节居民人均住房建筑面积为47.7平方米，比上一年同期减少了2平方米。居住环境和居住条件大幅改善，越来越多的家具及室内饰品、家用器具、家用纺织品、家庭日杂用品等更新换代，极大地促进了家具行业的消费（见图5）。2020年底，毕节居民居住消费指数94.2，其中，租赁房房租消费指数93.5，住房保养维修及管理消费指数95.2，水电燃料消费指数97.8，自有住房消费指数92.9。洗衣机、电冰箱、微波炉、彩色电视机、空调、热水器、洗碗机、抽油烟机、移动电话、计算机、照相机等现代化家用电器逐渐成为居民家庭住房生活消费的必需品。截至2020年末，每百户家庭拥有微波炉30台、空调10台、热水器93台，抽油烟机48台、吸尘器5台。随着人均收入的增长和生活水平的大幅提高，人们住房环境得到极大改善，高档家庭用品等消费品逐渐进入平常百姓家庭生活。

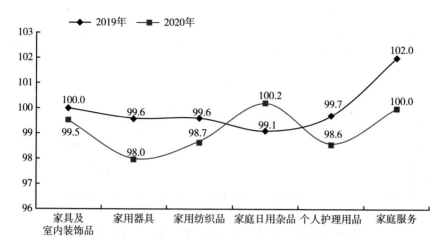

图 5 2019~2020 年毕节生活用品及服务消费指数

资料来源：毕节统计局《毕节统计年鉴 2021》，中国统计出版社，2021。

（六）文化娱乐消费增加，精神生活日益丰富

在物质生活加快改善的同时，城镇居民更加注重休闲、健康、安全和精神享受，教育文化娱乐消费指数逐渐趋于平稳（见图6）。收入的稳步增加，客观上为文化娱乐消费创造了必要的条件。休闲健身类消费越来越多，许多居民家庭添置了健身器材、数码相机、高档乐器等文化娱乐类耐用消费品，城镇居民家庭的精神生活得到了极大的丰富。截至 2020 年末，毕节百户家庭拥有中高档乐器 5 台、健身器材 7 套、照相机 4 台，其中，高档乐器比 2019 年增长了 20%。

综上所述，近年来，随着毕节经济社会发展步伐不断加快，人民生活水平得到了极大提高，生活消费水平快速增长，生活消费逐渐向现代化、时尚化、个性化方向发展。物质生活和精神生活得到了进一步提高，居民生活消费品逐渐从需求型向享受型方向发展。

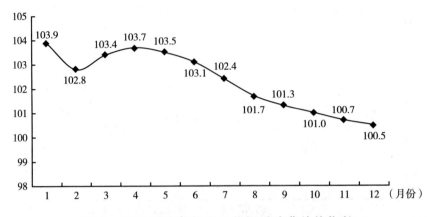

图6　2020年毕节教育文化娱乐消费价格指数

资料来源：毕节统计局《毕节统计年鉴2021》，中国统计出版社，2021。

二　毕节试验区居民消费存在的问题

（一）疫情影响居民生活消费热情

2020年以来，疫情严重影响了人们的消费生活，比如餐饮、酒店、旅游、线下消费、线下商业等，甚至包括珠宝奢侈品等。2020年春节，本来是拉动消费增长的黄金周。然而，受疫情影响，全民几乎"宅"在家，居民消费数据断崖式下滑。其中，餐饮业可以说是首当其冲。疫情期间，餐饮行业面临大批退单、无人到店用餐，甚至需要暂停营业的困境。电影院影片相继撤档，多地影院宣布休业等等。疫情对居民生活的消费产生了严重影响。

（二）城乡居民消费差异明显

收入是影响居民消费潜力的重要因素。2020年末，毕节城乡居民人均可支配收入分别是34274元、11238元，城乡二元经济结构仍然占据城乡经济发展的主要模式，城乡收入差距是导致城乡消费水平差异的重要因素。在城乡二元经济的主导下，城乡经济发展不协调，收入增长差距仍然很大，导致城乡居民消费差距明显。除收入差距外，另一个影响城乡消费的因素就是城乡社会保障制度的差异化。同城镇人口相比，教育资源和养老资源等分配不均衡，导致城乡居民对社会保障消费水平存在差异，尤其是优秀的教育资源获取，农村人口需要付出大量的消费支出。随着毕节经济的发展，城镇电商消费快速增长，而农村居民电商消费却不尽如人意。城乡消费观念也是影响消费差距的因素之一，城乡居民差异化的消费观念导致消费不同层次和质量的商品，随着经济发展，城镇居民更多的追求精神和服务消费，农村居民则更加注重物质消费，精神和服务消费有待进一步提高。

（三）城乡居民消费结构不合理

首先，居民投资性消费比重过高，挤压了居民的其他消费能力。最显著的就是住房性投资消费。目前，住房投资消费已经占居民消费的60%左右。其次，预支消费现象逐渐普遍，严重限制了居民的消费能力。比如：住房、家电产品、汽车等重要资产都存在严重的超前消费现象，尤其是年轻人，在互联网经济快速发展的带动下，在支付宝、花呗、网络借贷等技术金融平台的助推下，赶时髦、追潮流使很多年轻家庭出现了畸形消费现象。由于以上几个方面的因素，居民储蓄能力有限，居民生活消费占整个社会消费的比重过低，制约了地方经济发展活力，即便地方出台了一系列刺激消费的利好政策，也没有加快推动社会需求的增长。

（四）市场消费环境欠佳，影响消费积极性

当前，毕节试验区消费环境仍然有待改善。一是假冒伪劣商品充

斥市场。在广大农村市场，仍然有大量假冒伪劣产品，影响老百姓消费的积极性。二是商品虚假宣传较多。在农村消费市场，部分经营者为推销商品和服务，刻意隐瞒产品的真实性，虚假宣传，夸大功效，有意利用虚假宣传来欺骗农村老年消费者，侵犯消费者的合法权益。三是价格欺诈仍然存在。一些商家在促销过程中，利用折扣、馈赠等，设置陷阱，引诱消费者购买。四是服务质量不高。有的商家服务只停留在口头上，服务承诺难以兑现，产品销售服务网络不健全，无法保证售后服务等，导致消费者权益受损。这种消费环境严重打击了消费者的消费热情和消费积极性，阻碍了居民消费结构升级和消费水平进一步提高。

三 毕节试验区居民消费预测分析

受疫情的影响，经济复苏比较缓慢，2021 年一季度，毕节固定资产投资同比增长 25.3%，平均增长 4.8%。分产业看，第一产业投资增长了 91.7%，第二产业投资增长了 73.3%，第三产业投资增长5.2%，三次产业投资结构比为 9.3∶30.2∶60.5。重点领域投资方面，工业投资增长 73.3%，基础设施投资增长 14.3%，房地产开发投资增长 22.2%。全市社会消费品零售总额同比增长 41.1%，两年平均增长 11.4%。按所在地分，城镇消费品零售额同比增长 58.1%，乡村消费品零售额同比增长 1.6%。按产业分，批发业销售额同比增长 30.3%，零售业销售额同比增长 36.7%，住宿业营业额同比增长80.9%，餐饮业营业额同比增长 88.2%。一季度，全市居民消费价格同比下降 0.8%。其中，食品烟酒价格上涨 1.8%，教育文化和娱乐价格下降 0.7%，其他用品和服务价格下降 1.6%，交通和通信价格下降 0.8%，居住价格下降 5.2%，生活用品及服务价格下降 0.9%。从居民消费数据上看，消费对于经济增长复苏的驱动作用仍有待提高。按消费类型分，商品零售稳定回升，餐饮、旅游等服务性消费复苏仍然比较缓慢。

2021年上半年，全市固定资产投资同比下降12.9%。分产业看，第一产业投资增长15.2%，第二产业投资增长7.7%，第三产业投资下降23.0%，三次产业投资结构比为8.8∶28.9∶62.3。重点领域投资方面，工业投资增长7.7%，基础设施投资下降22%，房地产开发投资下降0.6%。上半年，全市社会消费品零售总额同比增长26.1%，两年平均增长9.1%。按经营单位所在地分，城镇消费品零售额增长28.3%，乡村消费品零售额增长19.3%。按消费类型分，商品零售增长22.8%，餐饮收入增长55.7%，继续保持较快增长。从居民消费价格来看，上半年，全市居民消费价格同比下降0.4%。其中，衣着价格下降1.4%，食品烟酒价格上涨0.7%，娱乐和教育、文化价格下降0.8%，其他商品和服务价格下降2.2%，居住价格下降3.7%，医疗保健价格上涨1.2%，交通和通信价格上涨2.4%，生活用品及服务价格下降1.1%。按消费场景划分，线上消费、网络购物占总消费比重越来越高。

通过上面对消费数据的分析可以推断，拖累整体消费增长的原因有两个方面，第一，经济复苏尚未完全拉动居民收入增长。2021年前3月，毕节居民人均可支配收入9671元，比2020年同期名义增长11.7%。但从年平均增长的角度来看，实际收入增长仅为4.5%，比2019年前3月低了2.3个百分点。2021年前3月和上半年，毕节城镇调查失业率分别为5.3%和5.1%，高于2018年和2019年的同期水平，就业形势依然比较严峻。第二，疫情仍然对消费影响较大。受外部疫情的影响，进出口和交通物流大量减少，物价上涨有明显加快趋势，对于居民消费的常态化造成一定扰动。此外，受疫情影响，线上消费业逐渐成为毕节购物消费的重要发展趋势。

2021年底，毕节城乡居民人均可支配收入累计增速已经回升到

4.5%左右，而家电消费累计增速为-3.5%，与往年城乡居民可支配收入增速和家电消费增速的基本情况不符，这充分说明了毕节城乡居民消费有进一步提升的巨大空间。总体来看，影响消费复苏放缓的因素有两点，其中居民收入的影响是主导的，居民可支配收入增长速度与居民消费水平的变化高度相关，城乡居民消费占当期可支配收入的比例基本保持稳定。因此，要进一步加快推动城乡居民收入增长，提高居民的消费潜能，促进居民消费，充分发挥消费驱动经济复苏的重要作用，推动经济健康良性发展。

四　毕节试验区居民拉动经济增长的对策建议

（一）促进消费激发居民消费活力

大力支持线上线下融合，鼓励线上线下融合等新消费模式发展，支持企业建设线上线下融合的新消费体验馆，促进消费新业态、新模式、新场景的普及应用。支持规模以上实体服务业消费企业在自营网络平台或第三方电商平台开展交易。加强餐饮服务基础能力建设，对新建中央厨房、食品冷链物流、供应链管理平台等餐饮服务业企业加大固定资产投资力度。优化社区便民服务，加快社区便民商圈建设，提升社区服务功能。加快连锁便利店发展，将智能化、品牌化连锁便利店纳入城市公共服务基础设施体系建设。开展大宗商品促销，支持商家采取战略联盟方式，与房地产开发企业、家电回收企业、家电家居及建材生产厂家开展合作，畅通消费渠道。大力促进汽车消费，加大对购买本地生产北汽新能源汽车进行补贴。激活旅游消费潜力，降低景区、景点门票价格，对降价的景区、景点给予适当资金支持。加快夜间经济发展，进一步活跃夜间商场和市场。

（二）完善收入分配制度，提高居民整体收入

提高农村可支配收入，是缩小城乡消费差距的重要手段。首先，要进一步减少农村居民农业经营成本，适当提高农产品的价格，不断增加农村居民收入。其次，逐渐完善农民工保护政策，提高农民工务工收入。最后，完善农村收入制度性保障，加大政府转移支付力度，提高农村居民制度性保障收入，制度性保障收入也是提高农村居民消费水平的有效途径之一。

（三）完善消费机制，促进合理消费

第一，通过房价调控等手段，抑制房价过度上涨，让中等收入水平的居民能够买得起房、供得起房。第二，要加大保障房的保障作用，帮助中低收入阶层的居民解决住房问题，减少他们扩大生活生产消费的后顾之忧。只有这样，老百姓才敢消费、愿意消费。第三，要完善政策引导，遏制畸形消费、超前消费、过度消费的问题，不断改善家庭消费结构。第四，要加快共同富裕政策实施，建立完善的分配制度，提高低收入家庭的增收能力，调动居民消费支出的积极性。

（四）加大监管力度，培育和谐市场环境

一是要不断完善市场诚信惩罚机制。对破坏市场交易诚信行为加大惩治力度，不断完善诉讼、仲裁制度，有效维护消费者权益，严厉打击虚假宣传，坑蒙拐骗的商业行为，做到有法必依、执法必严、违法必究。二是要不断完善行政执法、行业自律、舆论监督等城乡市场监管体系。健全产品质量监管制度，加大宣传力度，积极倡导诚信交易，维护和规范市场秩序。三是要加大文化市场监管，对违法文化消费产品严厉打击，不断加强文化消费场所的定期检查，逐渐提高人民群众对文化消费的安全感和幸福感，加快促进文化产品市场发展。

（五）持续稳定和扩大就业，提升居民持续消费能力

持续稳定和扩大就业，更加注重缓解结构性就业矛盾，完善重点群体就业支撑体系，促进居民收入持续增长，提高人民群众的获得感。提高就业服务水平，围绕劳动力充分就业、稳定就业、素质就业目标，健全求职用工登记、信息发布、政策咨询、职业介绍、职业指导、就业培训、失业保险、劳动保障事务代理等就业服务体系，提供"一站式"就业服务。完善毕节试验区就业创业公共服务平台功能，加强与中国南方人才市场、广州人力资源市场等合作，促进就业市场供需衔接。深入推进"大众创业、万众创新"，健全和完善创业扶持工作体系，积极争取创建国家级创业型城市。扩大扶持政策覆盖范围，为创业群体提供更加优质高效的服务。设立小微企业创业扶持基金，积极创办创业创新项目路演、技能比赛等活动，推动创业大赛常态化。组建返乡创业专家服务团，为返乡入乡创业农民工免费提供政策咨询、创业指导等专业服务，鼓励农民工返乡入乡就地就近创业。

参考文献

漆云兰：《当前居民消费存在的突出问题及政策建议》，《重庆理工大学学报》（社会科学）2010 年第 12 期。

罗世超、谢蕊霞：《影响我国城乡居民消费水平的主要因素分析》，《商场现代化》2021 年第 26 期。

2020年毕节试验区对外开放发展报告

林 玲*

摘　要： 　建设贯彻新发展理念示范区是习近平总书记对毕节试验区做出的重要指示，毕节试验区迎来新的发展机遇与挑战。本文梳理总结了毕节试验区对外贸易、招商引资、东西部协作等方面的发展现状。通过对毕节试验区外贸依存度测算，并与全国、贵州全省及贵州其他地州市比较，得知毕节试验区外贸依存度很低；通过测算毕节试验区省外资金依存度和贸易差额，发现毕节试验区对省外资金依存度较高、贸易顺差过高，这些都将带来经济风险。因此，我们提出了毕节试验区应积极推进体制机制改革、扩大对外开放、提高外来资金的使用效益、促进区域协作和绿色开放发展等对策建议。

关键词： 　新发展理念　对外贸易　毕节试验区

2018年，在毕节试验区建立30周年之际，习近平总书记对毕节试验区工作做出重要指示："要着眼长远、提前谋划，做好同2020年后乡村振兴战略的衔接，着力推动绿色发展、人力资源开发、体制机

---

* 林玲，贵州省社会科学院对外经济研究所副研究员，主要研究方向为产业经济、对外经济。

制创新,努力把毕节试验区建设成为贯彻新发展理念的示范区。"①
习近平总书记的重要批示明确了示范区"推动绿色发展、人力资源
开发、体制机制创新"新的三大主题,为毕节试验区新一轮改革发
展指明了方向。

一　毕节试验区推进对外开放的机遇与挑战

(一)政策支持与各界帮扶

党中央、国务院一直关心毕节试验区的发展,从 1988 年设立毕
节试验区,到 30 年后设立新发展理念示范区,都凝聚着党中央对毕
节试验区的关切和希望。毕节试验区以新发展理念为根本遵循,推动
绿色发展、人力资源开发、体制机制创新,建设创新、协调、绿色、
开放、共享的毕节试验区。习近平总书记的重要指示精神,为毕节试
验区的开放发展带来了新的历史机遇。目前,我国处于重要战略机遇
期,要加快构建以国内大循环为主体、国内国际双循环相互促进的新
发展格局。这对毕节试验区的对外开放发展提出了时代的新要求,毕
节试验区要在高质量发展上做示范,在新时代西部大开发上闯新路,
在体制机制创新上不断探索。推进毕节试验区开放发展,就是要加快
内陆开放型经济试验区建设,构建高水平的开放型经济新体制,优化
营商环境,提升市场主体活力,促进投资贸易便利化,有效承接国内
外产业转移,打造一批对外开放平台,促进毕节试验区进一步的开放
发展。此外,还有国家部委、统一战线对毕节试验区的支持,广州市

---

① 《习近平对毕节试验区工作作出重要指示》,新华网(2018 年 7 月 19 日),
https://baijiahao.baidu.com/s?id=1606411502643513364&wfr=spider&for=pc,
最后检索时间:2022 年 1 月 7 日。

等东西部协作的帮扶，多重政策的叠加为毕节试验区带来良好的发展机遇。新发展理念示范区的建设对地处内陆、经济发展水平和开放度不高的毕节试验区来说是个重大的机遇，也是个较大的挑战。

（二）区域协调发展的推进

我国正加快推进"一带一路"、长江经济带、粤港澳大湾区、成渝双城经济圈等区域一体化建设，加快东部产业向西部转移，为毕节试验区提供了良好的发展机遇与环境，也将带动毕节试验区进一步开放发展。毕节试验区地处川滇黔三省交界，与重庆比邻，与贵阳、遵义并称为贵州发展"金三角"。2019年底，成贵高铁全线开通运营，2020年初，成渝贵环线开通运营，进一步拉近了毕节试验区与成都、重庆、贵阳的距离，加大了成渝贵毕的人流、物流、资金流的融会贯通，带动了毕节试验区更好地开放发展。此外，即将建成通车的渝昆高铁、昭通至黔江铁路、叙毕铁路等，将缩短毕节试验区与周边城市的距离，推动毕节试验区与川渝滇以及北部湾地区的连接与贯通。成渝地区是我国西部较发达与开放的地区，贵阳、遵义经济总量及开放度在贵州排名前二。在成渝经济圈及贵州"金三角"的带动下，毕节试验区做好产业链与供应链的构建和调整，打通物流、人流、资金流，将迎来更好更快的发展，这对毕节试验区来说既是机遇也是挑战。

（三）对外开放的进一步扩大

国家和省的一系列促进对外开放的举措，为毕节试验区的进一步扩大开放提供了良好的机遇。一是新一轮西部大开发的有序推进。2020年，《中共中央国务院关于新时代推进西部大开发形成新格局的指导意见》出台，为推进西部大开发形成新发展格局提出了具体的举措，西部大开发进入新阶段。《意见》明确要形成大保护、大开放、高质量发展的新格局，促进西部地区实现更高质量、更有效率、更加公平、更可持续的发展。这对毕节试验区扩大对外开放提供了良好的环境与条件。二是西部陆海新通道的建设。毕节试验区的货物贸易可以通过陆海新通道直接到达我国南部出海口和东南亚，不再需要经过东部沿海地区。并且，将毕节试验区与长江经济带以及"一带一路"有机衔接在一起，构建起毕节试验区四通八达的对外贸易交通通道。通过通道的带动，毕节试验区交通、物流和经济发展融合在一起，交通物流通道推动毕节试验区产业贸易转型和融合联动，促进毕节试验区产业结构的优化调整和对外经贸合作，让毕节试验区更好地融入国家开放发展的大局。

二 毕节试验区对外开放的概况

（一）对外贸易

毕节试验区积极融入国家开放发展的大局，进一步扩大开放，对外贸易不断增长，呈现开放发展的良好势头。如表 1 所示，2016~2019 年，毕节试验区进出口总额呈现逐年增长的趋势，2020 年，受新冠肺炎疫情等因素影响，进出口总额减少。

表 1　2016~2020 年毕节试验区进出口总额

项目	2016 年	2017 年	2018 年	2019 年	2020 年
进出口总额（亿美元）	0.93	2.05	2.17	2.22	0.84
同比增长率（%）	—	120.43	5.85	2.39	-62.16
GDP（亿元）	1352.06	1549.38	1753.30	1901.36	2020.39

注：2016 年进出口总额根据 2017 年进出口总额和增长率计算得出。

资料来源：毕节市人民政府网数据发布，毕节市 2017~2020 年国民经济和社会发展统计公报。

（二）对外开放平台

2019年7月23日，毕节海关挂牌成立，是贵阳海关在贵州七处隶属海关之一。毕节海关的成立，为毕节试验区外贸企业享受便捷的海关服务创造了条件，并为毕节试验区融入粤港澳大湾区"菜篮子"工程和进行出口基地培育等提供了支撑，有利于毕节试验区货物进出口便利化、营商环境改善、经济增长方式转变以及新发展理念示范区建设，为毕节试验区外向型经济的快速发展奠定了坚实的基础。

毕节国际内陆港是依托毕节试验区铁路、机场及高速公路等基础设施打造的川滇黔区域性国际国内货物集散中心。于2016年启动建设，其中的冷链物流园将建成农产品供销一体化平台。

毕节东站作为毕节试验区货运枢纽中心站，将建成川滇黔区域性国际国内货物运输集散地、集装箱转运中心、区域性加工贸易中心。年货运能力开通初期100万吨，扩展能力为500万吨。毕节试验区东火车站于2018年9月11日正式开办货运业务。

此外，还有大方经济开发区特色农产品外贸转型升级示范基地、金沙经济开发区综合外贸转型升级示范基地等省级外贸转型升级示范基地，赫章城西商贸物流园、金海湖新区竹园物流中心等大型物流园区。

（三）招商引资

毕节试验区在全省率先出台《毕节市招商引资优惠政策》《毕节试验区进一步加强招商引资扩大开放改革实施方案》。自2017年实施"千企引进"以来，引进综合实力强、科技含量高、成长性好的企业984家。引进红狮控股集团、广州越秀集团、新希望六和公司等500强企业30家、投资项目71个，总投资509.51亿元，累计到位资金351.26亿元。"十三五"期间毕节试验区省外实际到位资金等情况见

表2。通过东西部扶贫协作，面向广州、深圳对口帮扶城市驻点招商，引进广州越秀集团、耀泓农业、江楠果菜等企业。积极通过数博会、酒博会、西洽会、民革中央会员企业招商、央企招商、优强企业招商等活动加大招商引资，赴长三角、珠三角、成渝地区招商，招商形式多样化。实施产业链招商，形成31条产业链。各县（区）明确1~2个优势主导产业，形成18个重点优势产业，开展产业大招商。①

表2　2016~2020年毕节试验区省外实际到位资金

项目	2016年	2017年	2018年	项目	2019年	2020年
省外实际到位资金（亿元）	972	1061	1271	省外重点产业到位资金（亿元）	583	650
引进省外项目数（个）	536	788	1035	引进省外重点产业项目（个）	687	746
合同约定投资额（亿元）	1517	1579	1794	省外重点产业合同约定投资额（亿元）	799	1232
新批外商投资项目数（个）	2	5	11	新批外商投资项目数（个）	3	5

注：2016~2018年统计口径为全口径，2019年、2020年统计口径为省外重点产业。

资料来源：毕节市2016~2020年国民经济和社会发展统计公报，毕节市投资促进局"十三五"期间及2020年工作总结和"十四五"期间及2021年工作打算。

（四）东西部协作

2016年，中共中央、国务院印发的《关于进一步加强东西部扶贫协作工作的指导意见》（中办发〔2016〕69号文）确定由广州市帮扶毕节市。2020年底，根据《中共中央国务院关于实现巩固拓展脱贫攻坚成果同乡村振兴有效衔接的意见》（中发〔2020〕30号）

---

① 毕节市投资促进局"十三五"期间及2020年工作总结和"十四五"期间及2021年工作打算。

和国家新一轮东西部协作结对关系调整安排，确定广州市继续帮扶毕节市。广州市与毕节试验区在产业合作、资金支持、人才支援、劳务协作等方面开展了深入合作。

1. 产业合作

积极引导广东省企业到毕节试验区投资。截至 2020 年底，引导广东省到毕节试验区落地投资企业 175 家，实际投资 89.88 亿元，累计带动 11.57 万贫困人口增收①。引入江楠集团、耀泓集团等农业龙头企业建设农产品核心种植示范基地、农产品加工配送中心等，带动周边贫困人口增收。

广州市针对毕节试验区农产品推广举办了"贵州绿色农产品风行天下"推介会、"乌蒙山宝·毕节珍好"优质特色农产品展销会、东西部协作毕节试验区绿色农产品消费扶贫推介会暨乌蒙山农特产品（广州）交易会等，并邀请毕节试验区参加广州市的国内国际展会，有力推动了毕节试验区"黔货出山"。广州市发挥直播电商之都的优势，依托电商平台、农产品销售平台、主播直播等形式，销售毕节试验区农特产品。截至 2020 年底，毕节试验区在广东省销售农特产品 76.03 万吨，销售收入 47.34 亿元②。

签订两市共建"毕节·广州产业园"框架协议，项目于 2019 年开工建设。利用"总部+基地"模式，引导企业将研发和销售总部设在广州，将制造环节和生产基地建到毕节试验区。

极力推进"百企千团十万老广游贵州"旅游协作活动，在广州市举办毕节试验区旅游推介活动，增加两地直航航班，设置毕节试验区旅游宣传的广告牌。截至 2020 年，毕节试验区共接待广东籍过夜游客 17 万人次③。

---

① 资料来源：《毕节·广州东西部协作工作开展情况》。
② 资料来源：《毕节·广州东西部协作工作开展情况》。
③ 资料来源：《毕节·广州东西部协作工作开展情况》。

2. 资金支持

如表3所示，2016~2020年，广州市累计援助毕节试验区帮扶资金13.68亿元，年均增长79%。帮扶资金重点向深度贫困地区倾斜，达到10.13亿元，占总资助金额的74%。

表3　广州市援助毕节试验区帮扶资金

项目	2016 年	2017 年	2018 年	2019 年	2020 年
帮扶资金(亿元)	0.50	0.91	3.24	3.84	5.19
同比增长率(%)	—	82.60	256.04	18.52	35.16
用于深度贫困地区资金(亿元)	0.50	0.80	2.00	2.93	3.89
同比增长率(%)	—	60.00	150.00	46.50	32.76
用于深度贫困地区资金占总资金的比重(%)	100	88	62	76	75

资料来源：《毕节·广州东西部协作工作开展情况》。

3. 人才支援

积极推动党政干部、专业技术人才互派互挂交流。截至2020年底，广州市共选派60名党政干部、806名专技人才赴毕节试验区相关部门挂职，毕节试验区共选派337名党政干部、1230名专技人才到广州市挂职。积极开展教育组团帮扶。开展帮扶学校之间交流互访89次，广州市共选派52名校长、教师到毕节试验区帮扶学校挂职，接收37名教师到广州市结对学校挂职，开展专题培训、校长论坛等帮扶活动93次，培训教师22945人次。强力推动医疗组团帮扶。广州市帮助毕节试验区各级医疗机构新建空白学科50个，帮助原有学科提质改造103个，建成省级重点学科4个、市级重点学科6个。①

4. 劳务协作

截至2020年底，广州市与毕节试验区累计合作举办劳务培训班

———————

① 资料来源：《毕节·广州东西部协作工作开展情况》。

515 期，培训贫困群众 3.2 万人次，贫困劳动力实现省外转移就业 1.21 万名，省内就近就业 7.21 万名。引导广州港、广汽、广建等广州优质企业与毕节试验区职业院校建立校企合作关系，按照精准招生、精准资助、精准培养、精准就业的扶贫模式，招收学生 1166 名，其中建档立卡贫困学生 578 名。推动光科电子、可雅内衣、梵领服饰等企业到贫困乡村共建"扶贫车间"101 个，吸纳贫困群众就业 5515 人次。①

三 毕节试验区对外开放发展存在的不足

（一）对外开放度低

进出口总额是衡量一个地区对外贸易总体规模的指标。与沿海地区相比，毕节试验区进出口总额差距悬殊，2020 年，上海市进出口总额 87463.10 亿元，而毕节试验区仅为 5.81 亿元。从表 4 可以看出，在贵州全省来看，毕节进出口总额在 9 个地州市中排名也靠后，仅占全省进出口总额的约 1%。

表4 2020 年贵州省 9 个地州市进出口总额比较

单位：亿元

贵阳	遵义	黔南	六盘水	黔东南	铜仁	毕节	安顺	黔西南
414.64	44.95	17.43	10.13	6.72	6.18	5.81	5.07	3.11

资料来源：各地州市统计公报、统计年鉴。

从表 5 可以看出，毕节试验区的外贸依存度很低。2020 年，我国的外贸依存度为 31.71%，贵州省为 3.07%，贵阳市为 9.62%，毕节试验区

---

① 资料来源：《毕节·广州东西部协作工作开展情况》。

仅为 0.29%。如表 6 所示,与贵州省其他 8 个地州市相比较,毕节试验区的外贸依存度排名倒数第二,只比黔西南的 0.23%高一点,与同为贵州"金三角"的贵阳、遵义相比,差距较大。以上说明,对外贸易对毕节试验区经济发展的贡献很低,对经济增长的拉动也很小。

表 5　2016~2020 年毕节试验区外贸依存度

项目	2016 年	2017 年	2018 年	2019 年	2020 年
进出口总额(亿美元)	0.93	2.05	2.17	2.22	0.84
进出口总额(亿元)	6.13	13.85	14.30	15.32	5.81
GDP(亿元)	1352.06	1549.38	1753.3	1901.36	2020.39
外贸依存度(%)	0.45	0.89	0.82	0.81	0.29

注:2016 年进出口总额根据 2017 年进出口总额和增长率计算得出,汇率参照贵州省统计年鉴进出口总额汇率计算得出。

资料来源:根据毕节市 2017~2020 年国民经济和社会发展统计公报数据计算得出。

表 6　2016 年、2020 年贵州各地州市外贸依存度

单位:%

贵阳		遵义		黔南		六盘水	
2016 年	2020 年	2016 年	2020 年	2016 年	2020 年	2016 年	2020 年
8.20	9.62	1.50	1.21	0.88	1.09	1.85	0.76
黔东南		安顺		黔西南		铜仁	
2016 年	2020 年	2016 年	2020 年	2016 年	2020 年	2016 年	2020 年
0.18	0.56	1.62	0.52	0.27	0.23	1.91	0.47

资料来源:根据各地州市统计公报、统计年鉴数据计算得出。

(二)存在对外依存风险

如表 7 所示,毕节试验区 2016~2018 年对省外资金依存度达到70%左右;由于统计口径调整,从 2019~2020 年对省外重点产业资金依存度来看,也超过了 30%。可以看出,毕节试验区经济发展对

省外资金依存度较高，经济增长呈现粗放特征，且过度依赖固定资产投资。

表7　毕节试验区对外依存风险

项目	2016年	2017年	2018年	项目	2019年	2020年
省外实际到位资金(亿元)	972	1061	1271	省外重点产业到位资金(亿元)	583	650
GDP(亿元)	1352	1549	1753	GDP(亿元)	1901	2020
省外资金依存度(%)	71.89	68.48	72.49	省外重点产业资金依存度(%)	30.66	32.17

　　资料来源：历年毕节市人民政府数据发布，毕节市2017~2020年国民经济和社会发展统计公报。

　　从进口总额和出口总额比较来看，2017年，毕节试验区出口2.05亿美元，进口为零；2018年出口1.61亿美元，进口0.56亿美元；2019年，出口2.07亿美元，进口0.15亿美元；2020年出口0.83亿美元，进口0.0155亿美元[①]。毕节试验区贸易顺差过高，对外贸易过度依赖外部需求，存在对外贸易风险。

（三）物流短板制约对外开放发展

　　毕节试验区交通实现了大发展，但是，还存在交通物流的顽疾制约毕节试验区的对外开放。首先，农村交通物流存在短板。农村公路网络化水平偏低，货运组织集约化程度不高，"毕货出山"的物流费用偏高。其次，交通体系连接转换不畅。高速公路对资源基地、产业园区、旅游景区等重要节点覆盖不足，各种运输方式之间、干线公路与城市交通体系衔接转换不畅，枢纽集疏运体系仍不完善，连接货运站场、物流园区等的集疏运公路建设相对滞后，仍存在"临而不接"

---

　　① 资料来源：《毕节市2017~2020年国民经济和社会发展统计公报》。

"近而不便"的现象。最后，先进运输组织方式发展滞后。旅客联程联运、货物多式联运、网络货运平台、冷链运输等发展不足。这些问题导致毕节试验区的交通优势无法转换为物流优势，物流成本偏高，制约毕节试验区的对外开放发展。

四 毕节试验区大力推进改革开放发展的实践

（一）推进体制机制改革

毕节试验区深入贯彻落实党中央、省委关于全面深化改革的决策部署，全方位、立体式、多层次推进"开门搞改革"，创建"开门采言纳谏、开门抓点带面、开门督促调度、开门评估问效"工作机制。成功创建了国家公共文化服务体系示范区，商事制度改革、土地节约集约利用机制受到国务院表扬，农村产业革命"六联六带"利益联结模式、"五大员"产销对接机制等改革创新获省领导肯定性批示。

（二）优化营商环境

积极改善营商环境。毕节试验区在全省率先出台《营商环境动态跟踪考核办法》，"政府优惠政策及企业投资承诺清理兑现""五个一"做法得到省政府分管领导高度肯定和批示。制定《毕节试验区优化营商环境改革实施方案》，先后开展了"大服务年"、"优惠政策兑现专项行动"、"招商引资项目大排查大整改大促进专项行动"、便企服务"百日行动"等活动，深化"放管服"改革，建立营商环境义务监督员制度。促进民营经济发展。毕节试验区制定了《关于进一步促进毕节试验区民营经济发展的政策措施》"1+6"等文件，实施清理拖欠民营企业中小企业账款的专项行动，成立"服务民营企业省长直通车毕节试验区专班"，办理"服务民营企业省长直通车"

转办事项，建立覆盖全市的中小企业服务机构，组织企业申报中小资金项目。

（三）深化园区改革

推动园区改革发展，出台《毕节试验区产业园区转型升级实施方案》，明确各园区主导产业，对趋同产业进行跨区域整合，加强园区之间的产业协调，推进园区产业错位发展。深化产业精准招商。紧紧围绕煤化工、煤层气、大数据电子信息、新材料等产业链，强力推进产业招商。每季度召开园区建设观摩会，示范带动、比学借鉴、共同促进。实行产业园区发展"月通报、季考核"，对各个园区综合考核排位。及时清理园区"僵尸企业"，针对园区内长期占而不用、圈而不建的企业进行清理，对占大用小的企业进行标房核减，为新招商引资项目腾出发展空间，提高园区单位面积产出。

（四）促进交通大发展

2017年，毕节试验区实现全部乡镇通油路、全部建制村通沥青（水泥）路；2019年，毕节试验区实现30户以上自然村组通硬化路；交通的快速发展为毕节试验区的对外开放提供了强有力的硬件支撑。截至2020年底，毕节试验区公路通车里程达3.37万公里，公路面积密度达125.5公里/百平方公里，公路人口密度达50.2公里/万人，等级公路占比达87%，较"十二五"末提高23个百分点；高速公路通车里程达981公里，对外通道10个，其中省际通道3个；普通国道二级及以上比重达93.2%，较"十二五"末提高约26个百分点；内河航道通航里程达399公里，其中，等级航道约388公里。[①]

---

① 资料来源：毕节市交通运输局"十三五"工作总结及"十四五"工作打算。

五　毕节试验区对外开放发展的展望与建议

（一）推进体制机制创新

积极推进体制机制创新，破除制度的约束，推进改革开放。紧紧围绕乡村振兴、生态建设、高质量发展、社会治理等重点，加大改革开放力度。推进科技创新与产业发展融合，健全鼓励基础研究、原始创新的体制机制，提升企业技术创新能力。将招商引资与地方发展相结合，将结果评价与过程评价相结合，建立更具理论性和实操性的评价体系，重视可持续发展，提高履约率与招商引资绩效。加快推进国有企业改革，积极支持民营经济发展壮大。推进行政管理体制改革，健全体制机制，建设便利化、法治化的营商环境。持续简政放权，建设高效运作、方便快捷的服务监管模式。深化"放管服"改革，推行"一窗通办"模式、"不见面审批"和"最多跑一次"服务。全面落实减税降费政策，打通服务企业发展的绿色通道，大幅降低企业成本。

（二）提升对外贸易的贡献

重视对外贸易的发展，将发展对外贸易摆在毕节试验区高质量发展的重要位置上，提升对外贸易对经济增长的拉动作用，降低固定资产投资过高带来的风险。积极融入国家对外开放的大局，借助西部陆海新通道的建设，构建国际化产业链、物流链。规划并建设陆路口岸、航空口岸、保税物流园区、服务外包基地等开放前沿阵地。优化进出口结构，深化与其他国家的产业交流、技术交流、人才交流、资金交流等，促进企业技术升级，建立自主品牌。发展外贸流通企业，建设进出口流通渠道，推行数字贸易、现代服务贸易等，完善电子商务支撑体系。

（三）提高外来资金使用效益

引导省外资金投向高技术产业、先进制造业、现代农业和高端服务业，促进产业结构的优化升级，提高资金使用效益。根据重点产业领域确定引资方向与结构，注重技术、环保等高质量发展因素。加大第一产业产品深加工的省外资金投入，延长产品链。加强毕节试验区与周边区域的产业配套，调整产业结构，延长产业链，促进产业融合。深化产业合作与交流，加大外向型产业集群资金投入，扩大先进制造业和服务业领域开放。

（四）优化区域协作发展

积极融入"一带一路"、长江经济带、成渝经济圈、泛珠三角洲等区域发展，实现毕节试验区与周边城市资源的跨区域整合和辐射带动发展。借助西部陆海新通道的建设，进一步融进通道沿线产业结构，推进区域协调开放发展。充分利用区位优势，明确自己的功能定位和发展基础，积极融入成渝经济圈产业链。利用粤港澳大湾区"菜篮子"工程建设和东西部协作机遇，加强同粤港澳大湾区与泛珠三角洲的经济产业合作和对接。通过改善基础设施配置及物流服务，推进资金流、人流、物流、信息流联结连通。进一步推进黔川滇区域性综合立体交通建设，通过高铁、城际铁路、高速公路等基础设施建设，快速推进毕节试验区与成都、重庆、昆明、贵阳、遵义等城市及周边地区的经济联系。推动设施网络更加完善，促进毕节试验区全方位开放发展。

（五）推进绿色开放发展

守好发展和生态两条底线，深化国内外生态合作，促进绿色丝绸之路建设，推动毕节高质量发展。抢抓互联网、大数据、人工智

能、可再生能源等产业的发展机遇，围绕大数据、大健康、清洁能源、新型建材等重点领域，培育发展生态利用型、低碳清洁型新兴产业，推动知识、技术、人才和资金等绿色要素的自由流动，全面提升全要素生产率，塑造绿色发展能力。推进煤、电、烟、酒等传统工业企业信息化、智能化、绿色化、集约化改造，实施"千企改造"工程。依托手机智能终端、智能家电、无人机等电子信息产品制造，打造大数据信息产业聚集区。加快推进景区"智慧旅游"步伐，全面提升旅游公共服务智能化、数字化水平，开发全域旅游。

参考文献

盛斌、马斌：《中国经济学如何研究开放发展》，《改革》2016 年第 7 期。

郑展鹏：《中部六省对外开放度的实证研究：2000-2007》，《国际贸易问题》2009 年第 12 期。

戴翔、张二震：《逆全球化与中国开放发展道路再思考》，《经济学家》2018 年第 1 期。

樊杰、梁博、郭锐：《新时代完善区域协调发展格局的战略重点》，《经济地理》2018 年第 1 期。

张启迪：《外需对中国经济增长的贡献：基于新框架的测算分析与启示》，《南方金融》2019 年第 11 期。

毛蕴诗、陈玉婷：《外经贸对地区经济发展的贡献问题研究——以广东省中山市和韶关市为例》，《华东经济管理》2015 年第 5 期。

B.8
2020年毕节试验区旅游产业化发展报告

邓小海　鄢　灿*

摘　要： "大力推动旅游产业化"是贵州立足旅游产业发展阶段做出的重要决策部署。毕节试验区虽具备推进旅游产业化发展的资源基础、产业基础和政策基础，但依然存在旅游产业机构不够合理、旅游产业发展支撑不足等困难和问题。应完善顶层设计，形成推动旅游产业化强大动力；立足市场需求，强力推进旅游产品业态创新；做响宣传营销，加快提升旅游品牌影响力；内培外引，持续壮大旅游市场主体。

关键词： 旅游产业化　高质量发展　提质增效　毕节试验区

一　旅游产业化提出的背景

（一）贵州旅游产业地位发生了根本转变

"十三五"时期，贵州旅游产业跨越发展、提档升级、提质增效，旅游产业地位发生了根本转变，旅游业成为在全省国民经济中比重高、带动强、贡献大的支柱性、综合型富民产业。2019年，贵州旅游接待总人数突破11亿人次，达到113526.6万人次，位居全

---

* 邓小海，博士，贵州省社会科学院农村发展研究所研究员，主要研究方向为乡村旅游、旅游经济管理、乡村振兴；鄢灿，贵州大学2020级旅游管理专业学生。

国第一；实现旅游总收入 12321.81 亿元，位列全国第三（见图 1、图 2）。

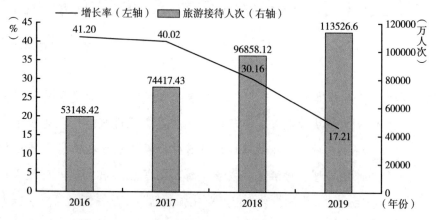

图 1　2016~2019 年贵州省旅游接待总人数情况

资料来源：贵州省文化和旅游厅。

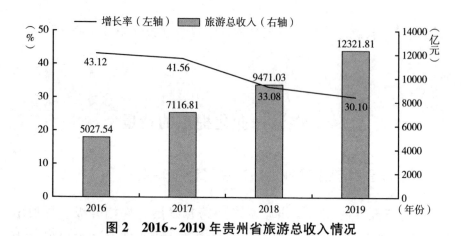

图 2　2016~2019 年贵州省旅游总收入情况

资料来源：贵州省文化和旅游厅。

　　贵州旅游业稳居中国旅游发展第一方阵，成功实现旅游大省的建设目标，以优异的成绩回应习近平总书记所寄予的厚望。同时，旅游产业成为名副其实的"支柱产业"和"富民产业"。"十三五"时期，贵州把旅游经济作为培育新动能、发展新经济的"三大长板""四大经济""五大新兴产业"之一统筹推进。2019 年，贵州旅游增加值占 GDP 比重提高至 11.6%，旅游支柱产业地位进一步强化，已经成为贵州经济发展的重要增长点。深入实施旅游扶贫"百千万"工程和旅游扶贫九大工程，带动全省 1/4 左右的建档立卡贫困人口（112 万人）脱贫增收，有效助推脱贫攻坚。贵州旅游业对稳增长、调结构、转方式、惠民生作用越来越明显，其已成为促进全省经济社会发展的重要支柱性产业和富民产业。

（二）贵州旅游业发展质量仍有待提升

贵州旅游产品业态较为单一，产业链条较短，旅游市场主体小、散、弱特征明显，旅游产业辐射较弱，旅游产业发展质量有待提升。无论是从游客人均花费看还是从入境过夜游客与国际旅游收入看，贵州旅游业发展都处于下游。2019 年，贵州接待游客人均花费 1085.37 元，在周边省市排倒数第二，比四川、云南、湖南、广西分别低 450.00 元、269.26 元、84.22 元和 83.42 元。[①] 从接待入境过夜游客人数和国际旅游收入来看，2019 年，贵州接待入境过夜游客和国际旅游收入仅为 47.18 万人次和 3.4503 亿美元，均在周边省市挂末，仅分别相当于云南的 6.38% 和 6.70%、四川的 11.37% 和 17.05%、广西的 7.56% 和 9.83%、湖南的 10.10% 和 15.33%、重庆的 15.88% 和 13.67%。[②] 上述情况与贵州丰富的旅游资源和建设旅游强省目标极不相称。在此背景下，大力推动旅游产业化，既是顺应旅游产业发展的必然选择，也成为推动旅游产业提质增效、实现旅游业高质量发展的路径选择。

---

① 依据各省 2019 年国民经济和社会发展统计公报数据整理计算得出。

② 依据《中国统计年鉴 2020》"表 17~13 分地区国际旅游收入""表 17~14 分地区接待入境过夜游客"数据整理计算得出。参见 http：//www.stats.gov.cn/tjsj/ndsj/2020/indexch.htm。

二　毕节试验区旅游产业化发展基础

（一）旅游资源基础

毕节试验区旅游资源独具特色，全区共有旅游资源单体9668个，优良级旅游资源单体563个。其中，五级旅游资源16个、四级旅游资源共61个。

毕节历史文化悠久，秦时为蜀郡属地，汉为益州之牂牁、犍为两郡所辖，晋属益州、朱提郡，唐代置牂牁、乌撒部，宋代置罗氏鬼国辖乌撒部、毗那部，元代、明代分属水西宣慰司等部，清置大定府（州），解放后设毕节专员公署，1970年更名为毕节地区行政公署，2011年底撤地设市。毕节民族风情古朴浓郁。彝族火把节、苗族跳花节、白族山歌节等民俗活动别具一格，苗族蜡染、彝族剪纸等民族工艺古朴典雅。多个民俗项目入选国家非物质文化遗产保护名录，彝族古剧《撮泰吉》被誉为"戏剧的活化石"，彝族舞蹈《铃铛舞》保持着完好的原生状态，苗族舞蹈《滚山珠》荣获多项世界级民族民间舞蹈奖项。全区各级文物点已列保的有373处，其中国家级8处（58个点）、省级26处；拥有各级非物质文化遗产保护名录项目379项，其中国家级7项、省级48项。

毕节试验区气候凉爽怡人，年平均气温为13.4℃，夏季平均气温22℃，是大自然赐予的"天然大空调"。动植物资源2800多种，纳雍高山生态有机茶、大方天麻、织金竹荪、威宁荞酥、毕节大白萝卜、赫章核桃等绿色有机特产享誉天下，享有中国高山生态有机茶之乡、中国天麻之乡等美誉。

（二）旅游产业基础

经过30多年的发展，毕节试验区旅游业实现了从无到有、从小到大、从大到强的历史性转变，特别是"十三五"以来，毕节市委、市政府高度重视，出台了一系列强有力措施，旅游业发展取得了显著成绩，为深入推进旅游产业化发展奠定了坚实的产业基础。

1. 旅游产业规模持续扩大

"十三五"以来，全区累计接待游客达 4.24 亿人次，实现旅游总收入 3600 余亿元，年均分别增长 30% 以上，发展势头强劲。百里杜鹃、织金洞、慕俄格古城、韭菜坪、油杉河等老景区不断提质升级，奢香古镇、中果河、平远古镇、九洞天、金海湖旅游区等一批重量级新景区景点陆续投入市场，初步构建了全域旅游供给格局。打造了百里杜鹃全域、黔西县柳岸水乡、化屋村、大方县木寨村等一批以避暑旅游为主的乡村旅游点；推出了百里杜鹃花舍度假民宿、黔西中建乡营盘村花都里民宿、新仁乡化屋花都里民宿等精品。试验区乡村旅游点已达 500 多个，休闲农业园区 20 余家，乡村旅游经营户近 1.2 万户，农家乐（餐馆）近 5000 家，餐位数近 5 万个，直接从事乡村旅游人数达 1.62 万人，间接从业人数超过 5.8 万人，乡村旅舍（农家旅馆）近 1300 个，乡村旅游总床位数近 4 万张，乡村旅游星级示范户 150 余家。试验区旅游品牌形象持续唱响，确立了"洞天福地·花海毕节"旅游形象品牌，多举措全方位开展宣传营销，有力拓展旅游客源市场。

2. 旅游品牌实现突破

织金洞景区通过国家 5A 级景区景观质量评审，力争加快创建成功。2020 年，百里杜鹃成功创建成为国家全域旅游示范区、全国旅游标准化示范单位，百里杜鹃花都、彝山花谷景区荣膺省级旅游度假区；新增纳雍总溪河、金海湖旅游区、九洞天、大方油杉河、百里杜鹃跳花坡等 5 家 4A 级旅游景区，成为 2020 年贵州创建 4A 级旅游景区成功最多的市州。试验区有世界级品牌 1 个（织金洞世界地质公园）；国家 5A 级旅游景区 1 个，国家 4A 级旅游景区 11 个（织金洞、

慕俄格古城、韭菜坪、拱拢坪森林公园、奢香古镇、中果河景区、九洞天、油杉河、金海湖旅游区、百里杜鹃跳花坡、纳雍总溪河)、国家3A级旅游景区33个;国家风景名胜区2个(织金洞、九洞天),国家森林公园5个(七星关区拱拢坪国家森林公园、赫章水塘国家森林公园、大方油杉河国家森林公园、百里杜鹃国家森林公园、金沙冷水河国家森林公园),国家自然保护区1处(草海),国家级生态旅游示范区1个(百里杜鹃景区);国家级湿地公园3个(纳雍大坪箐国家湿地公园、威宁县锁黄仓国家湿地公园、黔西水西柯海国家湿地公园)。

3. 市场主体持续壮大

培育毕节市恒泰旅游文化传媒有限公司、大方县高光彝风漆器工艺制品厂等文旅商品龙头企业。拓宽旅游商品销售渠道,在景区、酒店、客运中心等设置销售专区和专卖店,试验区共有旅行社(分社、营业网点)111家,旅游客运车队12家,各类住宿经营单位4000余家(其中星级旅游饭店19家),客房7.6万间、床位13.4万张。

(三)旅游政策基础

毕节作为全国首个"开发扶贫、生态建设"试验区,2018年7月18日,习近平总书记对毕节试验区工作做出重要批示,强调要着力推动绿色发展、人力资源开发、体制机制创新,努力把毕节试验区建设成为贯彻新发展理念的示范区。文化旅游业作为绿色产业、富民产业,是高成长性、高带动性、发展潜力最大的产业,具有"一业兴、百业旺"的联动效应,完全符合新发展理念和高质量发展要求。2018年10月,文化和旅游部等13部门印发《促进乡村旅游发展提质升级行动方案(2018年—2020年)》,2018年11月,文化和旅游部等17部门印发《关于促进乡村旅游可持续发展的指导意见》;2019年3月,省人民政府办公厅出台了《关于支持毕节市加快旅游业发展的意见》（黔府办发〔2019〕6 号）；2019 年 5 月，中共中央出台了《中共中央国务院关于新时代推进西部大开发形成新格局的指导意见》，《意见》第二部分相关内容直接涉及文化事业、旅游业诸多方面，更是试验区文化旅游融合发展的重大历史机遇。诸多的政策文件支持着毕节试验区旅游跨步发展，为开创文旅融合发展新局面提供了强有力的保障。

三 毕节试验区旅游发展存在的困难与问题

虽然试验区旅游业发展取得了一定的成绩，但发展不平衡不充分问题仍然存在，创新改革发展等仍有不少难题亟待破解。旅游发展主要处于浅层次观光游，亟须加快向深度度假游、体验游转型，实现旅游产业提质增效。

（一）旅游产业结构不够合理

1. 旅游市场结构不合理

从旅游人数来看，试验区接待游客主要来源于贵阳、遵义、安顺、重庆、四川等周边省市，接待海外旅游者人次较少。从旅游收入来看，旅游综合收入主要来源于门票、餐饮、住宿、交通等刚性旅游支出收入。从旅游人均消费来看，赴毕游客人均花费较低，与高质量游、沉浸式游、休闲度假游花费仍有较大差距。试验区旅游购物花费占总消费的 20% 左右，远低于旅游城市消费比例，旅游交通、景区游览花费约占总消费的 50% 以上，属典型的"门票经济"。从旅游时间变化来看，旅游淡旺季分化明显，入毕旅游者大多为自驾短程游、观光游，平均停留天数短，深度度假游占比较小。

2. 旅游产品结构不合理

试验区旅游产品结构不合理，突出表现为度假产品欠缺。虽然试

验区百里杜鹃花都、彝山花谷景区成功创建成为省级旅游度假区，但百里杜鹃受花季时间短、度假产品业态欠缺等影响，淡旺季十分明显。在创建国家旅游度假区上，因受基础设施、配套设施短板影响，短期内创建国家旅游度假区存在一定难度。"旅游+""+旅游"融合发展有待深化，智慧旅游、高品质度假旅游产品发展等存在短板。

（二）旅游产业发展支撑不足

1. 旅游规划开发水平较低

新业态开发不足，缺乏留得住人的产品业态；旅游商品研发、生产、推广、销售体系不健全，特色旅游商品种类少、档次低，无法满足市场消费需求。试验区虽有织金洞、百里杜鹃、韭菜坪等具有一定吸引力的大景区，但在旅游产品的深度开发上仍存在短板，缺乏规划的前瞻性，留不住客人，带不动消费。

2. 旅游宣传推介手段单一

在对外宣传上，仍注重央视平台、省外宣传推介等传统的宣传营销方式，新媒体运用水平较落后，缺乏创意吸引力；没有较强的运用当今新媒体宣传方式新、宣传方式多、受众面广等新兴宣传媒介，缺乏全覆盖、多层次的立体宣传体系。试验区旅游品牌影响力不强。在整体品牌塑造和统筹资源开展旅游市场营销等方面还存在较大差距，各县（市、区）在地方旅游形象品牌培育、文旅 IP 提炼等方面步调不一致，没有完全形成合力。

3. 基础设施和配套服务设施仍不完善

文化场馆等公共文化服务设施的旅游服务功能普遍缺失，旅游景区景点文化休闲产品供给总量不足、品质不高，无法满足人民群众日益增长的对美好幸福生活的需要，"以文塑旅、以旅彰文"作用不明显。旅游基础设施、配套服务设施不够完善，服务能力有待提升，文化旅游商品开发可持续发展能力不足，附加值不高。自驾游营地、旅游集散中心、旅游租车、旅游客运等服务产品不足，辐射全域旅游空间的高速路至景区快速通道、景区与景区之间的连接线、景区内部交通、停车场、标识标牌、度假配套医疗等配套设施匮乏等问题仍然存在。

4. 旅游市场主体招大引强不足

试验区龙头企业、优强企业不多，规上（限上）企业占旅游市场主体比重低，尚未形成产业化的组织经营方式，对财政税收贡献不大，产业化程度不高。全区景区景点、涉旅企业主要为本土旅游企业，思维创新、投资规模、管理手段等与优强旅游企业存在一定差距，鼓励引导优强旅游企业投资开发的市场环境亟待完善。

5. 旅游发展人才支撑不足

导游人才匮乏，服务质量不优。试验区导游人才屈指可数，与优美的景区景点形成强烈反差；旅游管理人才匮乏、从业人员素质普遍不高。

四　毕节试验区推进旅游产业化发展的对策建议

按照省委、省政府部署，坚持以高质量发展统揽全局，以"四新"为主目标，把推进旅游产业化作为扩大内需的重要支撑，抢抓省委省政府做出的加快建设多彩贵州旅游强省的战略部署机遇，打造试验区经济社会高质量发展的强劲引擎。

（一）完善顶层设计，形成推动旅游产业化强大动力

对照《关于推动旅游业高质量发展加快旅游产业化建设多彩贵州旅游强省的意见》，立足贯彻新发展理念，出台《关于推动旅游业高质量发展加快旅游产业化建设花海毕节旅游强市的工作方案》，围绕"洞天福地·花海毕节"旅游品牌，大力培育以"洞、花、湖、

镇"为主打的拳头产品,形成龙头景区"顶天立地",特色景区"铺天盖地"的良好态势。高质量编制更具可行性的文旅规划。立足试验区良好的生态环境和丰富旅游资源,因地制宜,统筹好资源开发利用和保护工作,做好与《努力把毕节试验区建设成为贯彻新发展理念示范区规划》《贵州省"十四五"文化和旅游发展规划》的对接衔接,把握疫情防控常态化背景下旅游消费需求升级新趋势,认真谋划文化旅游项目,编制好试验区"十四五"文化和旅游发展规划,为文化旅游高质量发展提供坚实支撑。充分发挥好各级旅游发展和改革领导小组的议事协调功能,加强统筹调度,整合工作力量,形成工作合力,对标对表,扎实推进创建工作。

(二)立足市场需求,强力推进旅游产品业态创新

一是加强旅游精品建设。依托自然、人文、生态、气候资源优势,打造一批以织金洞、百里杜鹃、乌江源百里画廊等一批具有国际影响力的精品旅游景区。大力推进景区升A、度假区升格,加快推进百里杜鹃彝山花谷景区国家级旅游度假区创建、织金洞5A级旅游景区创建。加快培育金海湖歹鸡、常丰、大方陇公、黔西化屋等高铁沿线乡村旅游和避暑旅游产品;大力扶持花都里、花舍等精品民宿发展,百里杜鹃入选第四批全国旅游标准化示范区。

二是强力推进旅游产品打造和业态培育,创新旅游产品业态供给。全面推进农旅、文旅、商旅、交旅、康旅等"旅游+"深度融合发展,做好"旅游+多产业"融合发展文章,加快旅游与休闲农业、乡村旅游融合发展,为乡村振兴提供强劲动能,不断完善旅游产品体系。持续推进百里杜鹃度假区、织金洞旅游景区、大方慕俄格古彝文化旅游景区、七星关拱拢坪旅游景区、鸡鸣三省旅游景区、赫章阿西里西旅游区、九股水温泉旅游景区、九洞天旅游景区、金海湖竹园乡歹鸡村、响水青山村、威宁"黔韵紫海"景区、板底彝族风情小镇

等重大景区项目建设，加快启动署仲河暗流溶洞漂流、枪杆岩温泉酒店、慕俄格古城三期温泉旅游康养中心等一批新项目。积极打造"四季花海""绝美洞天""湖泊峡谷""避暑度假""康体养生""特色文化"六大系列产品，重点提升大织金洞旅游区、百里杜鹃旅游区、阿西里西旅游区、大九洞天绿旅游区、油杉河康养度假区、乌江源百里画廊度假区，着力培育一批观光、休闲、养生、科考、教育等复合型旅游产品，开发适宜度假旅游的产品体系。围绕旺盛的夜间消费需求，增加供给，培育平远古镇、奢香古镇等一批夜间文旅消费网红新产品、新场景，引导有条件的商业步行街加快推进夜间经济发展，激发城市活力。

（三）做响宣传营销，加快提升旅游品牌影响力

聚焦"花海毕节"旅游品牌，整合传统媒体、新媒体、自媒体、OTA 平台开展全方位宣传营销，加快培育东连贵阳、南接安顺、西延滇东、北扩川渝的一批精品旅游线路，持续提升"洞天福地·花海毕节"旅游品牌美誉度和影响力。推动旅游宣传营销再创新，加大宣传营销经费的投入，加大与各大新媒体的合作力度，创新宣传营销方式，提升度假旅游的公众知晓率和社会影响力。强化"花海毕节"形象品牌在中央媒体、省级媒体、各类自媒体、新媒体、"一码游贵州"平台的宣传推广，积极协调推动主要客源地及对口帮扶城市官方媒体宣传推介毕节优势文化旅游资源，推进各类车载、机载、自办刊物、高铁站、地铁、机场等灯箱类广告资源宣传推介。积极搭建智慧旅游营销平台，组织开展互联网形象宣传推广，构建全媒体时代立体营销系统。持续抓好高铁释放红利和对口帮扶机遇，巩固做好赴四川泸州、宜宾、重庆开展的产业招商暨旅游推介会、百万老广游毕节等活动成果，强化与川渝、广东等高铁沿线旅游部门的合作，建立文化旅游交流合作机制，出台系列优惠政策，进一步加强客源互

送、线路互推、市场互拓。持续培育"观山听瀑赏花海、绿水悠悠候鸟啼、红色印记镌心、避暑休闲宜身心、人文山水品古韵"5条市场认可度、满意度较高的旅游精品线路。

（四）内培外引，持续壮大旅游市场主体

一是加快本土企业培育。实施政策引导和金融政策优惠措施，加大亿元文化旅游企业培育，推动本土旅行社上规入统。加大对市旅游开发集团、织金洞旅游开发有限公司、百里杜鹃旅游开发有限公司、阿西里西旅游开发有限公司等企业的扶持培育力度，力争亿元以上的旅游企业达2家以上。将空港旅行社、杜鹃旅行社培育成为年营业额达1000万元以上的规模旅游企业。帮助指导金沙朗月国际大酒店等一批高端酒店申报国家五星级（四星级）酒店。围绕旺盛的夜间消费需求，培育平远古镇、奢香古镇、同心步行街等夜间文旅消费网红新产品、新场景；重点培育毕节恒泰旅游文化传媒有限公司，大方县高光漆器、织金蔡群等文旅商品企业，不断提升旅游商品创意、加大特色文旅商品开发力度，推进苗绣、蜡染、漆器、沙陶等特色传统民族手工艺品的旅游商品化。

二是加强优强企业引进。树立招大企业建设大项目、以大项目发展大旅游的思维，通过引进优强企业落地投资，推动旅游产业发展大提质，筑牢旅游产业化的产业根基。加快引进一批全国排名前十的旅行社到毕节设立分社。引进1家以上全国百强有实力的优强旅游企业落地投资，按照国家旅游度假区标准，实质性推动乌江源百里画廊景区建设，规划建设一批有规模、有特色、上档次的高星级酒店、主题酒店、精品民宿和特色客栈，完善多元化休闲度假接待体系。

（五）夯实旅游发展根基，增强旅游产业化发展后劲

一是加快完善涉旅基础设施，构建旅游目的地公共服务保障体

系。深入推进"多规合一""多规融合"发展，加强统筹推进旅游立体交通格局改善、旅游道路导引导览标识体系建设，以改造提升景区景点高速连接线和连接周边景区、城镇的旅游专线为重点，加快完善快旅慢游道路交通网络建设，更新完善高速公路旅游交通标识牌，提升区域内小交通的通达性、快捷性和舒适性。完善市级、区域性中心县城、景区、乡村旅游集聚区等多层级旅游集散服务体系。发展智慧旅游体系，加大支持涉旅接待人员教育培训力度，提高旅游接待服务专业化水平。提质升级一批旅游厕所，推进一批高星级酒店建设，引进知名酒店品牌，促进住宿设施提档升级。

二是营造更具安全感的市场环境。坚持底线思维，强化风险意识，加强重大风险排查防范化解。健全完善旅游安全综合监管工作机制，提高旅游安全应急处置和安全救援能力，着力打造"安全旅游"。文化和旅游、市场监管、公安等部门研究制定净化旅游市场的措施，加大对"黑社""黑导""黑店"等打击力度，同时从源头上预防和打击外来旅行社、导游扰乱旅游市场的违法行为；充分发挥"12345""12315"等热线电话和各级旅游投诉电话在受理文化旅游市场投诉举报中的作用。开展"文明在行动""旅游服务质量提升"等活动，加强文化旅游执法、文化旅游从业人员培训和社会舆论引导，宣传正面典型，曝光不文明行为。在文化旅游场所张贴制止餐饮浪费宣传海报，引导游客文明就餐，落实"光盘行动"，坚决制止餐饮浪费，全面营造文明旅游浓郁氛围，确保行业安全、文明、平稳、有序。

（本报告基础资料由毕节市文化广电旅游局提供，在此表示感谢！）

参考文献

《贵州旅游总收入连续四年年均增长 30% 以上 2019 年跃居全国第 3 位》，央 广 网，https：//baijiahao. baidu. com/s？id = 1685677890728335590&wfr = spider&for＝pc，2021 年 3 月 12 日。

《贵州文旅"军团"倾力书写扶贫答卷》，贵州文明网，http：//gz. wenming. cn/jujiaogz/202010/t20201020 _ 5821589. shtml，2021 年 3 月 12 日。

国家统计局：《中国统计年鉴 2020》，中国统计出版社，2020。

B.9
毕节试验区新时代推进生态优先、
绿色发展对策研究

陈康海*

摘　要： 2020 年，毕节试验区坚持以建设生态文明先行示范区、
筑牢两江上游生态屏障为目标，坚定不移走"生态优先、
绿色发展"之路，着力推进经济社会高质量发展和生态
环境高水平保护。本文通过梳理毕节试验区在生态优先、
绿色发展方面取得的成效，分析现阶段存在的问题，提
出了试验区生态优先、绿色发展的工作重点与对策措施，
为建设贯彻新发展理念示范区奠定坚实基础。

关键词： 毕节试验区　生态优先　绿色发展

　　"十三五"期间，毕节试验区以习近平新时代中国特色社会主义
思想为指导，坚决贯彻落实习近平总书记对贵州、对毕节的重要指示
批示精神，坚持以高质量发展统揽全局，深入贯彻新发展理念，守好
发展和生态两条底线，大力推进和实施大生态战略行动。2020 年，
试验区以建设生态文明先行示范区、筑牢两江上游生态屏障为目标，
坚定不移走"生态优先、绿色发展"之路，着力推进经济社会高质

---

　*　陈康海，贵州省社会科学院农村发展研究所研究员，主要研究方向为区域经济、
产业经济、农村经济等。

量发展和生态环境高水平保护。通过牢固树立"绿水青山就是金山银山"的发展理念,将绿色发展贯穿经济社会建设全过程,加强绿色治理,建设绿色生态,发展绿色经济,积极在生态文明建设上出新绩,毕节试验区在生态优先、绿色发展之路上迈出了坚定步伐,经济社会实力明显增强,民生福祉持续改善,为建设贯彻新发展理念示范区奠定了坚实基础。

一 毕节试验区生态优先、绿色发展取得的突出成效

毕节试验区坚持统筹"大扶贫、大安全、大发展",坚决打好三大攻坚战,推进三大战略行动,综合实力有了大幅提升。2020年地区生产总值突破2000亿元,同比增长8.1%,高于全国平均增速。一般公共预算收入增加到131.96亿元,固定资产投资年均增长10.9%,社会消费品零售总额提高到870亿元,同比增长10.1%。城乡居民人均可支配收入分别由23121元、6945元增长到34274元、11238元,常住人口城镇化率提高到49.1%,脱贫攻坚取得全面胜利。全区在生态优先、绿色发展方面取得了突出成效。

(一)突出生态保护,厚植做亮生态底色

坚持生态优先、绿色发展要求牢固树立"绿水青山就是金山银山"的发展理念,坚持在发展中保护、在保护中发展。"十三五"期间,试验区大力实施以退耕还林、石漠化综合治理、坡耕地水土流失综合治理等为重点的生态保护工程,生态条件得到不断改善。

一是全面推进绿色工程治理。试验区共完成了植树造林856.51万亩,治理石漠化面积842.4平方公里,实施坡耕地水土流失综合治理工程12处、国家水土保持重点工程26处,完成水土流失综合治理面积503.42平方公里,森林面积预计增加到2416万亩,森林覆盖率

预计上升到60%（省未返定案数）。其中，2020年全区完成营造林234.36万亩，治理石漠化面积219.26平方公里。

二是不断加强水资源保护。试验区编制了《毕节市水资源保护规划》《毕节市水资源综合规划》等规划制度，不断加强水资源保护政策引领。以市行政中心带头创建公共机构水效领跑者为引领，建成各类节水型载体203个。如在省对市"十三五"时期最严格水资源管理综合评估中，毕节市排名第四。

三是持续实施生态保护修复。试验区完成乌蒙山区山水林田湖草生态保护修复重大工程河道治理170公里、草地生态修复33.33平方公里；整治乌蒙山区域兴地惠民土地总规模9672.52公顷，新增耕地约433.69公顷，完成修复废弃露天矿山46处，修复治理面积36.41公顷。

四是逐步完善环保基础设施。试验区依托森林公园、湿地公园，加强环保基础设施建设，全面加快森林生态旅游与康养基地建设。全区累计建成了城镇生活污水处理项目174个，建成污水管网1965公里，134个建制镇生活污水处理设施实现全覆盖。统筹规划建设了4个垃圾焚烧发电项目，总投资17.5亿元，目前毕节中心城区、威宁县、织金县三个项目已投入运营；投资7.2亿元完善242个乡镇垃圾转运站设施并配备转运车辆，截至2021年7月，城市生活垃圾无害化处理率达94.3%，农村垃圾收运覆盖率达91.6%；全区餐厨废弃物资源化利用试点项目建成投运，已通过国家发改委、住建部、财政部验收。

（二）突出污染防治，保卫蓝天绿水净土

"十三五"期间，试验区全力打好污染防治攻坚战，深入推进蓝天保卫、碧水防卫、净土保卫、固废治理、乡村环境整治五场战役，狠抓生态环境保卫整治。

一是蓝天保卫战方面。试验区持续开展了扬尘治理、柴油货车污染治理、工业企业大气污染防治等专项行动，共完成354家加油站、19家企业VOCs（挥发性有机物）治理，完成县城以上建成区19台锅炉淘汰任务，毕节市环保云平台建成并运行。2020年，县级城市空气质量平均优良天数占比为99.6%，同比上升0.87个百分点；中心城市环境空气质量优良天数占比为98.6%，同比上升1.6个百分点。

二是碧水保卫战方面。试验区着力推进城市建城区黑臭水体整治、工业污染防治、生活污水治理、饮用水水源地保护等重点工作。如加快推进卷洞门水库、乌泥河水库、移山湖水库周边农村环境整治工程，城区无黑臭水体、集中式饮用水水源地水质达到Ⅲ类以上标准。2020年，国省控地表水考核监测断面水质达标率为100%，全市地表水无劣于Ⅴ类水质断面，县级以上和千人以上集中式饮用水水源地水质达标率为100%。

三是净土保卫战方面。试验区注意加强土壤污染源头管控，积极开展涉镉污染源排查整治，使重点行业的重点重金属排放量较2013年累计下降7%。全区共完成354个重点行业企业用地基础信息调查，建设用地安全利用率达到100%，土壤环境质量总体安全。

四是固体废物治理方面。试验区危险废物产生单位共1081家，全部完成申报登记；危险废物（含医疗废物）经营单位17家，完成了危险废物经营年报。全区5家医疗废物处置单位的收集网络覆盖了所有乡镇，医疗废物安全处置率达到100%；13家二级以上医疗机构污水处理设施全部配备到位。中心城区、县城生活垃圾无害化处理率均达到92.5%。

五是乡村环境整治方面。试验区共实施了737个建制村农村环境综合整治，率先在全省完成县域农村生活污水治理专项规划编制工作。"厕所革命"累计建设改造完成农村户用卫生厕所43.41万户，全区卫生厕所普及率为 76%。如威宁县坚定不移抓中央生态环境保护督察反馈问题整改，坚决拆除违章建筑，坚决腾退生态用地，坚决规范城市总规，整改成效得到中央"回头看"充分肯定。从"治山、治水、治环境"入手，全力实施"退城还湖、退耕还湖、退村还湖、造林涵湖、治污净湖"五大工程，加大草海综合治理与保护力度，打造山水林田湖草生命共同体，草海保护区内人类活动得到有效控制，水质改善稳中向好。

（三）突出产业升级，着力推动高质量发展

"十三五"以来，按照生态建设产业化、产业发展生态化的理念，试验区加快生产方式绿色革命和生活方式绿色转型，促进产业与生态深度融合发展，不断培育生态产业，推动高质量发展，实现了从"绿色复苏"到"绿色发展"的转变。

一是农村产业革命深入实施。试验区坚持立足资源禀赋和区位优势，以 12 大优势特色产业为主攻方向，深入实施农业特色产业提升工程，粮经比由 44∶56 调整到 38∶62。截至 2020 年底，全区累计发展刺梨 92.49 万亩、茶叶 100 万亩、蔬菜 458.79 万亩（含辣椒 102.54 万亩）、中药材 102.56 万亩、食用菌 11.08 万亩、水果 160.34 万亩；累计认证农产品地理标志产品 12 个、绿色食品 26 个、有机食品 150 个。

二是积极开展国内国际展会。试验区持续推进绿色优质农产品展销活动，在广州举办"贵州绿色农产品风行天下"推介会、"乌蒙山宝·毕节珍好"优质特色农产品展销会、"丝绸之路·黔茶飘香"高山生态茶推介会、东西部协作毕节绿色农产品消费扶贫推介会暨乌蒙山农特产品（广州）交易会，为"毕货出山"树立了良好口碑。依托粤港澳大湾区市场，整合各方资源、创新营销模式、优化运营管理，在广州持续掀起"买贵州、卖贵州"热潮。目前毕节已获粤港

澳大湾区"菜篮子"基地认证 33 个，占全省总数的 39.76%，认证数量居全省第一。

三是工业产业加快转型升级。"十三五"期间，试验区共建成技改煤矿 61 处，淘汰煤炭落后产能 2271 万吨，新增优质产能 2295 万吨/年，煤炭产量从 3932 万吨提升到 4704 万吨；新能源和可再生能源发电装机容量占全区总装机容量的 32.86%，传统煤炭产业在规模工业中占比从 42% 下降到 26%；全国最大单套煤制乙二醇装置建成投产，国内领先 Low-e 镀膜玻璃生产线投入运营。全区获批省级绿色园区 2 家（毕节高新区、金沙经开区）、绿色工厂 3 家（华润水泥、磐石高科、新中一种业）。2020 年有省级高新技术产业开发区 1 个，省级经济技术开发区 7 个，省级特色工业园区 1 个；高新技术企业 43 家，比 2015 年净增 40 家，大数据与实体经济深度融合水平达到 37.4。

四是现代服务业蓬勃发展。截至 2020 年，试验区服务业增加值达 1000.39 亿元，占 GDP 的比重达 49.5%，较 2015 年（39%）提高 10.5 个百分点，现代服务业对经济社会发展支撑作用不断增强。"十三五"期间，全区接待游客累计达 3.53 亿人次，旅游实现"井喷"，旅游总收入实现 3025.46 亿元，年均分别增长 30% 以上。如百里杜鹃、织金洞等老景区不断提质升级，奢香古镇、平远古镇、鸡鸣三省等一批重量级新景区景点成功打造，全区 A 级旅游景区达到 47 家，其中 4A 级以上旅游景区已达 12 家。物流业加快发展，初步形成"冷藏、运输、加工、销售"一体化的城乡冷链物流体系，威宁江楠农产品冷链物流园等 4 个物流园区建成运行。

（四）突出节能降耗，加快实现节约发展

"十三五"期间，试验区加快培育科技含量高、资源消耗低、环境污染少的绿色产业集群，基本形成资源能源利用更加集约高效与绿色经济发展相得益彰的转型发展新路径。循环经济发展模式基本普及，重点行业单位增加值能耗、水耗、物耗及污染物排放水平持续下降，清洁能源成为能源供给增量主体。

一是节能减排推动有力。试验区单位地区生产总值能耗累计下降24.83%，二氧化碳排放下降26.9%。2020年，全区单位地区生产总值能耗同比下降2.36%，二氧化碳排放同比降低4.64%；公共机构人均综合能耗、单位建筑面积能耗、人均水消费量同比分别下降35.5%、24.3%、25.9%。与2015年相比，全区二氧化硫、氮氧化物排放量分别下降54.42%、52.92%。

二是绿色建筑加快发展。试验区施工图审查阶段节能标准执行率从90%左右提升至100%，竣工验收阶段节能标准执行率从93%左右提升至100%。2020年，全区绿色建筑竣工面积为152.48万平方米，较2015年增长40.07%，绿色建筑占新建建筑的比例达50%以上，装配式建筑占新建建筑比例达11%，使用新墙材建筑比例达60%以上。

三是资源综合利用率不断提升。试验区累计建成贵州永鼎顺、金沙卓为环保新材料脱硫石膏综合利用项目，毕节爱而思装配式建筑ALC板材等52个粉煤灰、脱硫石膏固废利用项目，占全区新型建材产业的1/3。2021年1~9月，全区粉煤灰、脱硫石膏等大宗工业固体废物产生1485.77万吨，利用1051.36万吨，综合利用率达70.76%。上半年大型规模养殖场粪污处理设施配套率达100%，畜禽粪污资源化综合利用率达86.89%。

四是节能服务持续推进。试验区持续推动节能降耗，共完成34家重点耗能企业72次节能监察，积极利用国家标准倒逼企业挖掘节能降耗潜力，提高能源使用效率。完成了大方永贵建材、毕节明钧玻璃等33家企业节能诊断服务，帮助企业发现用能问题，挖掘节能潜力，依法完成淘汰落后产能，按年度计划推进煤矿兼并重组或淘汰关闭，促进了企业降本增效。

（五）突出"两山"转化，打造生态产品价值

试验区坚持统筹经济生态化与生态经济化，推进经济发展与生态文明相辅相成、相得益彰，使绿色产业发展成为建设主色调、生态环境更加美好。通过加快培育优质高效的绿色新兴产业，大幅提高产业生态价值，形成新的经济增长源。

一是扎实推行河（湖）长制。试验区全面建立了市、县、乡、村四级河（湖）长制体系，设立河（湖）长 3298 名，聘请护河员 2388 名，民间义务监督员 654 名。完成了 21 条设市级河长的河流"一河（湖）一策"（2021~2023 方案）编制，针对不同河流进行差别化管理保护，基本消除城市黑臭水体，建制镇污水处理设施基本建成。

二是加快推进林长制工作。试验区率先在全省推行林长制，共设立了市级总林长 2 名，市级副总林长 3 名，市级林长 11 名，县级林长 301 名，乡级林长 2675 名，村级林长 8866 名，确保一山一坡、一园一林有专人管。2020 年，市级林长开展巡林 4 次、县级林长开展巡林 1017 人次、乡级林长开展巡林 1.83 万人次、村级林长开展巡林 37.67 万人次；累计建成 50 个国家森林乡村、7 个省级森林城市，森林覆盖率从 48.04% 上升到 60%。

三是林下经济迅速发展。试验区按照"西部党参、半夏种植和森林景观利用""中部天麻种植和森林景观利用""南部竹荪种植和森林景观利用""东部林下养殖和森林景观利用" 4 个分区布局，突出"林菌、林药、林菜、林鸡、林蜂"等产业，每个县区选择 1~3 个重点发展的主导产业进行突破。"十三五"期间，全区大力发展花卉苗木、经济林、林下经济、生态旅游等绿色产业，共成立新型林业经营主体 750 家，发展林下经济面积 368.29 万亩，将 1804.49 万亩森林面积纳入森林保险，2020 年全区林业产值达 183 亿元，促进了生态效益、经济效

益和社会效益协调增长。2021 年上半年，完成林下经济利用森林面积
375.03 万亩，实现产值 33.24 亿元，联结农村人口 31.57 万人，新建
具有辐射带动作用的林下种植、养殖示范基地 10 个。

四是生态产品价值得到有效实现。根据测算，试验区生态系统总
价值为 685.92 亿元/年，单位面积生态价值量为 255.48 万元/（千平
方米·年），是全国单位面积年生态价值量的 2.17 倍。自"十三五"
以来，全区依托资源禀赋，积极探索生态建设模式，大生态+大扶
贫、大生态+大数据加快融合发展。2020 年，全区共实现农业增加值
486 亿元，同比增长 6.3%；以电子商务助推生态产品销售，全区网
络零售额累计完成 8.06 亿元，同比增长 15%。

五是绿色生态文化体系基本形成。"十三五"期间，试验区推进
系统性生态修复工程，共建成七星关德溪、金海湖湿地、黔西凤凰
山、织金凤凰、金沙箐河、赫章塔山等 20 余个城市公园，广大市民
开窗能见绿、出门可游园的梦想成为现实。如黔西县成功创建了
"省级园林县城"，省政府批复同意命名毕节市为贵州省园林城市。
"绿色毕节行动"在绿色贵州三年行动考核中获"优秀"等次，国有
林场改革以"全优"成绩顺利通过省级验收。国家林草局授予毕节
市 50 个村"国家森林乡村"称号，共建成省级森林城市 7 个、省级
森林乡镇 42 个、省级森林村寨 157 个、省级森林人家 961 户，擦亮
了毕节生态建设名片。

二 毕节试验区生态优先、绿色发展面临的主要问题

毕节试验区生态建设取得了显著成效，发生了质和量的明显变
化，在充分肯定成绩的同时，还应看到由于生态建设起步晚、基础薄
弱，试验区仍然面临着人口、资源、环境的严峻挑战，生态建设任务
仍然繁重，距离构建生态文明、推进绿色发展尚有很大差距。试验区

经济总量小，产业支撑弱，刚性支出大，在基础设施、生态治理、民生保障等方面仍有不少薄弱环节，重大风险防范任务仍然艰巨。在绿色发展上还存在诸多短板，发展不平衡不充分的问题依然突出，发展方式仍较粗放，新型工业化、农业现代化、旅游产业化、新型城镇化进程较为缓慢。特别是生态产业化、产业生态化程度不高，生态优势尚未完全转化为经济优势。

（一）生态环境依然较为脆弱

试验区传统工业化道路积累了大量生态难题，石漠化和水土流失严重，矿山开采遗留问题不容乐观，生态文明理念、能力、水平有待提升。同时，由于市县两级财政紧张，债务压力大，地方财政无更多资金投入生态建设与绿色发展，森林覆盖率、森林蓄积量短期内在全省排位难以得到提升，生态修复压力依然较大。因此，要实现经济可持续发展，必须树立和践行"绿水青山就是金山银山"的发展理念，坚持守好发展和生态两条底线。

（二）绿色发展领域短板较多

试验区地区生产总值虽然已突破2000亿元，投资逐年增长，但人口基数大，全区人均生产总值和投资额度仍然较低，薄弱的经济基础导致生态文明建设投入明显不足。"十三五"以来，试验区不断加强生态环保基础设施建设，但由于历史欠账较多，生活污水、垃圾处理率仍有待提高，生态环保基础设施还存在较多短板。2020年，全区完成全部工业增加值404.96亿元，占GDP的比重仅为20%，对绿色经济的支撑作用需要进一步提升。

（三）产业转型升级推进较慢

试验区工业产业仍以煤电烟为主导，对"高耗能、高污染"项目的依赖程度较高，产业结构单一、发展活力不足、抗风险能力弱等问题比较突出。2020年，煤、电、烟三大产业产值在规模工业产值中的占比为64%，与2015年基本持平。而现代化工、大数据电子信息、健康医药等产业起步晚、规模小，企业"小散弱"现象突出，市场竞争力不强、支撑能力弱。由于产业结构不优、主导产业不明显，部分制造业企业仍以"代工"为主，产品附加值不高，因而知识密集型、技术密集型企业较少，缺少自主品牌和知名品牌，缺乏具有创新活力、行业领先的龙头企业带动。

（四）产业整体质量和效益不高

试验区经济社会发展对资源能源的综合利用和深度转化率较低，特别是产业链环节不完整，上下游企业衔接不紧密，在产业链价值链中的"垂直分工"地位偏弱，致使产业配套能力弱，集聚效应不强，产业经济效益和社会效益不高。目前全区产业聚集和优势互补的格局尚未形成，资源化利用的市场并未被完全打开，潜力尚未被充分挖掘和利用。传统产业整体产出效益不高，与现代产业集群仍存在较大差距，而经济增长不能再以资源大量消耗和环境毁坏为代价，因此毕节试验区必须引导和推动生态驱动型、生态友好型产业发展，必须推动工业经济绿色发展，推动经济高质量发展。

三　毕节试验区生态优先、绿色发展的工作重点与对策建议

根据毕节试验区"十四五"发展规划，试验区将全面推进生态优先、绿色发展，聚焦"建设贯彻新发展理念示范区"。发展目标是：生活、生产、生态"三生"空间布局更加优化，生产生活方式加快绿色转型，绿色经济占地区生产总值比重达到60%左右。新增

石漠化治理面积 800 平方公里以上，森林覆盖率稳定在 60% 以上，县级以上城市空气质量优良天数比重稳定在 97% 以上，单位地区生产总值能耗控制在省下达指标范围内，生态系统稳定性显著增强。要实现这一发展目标，试验区必须着力抓好以下工作重点和对策措施。

（一）提高政治站位，推进生态文明建设

坚持以习近平新时代中国特色社会主义思想为指导，深入学习贯彻习近平生态文明思想，坚决贯彻落实习近平总书记对贵州、对毕节工作的重要指示批示精神。按照"在新时代西部大开发上创新路，在乡村振兴上开新局，在实施数字经济战略上抢新机，在生态文明建设上出新绩"的"四新"要求，进一步增强政治自觉、思想自觉、行动自觉。立足新发展阶段，坚持稳中求进工作总基调，贯彻新发展理念，坚持生态优先、绿色发展的战略定位和共抓大保护、不搞大开发的战略导向，牢牢守好发展和生态两条底线。大力推进绿色发展、人力资源开发、体制机制创新，加快推动新型工业化、新型城镇化、农业现代化、旅游产业化，全面推进生产生活方式绿色转型，着力推动经济社会高质量发展。不断塑造发展新优势、培育新动能，努力实现更高质量、更有效率、更加公平、更可持续、更为安全的发展，实现人民对美好生活的向往，为全面建设社会主义现代化开好局、起好步。

（二）强化规划引领，优化布局发展空间

传统观点是把环境保护仅仅看成一种责任、义务和负担，其实在以生态产业为标志的产业革命大背景下，环境保护不仅是一种社会责任和经济压力，更是一种能够带来巨大利益回报的朝阳产业，是欠发达地区后发赶超的时代契机。试验区要在建设贯彻新发展理念示范区

的指导下，加快编制完善和落实生态建设规划，进一步优化"三生"空间，划定生态保护红线、永久基本农田、城镇开发边界"三条红线"，着力构建主体功能定位清晰、区域经济优势互补、国土空间高效利用、人与自然和谐相处的绿色发展新布局。要以绿色发展理念作为统筹城镇协调发展的重要举措，合理控制城市开发强度，结合水系河网、道路交通和城乡环城绿带等打造带状生态网络，建设生态宜居城市。统筹石漠化片区、生态敏感性高、不适宜开发农业空间等生态空间，加强自然保护区、风景名胜区、森林公园、地质公园保护，布局构建生态优先、绿色发展的生态空间。围绕保障农产品供给安全，规划布局特色农业区、生态农牧区、粮油主产区，因地制宜发展粮油、蔬菜、生态畜牧、经果林、生态有机茶等特色优势产业，形成优势突出和特色鲜明的农业分工。

（三）坚持生态优先，筑牢"两江"生态屏障

以大生态战略行动为引领，大力实施"两江"上游生态保护修复、国家储备林建设、石漠化综合治理和水土流失综合治理等重大工程，全面落实长江流域"十年禁渔"重大决策，夯实绿色发展基础，确保森林覆盖率稳定在60%以上。要坚持力度不减、标准不降，持续打好"蓝天保卫、碧水保卫、净土保卫、固废治理、乡村环境整治"五场战役，统筹推进山、水、林、田、湖、草综合治理，继续推进长江经济带环境污染治理示范城市建设。以发展壮大绿色产业为重点，积极探索"两山"理论转化路径与生态产品价值实现机制。要高起点做好产业规划，大力发展生态环保产业，充分发挥欠发达地区的后发优势，吸取发达地区生态建设的经验教训，瞄准科学技术前沿，积极发展技术含量高、产业链条长、对生态环境压力小的产业，持续发展绿色特色经济，推进生态产业化，坚持产业发展与生态保护的内生融合、良性互动。

（四）围绕"四化"同步，加快推动产业升级

充分利用地域、生态和气候优势，以高端化、绿色化、集约化、规模化为主攻方向，转变发展方式，提升发展质量，尽快把生态优势转化为产业优势。要大力实施新型工业化战略，进一步优化产业结构，大力发展生态农业、生态畜牧业、生态旅游业和以现代信息技术、生物技术为支撑的高新技术产业。按照"县级原则上主攻 1~2 个产业"的要求，主要抓工业产业、工业企业、工业园区、工业投资，因地制宜发展特色食品、新型建材、新型能源、中医药、优质烟酒等产业，加快构建区域分工合理、优势互补的产业发展格局。要大力推动工业高质量发展，深入推进新能源规模化、基地化、智能化发展，着力打造新能源示范基地，加快延伸煤炭产业链，将试验区建成贵州国家综合能源战略基地；加强对传统资源型产业和装备制造业技术改造，提高产业科技含量，积极培育壮大特色产业、补齐短板产业、深挖潜力产业，打造一批新的产业增长点。要加快形成一批具有"整机+配套""原材料+制成品"优势的特色产业链，推进产业集中、集聚、集约发展；加大绿色工厂、绿色园区培育力度，推动工业产业清洁低碳转型、绿色化发展。推广循环经济典型模式，促进资源回收循环，降低能耗，提高质量，逐步建立起循环型现代产业体系。

（五）实施乡村振兴，推进农业现代化战略

乡村全面振兴战略的最终目标是，推进农村产业革命，全面实现农业强、农村美、农民富。产业发展是巩固农村脱贫攻坚成果的关键所在，也是乡村振兴的重要支撑，要实现产业持续发展，必须坚定不移推进农业现代化战略。试验区应坚持立足大生态、利用大数据，围绕资源禀赋、市场需求、农民增收，推动农业生产方式绿色化，着力打造重要的绿色农产品生产加工基地，全面提升烟、酒、茶、药、特

色食品等多张"名片"知名度和美誉度，切实增强绿色农产品的核心竞争力和品牌影响力。这需要积极发挥比较优势，搞好产业布局规划，科学确定区域农业产业发展重点，促进形成优势突出和特色鲜明的产业带，做大做强主导产业；需要扶持壮大龙头企业，培育知名品牌，引导龙头企业和农户形成生产、加工、销售的利益共同体，增强龙头企业的市场竞争力和辐射带动能力。要加快推进现代农业建设，积极创建国家现代农业示范区，实施绿色农产品加工提升和品牌培育行动，推动蔬菜、食用菌、中药材、辣椒等全产业链发展；实施特色优势农业示范工程，推进产业标准化、规模化、品牌化，以绿色、有机及地理标志农产品为方向，着力发展绿色食品和有机农产品。要坚持瞄准粤港澳、长三角等主要消费市场，加快构建农产品市场和冷链物流体系，建立健全稳固的销售渠道，促进"毕货出山"，不断提高市场占有率。

（六）确定开发强度，推进新型城镇化战略

按照"山为景、桥隧连、组团式"的发展路径，积极推进以人为核心的新型城镇化建设，根据资源环境承载力，切实构建科学合理的城镇化宏观布局，力争"十四五"末试验区城镇化率提高到60%。要从严供给城市建设用地，科学确定城镇开发强度，严格新城、新区设立条件和程序，提高城镇土地利用效率、建成区人口密度，划定城镇开发边界，维护城乡规划的科学性和权威性、严肃性。要尊重自然格局，注意依托现有山水脉络、气象条件等，合理布局城镇各类空间，切实保护自然景观，传承历史文化，提倡城镇形态多样性，保持特色风貌。强化城镇化节能理念，着力发展绿色建筑和低碳、便捷的交通体系，推进城镇污水、供电、供水、供气、供热、地下综合管网等基础设施和教育、医疗等公共服务设施建设，所有县城和重点镇都要具备污水、垃圾处理能力。推进绿色生态城区建设，加强城市园林

绿化和绿色公园建设,推进城市更新行动,实施城市生态修复、功能完善工程,积极创建国家绿色发展示范城市(县)。要依托绿水青山资源,加快推进旅游产业化战略,着力实施重点旅游景区提质工程,将百里杜鹃景区建设成为世界级旅游景区,将织金洞、赫章韭菜坪景区创建成为国家5A级旅游景区,打造国际知名山地文化旅游目的地和休闲度假胜地。大力提高城镇的建设、运行、管理水平,推动城镇化发展由外延扩张式向内涵提升式转变。

(七)紧盯时序节点,推动实现碳达峰碳中和

试验区经济基础相对薄弱,对工业项目特别是煤炭、电力等高耗能项目依赖程度较高,能耗无更多下降空间。按照2030年前碳达峰和2060年前碳中和相关要求,国家"十四五"期间能耗"双控"目标大幅度缩紧,因此试验区必须践行"绿水青山就是金山银山"发展理念,牢牢守住自然生态安全底线,把产业结构优化升级作为经济高质量发展的重要途径。要大力调整能源结构,推进能源体系清洁低碳发展,有序推动在役30万千瓦级及以下煤电机组淘汰退出或采取"上大压小"、升参数改造等方式降低能耗水平,新上煤电机组要以高参数、大容量超超临界机组为主,采取清洁能源基地形式,推进能源产业健康发展。要大力提升能源利用效率,加快发展技术含量高、就业容量大、环境质量好的产业,积极推动传统产业生态化、特色产业规模化、新兴产业高端化发展。加强重点领域节能,抓好工业、建筑、交通等领域节能技术改造,加快淘汰落后产能,严格控制能耗强度;大力推进建筑节能,发展绿色建筑;推进综合交通运输体系建设,提高交通运输工具能效水平。要健全低碳发展体制机制,加快完善有利于绿色低碳发展的价格、财税、金融等相关政策,积极创新发展合同能源管理、污染第三方治理、环境托管等服务模式。要努力增加生态碳汇,加强森林资源培育,推进国土绿化行动,不断增加森林

面积和蓄积量，强化生态保护修复，提升草原、绿地、湖泊、湿地等自然生态系统固碳能力。

（八）培育生态文化，倡导绿色发展风尚

绿色发展是最大的发展，绿色文明是最大的文明。绿色生态文化观念是引领生态文明建设的强大精神力量，对生态优先、绿色发展发挥着巨大的文化支撑作用。生态文化观念的培育和形成既是一个长期的过程，需要持之以恒、坚持不懈，同时又是一项群众性的事业，需要全社会干部、群众共同参与，共同维护。因此，要大力培育绿色生态文化理念，弘扬人与自然和谐共生的生态文明价值观，以保护环境为荣、破坏生态为耻；反对拜物主义的生活方式和人生信条，在全社会形成崇尚节俭、朴实的生态主义价值观。要加大对绿色发展、绿色消费的宣传力度，积极利用传统媒体、新媒体等媒介方式，拓展宣传领域，创新宣传方式，增强宣传效果，形成全方位、广覆盖的宣传格局；鼓励绿色消费，倡导生活简约化，积极推广低碳节能环保新产品。要建立生态文明教育长效机制，科学规划绿色文化教育内容、方式、途径，将绿色发展、低碳消费等理念内涵纳入教育体系中；加强生态文明理论研究，着力形成一批研究成果和文化作品，为推进生态文明建设提供强大的理论支撑和智力支持。要建设生态文化载体，创建国家绿色发展示范城市（县），开展节约型机关和绿色家庭、绿色学校、绿色社区、绿色园区等创建行动。通过深化绿色发展理念，构建绿色生态文化，将生态文明观念融入干部群众的灵魂，为生态优先、绿色发展提供强大的精神动力。

社会发展篇

Reports of Social Development

B.10
毕节建设贯彻新发展理念示范区发展报告

魏霞 余金 文莉*

摘　要： 近年来，毕节发展从"开发扶贫、生态建设、人口控制"试
验主题到"绿色发展、人力资源开发、体制机制创新"示范
主题，开启了建设贯彻新发展理念示范区的新征程。本文总
结了毕节试验区"三大主题"实践取得的成效，提出要提高
站位，推动先行先试，高标准建设贯彻新发展理念示范区。

关键词： 新发展理念示范区　高质量发展　毕节试验区

　　毕节，曾因生态恶劣、人口膨胀而陷入"越贫越垦，越垦越贫"

---

* 魏霞，贵州省社会科学院区域经济研究所研究员，主要研究方向为区域经济；余
金，毕节市委办公室科长，主要研究方向为行政管理；文莉，毕节市民族研究所
助理讲师，主要研究方向为民族地区经济与社会发展。

的恶性循环，被联合国有关机构认定为不适宜人类居住的地区。1988年1月，时任贵州省委书记的胡锦涛同志审时度势，倡导和推动了建立毕节试验区的战略决策，经国务院批准，毕节成为以"开发扶贫、生态建设、人口控制"为"三大主题"的试验区，旨在结合坡高谷深的地理条件，通过在经济社会发展严重滞后、人民贫困程度极深、生态环境极差的毕节的试验，为喀斯特地区经济社会发展提供借鉴，努力探索一条贫困地区科学发展的新路子。30多年来，毕节试验区坚持开发与扶贫并举、生态恢复与建设并进、人口数量控制与质量提升并重，深入开展"三大主题"实践，推动了经济、社会、人口协调发展。2018年7月，在毕节试验区成立30周年之际，习近平总书记对毕节试验区建设做出重要指示，指出"30年来，在党中央坚强领导下，在社会各方面大力支持下，广大干部群众艰苦奋斗、顽强拼搏，推动毕节试验区发生了巨大变化，成为贫困地区脱贫攻坚的一个生动典型"①。习近平总书记强调，"要着力推动绿色发展、人力资源开发、体制机制创新，努力把毕节试验区建设成为贯彻新发展理念的示范区"②。从"开发扶贫、生态建设、人口控制"试验区升级为"绿色发展、人力资源开发、体制机制创新"示范区，毕节开启了建设贯彻新发展理念示范区的新征程。

一 牢记嘱托："三大主题"实践成效显著

过去，毕节试验区是全国唯一以"开发扶贫、生态建设、人口

---

① 《习近平对毕节试验区工作作出重要指示引发热烈反响》，2018年7月19日，多彩贵州网，http：//www.gog.cn/zonghe/system/2018/07/19/016708550.shtml，最后检索时间：2022年5月18日。

② 《牢记嘱托谱写奋进之歌——毕节市体制机制创新探索实践综述》，天眼新闻，https：//baijiahao.baid，最后检索时间：2022年5月18日。

控制"为主题的试验区。1988 年 6 月 8 日，胡锦涛同志强调指出："牢牢把握扶贫开发、生态建设这个主题，就要针对全区有 300 万农村人口温饱问题没有彻底解决这一现实，采取一切有利于摆脱贫困、落后的政策措施，加快资源开发，加速劳动力转移，大力发展商品经济，逐步实现绝大多数农民脱贫的目标。"[1] 这一思路和决策，为毕节试验区长远发展指明了方向。在党中央、国务院和贵州省委、省政府的领导下，毕节试验区干部群众以"开发扶贫、生态建设、人口控制"为主题扎实开展工作，走出了一条具有自身特色的新路子。

（一）开发扶贫成效显著

30 多年来，毕节试验区通过开展解放思想大讨论、开办新时代农民讲习所、深化以"讲思想、让群众干有方向，讲政策、让群众干有目标，讲思路、让群众干有激情，讲方法、让群众干有效果"为主题的"四讲四干"活动，转变观念、解放思想，提升干部群众干事创业的精气神；实施专业村和"五园新村"建设、"两个硬化"工程、通村油路及水泥路工程等改善生产生活环境；建设工业园区、农业示范园区、特色农业产业基地等推进产业集聚发展，带动农村剩余劳动力转移；依托资源优势积极发挥专家、能人和大户示范带头作用，发展地方优势产业，促进群众增收致富；实施整体推进、集团帮扶、"4321"结对帮扶[2]、同步小康驻村等措施推进脱贫攻坚。通过坚持解放思想解放人、改善环境改变人、转变就业转移人、找准路子

---

[1] "毕节试验区"，https：//baike. baidu. com/item/% E6% AF% 95% E8% 8A% 82% E8%AF%95%E9%AA%8C%E5%8C%BA/4146501？ fr = aladdin，最后检索时间：2022 年 5 月 18 日。

[2] "4321"结对帮扶：区、乡、村三级严格落实"县级领导至少帮扶 4 户，科级干部至少帮扶 3 户，股级干部至少帮扶 2 户，其他干部至少帮扶 1 户"。

找对人、盯准目标盯住人，实现人民生活从普遍贫困到基本小康的历史跨越。特别是党的十九大以来，在党中央、国务院和贵州省委、省政府的领导下，毕节坚持把脱贫攻坚作为头等大事，作为第一民生工程，系统集成，积极构建坚强有力的组织体系、指挥体系、责任体系、考核体系、监督体系，主动作为，集全市之力、汇八方力量全力解决绝对贫困问题。1987年，毕节地区尚未解决温饱的贫困人口有300余万人，占总人口的53.68%。① 经过30多年的努力，毕节试验区累计减少贫困人口594万人，贫困发生率从56%下降到8.89%，838个贫困村成功出列；城镇居民人均可支配收入从697元增加到27320元，年均增长13%；农村居民人均可支配收入从317元增加到8473元，年均增长11.58%，绝对贫困人口全部清零。② 毕节14.7万户农村危房得到改造，住房条件得到根本性改善，149.77万人喝上清洁、安全、放心的水，32.48万人搬出大山，③ 告别了"一方水土养不起一方人"的贫穷地，实现了通村通组路连接，方便了千家万户。教育、医疗等保障水平持续提升，2020年1981个贫困村全部脱贫出列，7个贫困县如期全部脱贫摘帽，按时打赢脱贫攻坚战，实现了人民生活从普遍贫困到基本小康的重大跨越，交出了中国减贫奇迹的贵州毕节精彩答卷。

（二）生态建设加快推进

毕节试验区相继实施了退耕还林、封山育林、长防长治、天保工

---

① 《久困于穷　冀以小康——民进贵州省委参与毕节脱贫攻坚纪实》，新浪网，http://k.sina.com.cn/article_3057540037_b63e5bc502000xr0l.html，最后检索时间：2022年5月18日。

② 《毕节试验区30周年：累计减贫594万人838个贫困村出列》，搜狐网，https://www.sohu.com/a/275033094_114731，最后检索时间：2022年7月3日。

③ 《5年！毕节城市乡村竟美成这样！》，https://baijiahao.baidu.com/s？id=17193726287712969722&wfr=spider&for=pc，最后检索时间：2022年7月4日。

程、生态移民和石漠化综合治理等重点生态建设工程，推进生态环境综合治理；采取先建后补、先退后补、第三方验收、造林绿化资质认定、多元化投入等重点方式，激发大户能人、专业合作组织、企业参与林业生态建设的积极性，推进造林绿化；创新主体自管、管治合一、委托管理等机制和划定红线、开启立法保护、离任审查、补植复绿等模式，有效管护生态。通过坚持以生态建设产业化、产业发展生态化为方向，既要绿水青山也要金山银山，实现生态环境从不断恶化到明显改善的跨越。近五年来，毕节市各级各部门深学笃用习近平生态文明思想，认真践行"绿水青山就是金山银山"的"两山"理念，推进山、水、林、田、湖、草综合治理，完成 842 平方公里石漠化和 2645 平方公里水土流失治理，修复 183.25 平方公里矿山环境，绿化造林 828.37 万亩，加快推进国储林项目，森林覆盖率提高 51.47 个百分点，达到 60%，① 环境空气质量平均优良天数比重达 98%，城市环境空气质量达到国家二级标准；出境河流断面水质优良比例和县级以上集中式饮用水水源地水质达标率均为 100%，受污染地块安全利用率为 100%，城市生活污水集中处理率提高 85 个百分点，清洁能源使用率从 7% 提高到 29%，② 生态环境实现了从不断恶化到明显改善的重大跨越。

（三）人口控量提质不断优化

毕节试验区建立"双诚信、双承诺"和"增人不增地、减人不

---

① 《奋进这五年贵州更多彩　毕节：生态建设逐绿行》，https：//baijiahao. baidu. com/s？id＝1731168411553993247&wfr＝spider&for＝pc，最后检索时间：2022 年 7 月 3 日。
② 《毕节："绿色"赋能高质量发展》，毕节市七星关区人民政府网，http：// www. bjqixingguan. gov. cn/xwzx＿ 500441/jrtt/202204/t20220423＿ 73548712. html，最后检索时间：2022 年 7 月 4 日。

减地"的工作模式，构建了奖励扶持、育才保障、关怀救助、创业带富、帮促帮贫"五项工程"政策体系；将教育作为脱贫致富的治本之策，保证贫困家庭孩子都能接受义务教育或职业教育；健全医疗和养老保障制度，推进病有所医、老有所养。通过坚持人地挂钩和奖励扶助两个政策一起用、双向承诺和双方诚信两个机制一起建、基础教育和职业教育两个基础一起抓、医疗健康和养老保障两个短板一起补，实现人口从数量膨胀到控量提质的转变。2018 年以来，毕节试验区按照习近平总书记重要指示精神，充分发挥试验区劳动力人口规模优势，创新人力资源开发模式，面向经济发展一线，大力发展职业教育，补齐教育、医疗、科技、文化等公共服务短板，全面提高人口素质，培养高素质劳动者，着力建设西部重要的人力资源开发培育基地，努力打造人力资源开发高地。

二 汇聚力量：全力推动改革创新

新发展理念是科学发展观的"升级版"，"试验"是"示范"的"奠基石"，建设新发展理念示范区是毕节改革发展的深入推进，也是试验区建设的必然要求。从"试验"到"示范"，在党中央、国务院坚强领导下，在各民主党派、全国工商联、国家有关部委以及各界有识之士的关怀支持下，毕节试验区发生了根本性的转变。毕节试验区的发展变化，是习近平总书记和党中央亲切关怀的结果，凝结着统一战线的智慧和试验区各族人民的心血。

（一）中央和省级主导

党中央、国务院的亲切关怀和贵州省委、省政府的坚强领导是毕节试验区建设的主导力量。30 多年来，67 位党和国家领导人 41 次对

毕节试验区做出重要批示指示，123 人次深入毕节视察调研。① 特别
是党的十八大以来，习近平总书记高度重视和关心，对毕节试验区做
出 3 次重要指示，6 次在重要讲话中提及毕节，为试验区改革发展把
脉指航。国家部委累计支持毕节实施项目 1242 个，完成投资 648 亿
元。农业部、林业局等 13 个部委还把毕节作为部长联系点、工作试
点或示范区。国务院扶贫办安排 35.5 亿元资金支持毕节脱贫，② 组
织推动"威宁试点"，加速了毕节脱贫进程。贵州省委、省政府成立
毕节试验区建设领导小组，先后 5 次召开大会研究部署毕节试验区建
设，出台《关于进一步支持毕节试验区全面深化改革发展的若干意
见》等 3 个文件。贵州历任省委书记身体力行，关心支持试验区发
展。省直各部办厅局倾力帮扶，为试验区跨越发展增添不竭动力。

（二）干部和群众主力

毕节广大干部群众面对落后的发展条件，不怨天尤人、不等靠观
望，围绕破解发展和生态难题，想实招、鼓实劲、办实事、求实效，
始终保持奋发有为、积极向上的精神状态，努力把党中央、国务院和
贵州省委、省政府的关怀内化为发展的决心、把社会各界的支持外化
为推动后发赶超的强大动力、把政策机遇转变为跨越发展的机遇。30
多年来，试验区淬炼了"坚定信念、艰苦创业、求实进取、无私奉献"
的精神，培育了全国优秀共产党员、时代楷模文朝荣，选树了全国道
德模范阿里木、"感动中国十大人物"之一徐本禹及全国"十大最美老

---

① 《改革创新 30 年！毕节试验区闯出了新路子探索出新经验》，多彩贵州网，
http：//www. gog. cn/zonghe/system/2018/08/22/016759867. shtml，最后检索时间：
2022 年 5 月 18 日。
② 《生态变迁绘就乌蒙新景——记毕节试验区 30 周年》，多彩贵州网，http：//
news. gog. cn/system/2018/07/19/016706907. shtml？from＝timeline，最后检索时
间：2022 年 5 月 18 日。

有所为人物"之一喻朝芬等一批可亲可敬、可歌可颂的先进模范代表；历练了刘安国、冯长书等一批舍小家为大家、忠诚于党和人民事业的优秀老书记、老支书、最美村官；培养了一大批为改变家乡贫困面貌、推动脱贫攻坚任劳任怨、忘我工作、吃苦耐劳、舍己为人、甘于奉献的"三鞋干部"。① 积极践行习近平总书记赋予的"为贫困地区全面建成小康社会闯出一条新路子、在多党合作服务改革发展实践中探索新经验"的"两新使命"，广泛汇聚发展的强大力量。

（三）统一战线和社会各界主扶

在中国共产党的坚强领导下，统一战线长期坚持、广泛参与、倾力相助，始终参与支持毕节试验区建设，推动毕节试验区的发展，诠释了中国特色社会主义政治制度和政党制度的优越性，为全国在多党合作服务改革发展方面积累新经验，向世界展示中国共产党领导的多党合作和政治协商制度的优越性。30 多年来，统一战线参与试验区建设从最初单纯提供咨询服务、技术培训，到形成智力支持、政策扶持、招商引资、项目规划、人才培训等一整套帮扶体系，统一战线全方位、立体化、多层次参与试验区建设的格局基本形成。从"以定点扶贫为途径、以智力支持为主线"，到"以建言献策、协调联络为方式，项目推动为载体"，再到"坚持定点扶贫与定向扶贫并重，建言献策与办实事并重，各自行动与形成整体效益并重"，② 统一战线凝聚各方面力量，参与毕节试验区建设的工作思路不断完善，有力推动毕节试验区跨越发展，形成了多党合作服务改革发展的"毕节经验"。深圳市对口帮扶毕节 20 年，共投入 5.44 亿元，支持 410 个村

---

① "三鞋干部"：晴天下队穿胶鞋，雨天下队穿水鞋，进城开会穿皮鞋。

② 《同心筑就脱贫路——全国统一战线系统 32 年帮扶贵州省毕节市》，闪电新闻，https：//baijiahao. baidu. com/s？ id = 1685129242235250046&wfr = spider&for = pc，最后检索时间：2022 年 5 月 17 日。

修建村组公路 3004 公里，完善供电、人饮、通信等基础设施，新
（扩）建医院 104 家、学校 151 所。① 重庆市对口帮扶七星关、大方、
纳雍、威宁等县区开发扶贫。广州市 6 区 48 个街道分别与毕节 10 个
县区 46 个乡镇结下帮扶对子，58 家企业、街道与毕节 98 个贫困村
签订帮扶协议。② 实施帮扶项目 650 个，引进 152 家企业在毕节完成
实际投资 73.45 亿元。403 所学校与毕节 513 所学校结成帮扶对子，
122 家医疗机构与毕节市 299 家医疗机构建立帮扶关系，广州市投入
财政帮扶资金 13.62 亿元。③ 结对帮扶 5 年来，广州共助力纳雍、威
宁、赫章等毕节 3 个国家深度贫困县全部摘帽，151 个贫困村全部出
列，12.5 万名贫困群众全部脱贫。④ 恒大集团无偿投入 110 亿元，抽
派 2200 多名职工对毕节精准帮扶，创造了中国社会扶贫的"恒大
模式"。⑤

---

① 《深圳对口帮扶贵州毕节 20 年纪实》，中国青年志愿者网，http：//www.
  zgzyz.org.cn/，最后检索时间：2022 年 5 月 17 日。
② 《两手相握红心现——广东广州市对口帮扶贵州毕节市综述》，https：//
  baijiahao.baidu.com/s？id＝1710317077077717597&wfr＝spider&for＝pc，最后检
  索时间：2022 年 7 月 4 日。
③ 《两手相握红心现——广东广州市对口帮扶贵州毕节市综述》，https：//
  baijiahao.baidu.com/s？id＝1710317077077717597&wfr＝spider&for＝pc，最后检
  索时间：2022 年 7 月 4 日。
④ 《两手相握红心现——广东广州市对口帮扶贵州毕节市综述》，https：//
  baijiahao.baidu.com/s？id＝1710317077077717597&wfr＝spider&for＝pc，最后检
  索时间：2022 年 7 月 4 日。
⑤ 《脱贫攻坚历史性全胜的"毕节模式"》，毕节市人民政府网，http：//
  c.360webcache.com/c？m＝1a09fb29527c7e38d387f0884950e6f5&q＝%E5%88%
  98%E7%87%8E+%E8%84%B1%E8%B4%AB%E6%94%BB%E5%9D%9A%E5%
  8E%86%E5%8F%B2%E6%80%A7%E5%85%A8%E8%83%9C%E7%9A%84%
  E2%80%9C%E6%AF%95%E8%8A%82%E6%A8%A1%E5%BC%8F%E2%80%
  9D&u＝https%3A%2F%2Fwww.bijie.gov.cn%2Fbm%2Fbjsjgswglj%2Fdt_
  5127533%2Fbmdt_5127534%2F202204%2Ft20220422_73526980.html，最后检
  索时间：2022 年 7 月 4 日。

三　后发赶超：经济社会大踏步前进

在党中央、国务院和贵州省委、省政府的正确领导下，在中央统战部和各民主党派中央的共同帮扶下，毕节试验区紧紧围绕三大主题，自力更生，艰苦创业，走出了经济贫困、生态恶化、人口膨胀的恶性循环怪圈，逐步实现人口、生态、资源、环境的协调发展，综合经济实力不断增强、农村贫困状况得到较大改善、生态建设成效明显、经济社会事业全面进步。

（一）试验区建设改变了毕节

毕节试验区坚持以人民为中心的发展思想，不断满足人民群众对美好生活的向往。以交通、水利为重点的基础设施建设取得新突破。成贵快铁毕节段通车、铁路运营里程达538公里，高速公路通车里程达1016公里、在西部率先实现"县县通"，乡镇100%通油路，建成通村沥青（水泥）路1.12万公里、"组组通"硬化路1.46万公里，毕节飞雄机场可直飞21个城市、通达134个城市；夹岩水利枢纽工程下闸蓄水，居民安全饮水、工程性缺水等难题得到缓解；电网、通信等设施加速完善，行政村实现光纤和4G网络全覆盖，5G基站建成规模居全省前列。① 加快补齐以教育、医疗等为重点的民生领域短板，实现义务教育基本均衡发展，学前教育、高中阶段教育、职业教育、高等教育水平持续提升，夯实了未来发展的良好基础。

（二）试验惠及毕节

毕节试验区的贡献在于探索出了一条贫困地区反贫困的有效路

---

① 《毕节市围绕"四新"主攻"四化"推动经济社会发展走笔》，潇湘晨报网站，https：//baijiahao. baidu. com/s？id＝1721180607680707726&wfr＝spider&for＝pc，最后检索时间：2022年5月17日。

径，充分发挥了中国共产党领导的多党合作和政治协商制度的优势，助推贫困地区发展，体现了社会主义制度的优越性；始终坚持开发扶贫与人口控制、生态建设协调发展，注重在从物质资本依赖向推进人的全面发展转变中开展反贫困。这一战略，为同类贫困地区的反贫困提供了有益借鉴，进一步丰富和完善了世界反贫困理论。毕节因试验区而立、因试验区而兴，这是毕节广大干部群众已经形成的共识。30多年来，毕节始终坚定不移围绕试验区"开发扶贫、生态建设、人口控制"三大主题，一届接着一届干，一张蓝图绘到底，广大干部群众众志成城、绝地突围、战天斗地、攻城拔寨，完成了人民生活从普遍贫困到全面小康、生态环境从不断恶化到明显改善、人口从以控制数量为主到更加重视人力资源开发的"三个重大跨越"，与全国一道全面建成了小康社会，向党中央、向毕节全市人民交上了一份合格的答卷，书写了脱贫攻坚壮丽史诗。

四 提高站位：推动更深层次先行先试

2014年5月15日，习近平总书记赋予毕节试验区"为贫困地区全面建成小康社会闯出一条新路子、在多党合作服务改革发展实践中探索新经验"的"两新使命"。2018年7月，在毕节试验区成立30周年之际，习近平总书记要求"确保按时打赢脱贫攻坚战，做好同2020年后乡村振兴战略的衔接，努力把毕节试验区建设成为贯彻新发展理念的示范区"，① 赋予了毕节试验区新的使命。

习近平总书记以高瞻远瞩的战略思维，对毕节提出了两个阶段的任务：2020年以前要尽锐出战、务求精准，确保按时打赢脱贫攻坚

---

① 《省委召开专题工作会议，进一步研究部署在新征程中努力把毕节试验区建设成为贯彻新发展理念的示范区》，澎湃新闻，https：//m.thepaper.cn/baijiahao_9661965，最后检索时间：2022年5月17日。

战；同时做好同 2020 年后乡村振兴战略的衔接，努力把毕节试验区建设成为贯彻新发展理念的示范区。习近平总书记指示，近期与远期目标任务有机统一，体现了辩证唯物主义联系、发展的观点。认真学习贯彻落实习近平总书记指示，要针对毕节现阶段生态相对脆弱、人口素质不高、产业结构单一、体制机制不活等突出问题，找准关键环节、突破口，抢抓《国务院关于支持贵州在新时代西部大开发上闯新路的意见》（国发〔2022〕2 号）和《国务院关于推动毕节高质量发展规划的批复》（国函〔2022〕65 号）的重大机遇，主动作为，结合自身发展实际，乘势而上谋发展，将政策红利转化为建设贯彻新发展理念示范区的强大动能，奋力在新时代西部大开发上闯出一条新路子。积极推动脱贫攻坚与乡村振兴有效衔接，坚持以新发展理念为引领，加快推进高质量发展，坚持把绿色化、生态化作为推动经济转型升级的主要路径，统筹推进生产、生活、人文、环境建设，处理好生产、生活、生态三者的关系，大力推进新型工业化、新型城镇化、农业现代化、全域旅游化和信息化，大力发展特色优势产业，着力推动绿色发展、人力资源开发、体制机制创新，突出教育优先发展地位，建立健全人才竞争机制、激励机制和调控机制，持续深化体制机制改革创新，增强发展活力和社会创造力，为经济高质量发展提供强大动力。

（一）生态优先，推进绿色发展

良好的生态环境是民之所愿，是人民共有财富，是全面建成小康社会的重要体现。要坚定不移贯彻"绿水青山就是金山银山"的发展理念，坚定不移走生态优先、绿色发展之路，把绿色发展理念贯穿到空间格局、产业结构、生产方式、生活方式之中，大力推动绿色发展，深入实施大气、水、土壤污染防治，大力发展生态友好型产业，逐步摆脱资源依赖，促进经济活动绿色化、生态化，推动经济社会发

展全面绿色转型，让绿色成为毕节试验区最鲜明的底色。要持续推动绿色低碳发展，以推进碳达峰碳中和为契机，建立完善绿色生态经济发展制度支撑体系，以绿色低碳引领产业转型发展。要坚持在发展中保护、在保护中发展，持续筑牢"两江"上游生态屏障，大力实施"两江"上游生态保护修复、国家储备林基地建设、石漠化和水土流失综合治理等重大工程，深入开展国土绿化行动，着力建设乌蒙山生态屏障。加强水环境治理，加快水生态修复，加大乌江、赤水河、牛栏江等流域综合治理力度，有序推进草海治理，加强水库河堤、城市绿地等重点区域生态建设，探索推进岩溶山区生态治理与资源利用。统筹推进城市绿化美化，让森林走进城市，让城市融入森林，努力实现"绿满乌蒙、锦绣毕节"。要持续深化环境污染综合治理。统筹推进山、水、林、田、湖、草综合治理，严格落实河（湖）长、林长制，健全源头预防、过程控制、损害赔偿、责任追究的污染防治机制，加快构建现代环境治理体系，建设长江经济带环境综合治理示范城市，实现经济社会发展与人口、资源、环境相协调，使绿水青山产生巨大的生态效益、经济效益、社会效益。

（二）以人为本，推进人力资源开发

人口是现代化建设最基本的支撑，经济和科技竞争归根结底是人才竞争。经济社会发展的后劲，越来越取决于劳动者的知识水平和创新能力。要充分发挥劳动力人口规模优势，面向经济发展一线创新人力资源开发模式，破解人力资源领域的难点问题，大力发展职业教育，补齐教育、医疗、科技、文化等公共服务短板，努力挖掘劳动力资源新优势，全面提高人口素质，培养高素质劳动者，建成西部重要的人力资源开发培育基地。要下大力气提升教育供给水平。深入推进教育薄弱环节改善提升，大力发展普惠性学前教育，均衡发展义务教育，特色发展高中教育，提质发展高等教育，全面提升教育教学质量。深化体教融合，全面促进青少年健康发展。统筹抓好老年教育、特殊教育工作。要下大力气发展现代职业教育，加大职业教育投入力度，优化职业教育布局，提升职业教育基础能力。实施职业教育创新发展行动计划，瞄准技术变革和产业优化升级方向，合理调整职业教育专业设置，促进教育链、人才链与产业链、创新链有效衔接，拓宽中职和专科本科衔接渠道，增强职业教育适应性。实施职业技能提升行动和高素质农民培育计划，培养造就高素质劳动者，努力让每个人都有人生出彩的机会。要下大力气汇聚各路英才，坚持人才是第一资源，坚定不移实施人才强市战略，大力实施引才、育才、用才、留才"四大工程"，让重视人才、尊崇人才、吸引人才、用好人才蔚然成风，切实把各方各类人才集聚到毕节建设示范区的伟大事业中来。

（三）解放思想，推进体制机制创新

建设新的试验区没有经验可循，解放思想、改革创新、迎难而上才是硬道理。要将坚持解放思想、改革创新贯穿于试验区建设的全过程，以思想破冰引领发展突围，敢为人先，大胆探索、大胆实践，充分发挥"试验田"作用，奋力创造无愧于时代、经得起历史检验的一流业绩。推进各类改革创新举措系统集成、协同高效，在制度创新、政策措施、要素保障上敢破敢立，以改革破除深层次体制机制障碍，释放经济社会中蕴藏的巨大潜力，以优质的制度供给、服务供给、要素供给，切实提升发展环境的吸引力和竞争力。要更深层次全面深化改革。要保持改革定力，精心布局一批标志性、引领性改革任务，稳步推进收入分配制度改革，持续深化要素市场化配置改革、生态文明建设制度改革和农村改革，统筹推进能源、金融、财税、旅游、科技、教育、卫生健康、文化、民政、经开区等重点领域改革，要以更高标准优化营商环境，深化"贵人服务·毕须办"政务服务品牌建设，解决好群众最关心、最直接、最现实的利益问题，紧盯

毕节蓝皮书

"三减一降一便利"，着力在简政放权、放管结合、优化服务上下功夫，加大流程再造力度，做到办事流程减无可减、成本降无可降。大力鼓励支持发展民营经济，不断发展壮大市场经营主体。加大破坏营商环境典型问题查处力度，坚决曝光问责典型案例，积极参与西部陆海新通道建设，加快毕节国际内陆港建设，争取设立毕节飞雄机场航空口岸、毕节东站铁路口岸，打造毕节跨境电子商务综合试验区、国家物流枢纽承载城市、川滇黔区域性商贸物流中心，推动毕节融入国内大循环，创新东西部协作"飞地经济"模式。聚焦长江经济带一体化发展，建立与长江经济带中下游地区协同联动和利益共享机制，顺畅联动机制实现协同共赢。聚焦粤港澳大湾区，加强与粤港澳大湾区合作，实现软联通、硬联通、心联通。聚焦成渝双城经济圈，加快融入成渝双城经济圈，实现一体化、协同化发展。大力发展外向型经济，补短板、强弱项，不断深化对外合作交流，提升开放的层次和水平，加快建设开放新毕节。

参考文献

《习近平对毕节试验区作出重要指示：脱贫攻坚的生动典型》，《人民日报》2018年7月19日。

杨婷婷：《在绿色发展上闯新路》，《毕节日报》2021年6月15日。

陈向国：《我国生态扶贫目标任务全面完成》，《节能与环保》2021年第1期。

B.11
毕节试验区文化建设高质量发展报告

王红霞*

摘　要： 本文通过梳理毕节试验区"十三五"时期文化建设在守
正创新、深化改革、公共文化服务设施与供给、文艺作品
创作生产、文化遗产保护、文化旅游扶贫与融合等方面取
得的显著成效，分析毕节试验区文化建设面临的公共文化
服务效能有待提升、优质文化产品供给有限、文化旅游融
合不够、文化产业发展整体较弱等困境。提出毕节试验区
文化建设要继续物质文明和精神文明两手抓、持续完善公
共文化服务体系、强化文化艺术精品培育、加强文化遗产
保护利用、着力"文化+"产业融合等对策建议，以期助
推毕节试验区文化建设高质量发展。

关键词： 文化事业　文化产业　文旅融合　高质量发展　毕节试
验区

　　"十三五"以来，毕节试验区坚持"宜融则融、能融尽融"基本
原则和"以文塑旅、以旅彰文"发展方向，紧紧围绕"打赢脱贫攻
坚战"，以供给侧结构性改革为主线，以创建国家公共文化服务体系
示范区、全域旅游示范区为主要抓手，着力健全现代公共文化服务体

---

* 王红霞，贵州社会科学院农村发展研究所助理研究员，主要研究方向为现代农
业、数字乡村建设、农村减贫。

系，不断推进文化产业生产经营体系建设，从而促进毕节试验区文化事业和文化产业高质量发展。

一 毕节试验区推动文化事业发展的举措与成效

（一）切实维护意识形态领域安全

一是确保文艺创作和文艺活动健康发展。坚持以人民为中心的创作导向，发展社会主义文化，举办丰富的活动积极引导人民树立正确的民族观、国家观、文化观、价值观，不断增强文化自信。严格执行《毕节市大型群众性文体活动安全管理制度（试行）》，加大监管力度，确保活动安全、内容安全。

二是管理规范公共文化服务场所。切实担负起"举旗帜、聚民心、育新人、兴文化、展形象"的使命任务。毕节试验区严格落实文化领域意识形态工作责任制，时刻把握和关注舆论导向、价值取向，强化文化阵地管理，将公共文化网络建设成为宣传党的理论和路线方针政策、培育社会主义核心价值观、弘扬中华优秀传统文化的重要阵地。

三是强化广播电视安全播出守正创新。建立完善安全播出应急预案，提高应急处置能力，组织排查整治安全播出隐患，确保疫情防控、全国"两会"、国庆等重要保障期广播电视安全播出，保证广播电视播出节目紧紧围绕党中央政策和贵州省委、毕节市委中心工作开展，弘扬主旋律，传播正能量。

四是网络意识形态安全取得实效。不断规范门户网站建设，管好用好"毕节文旅云"新媒体服务平台，加强网络视听节目监测，切实维护网络意识形态安全。健全舆情应对处置机制，正确应对突发事件和敏感舆情，妥善处置各类网络舆情。

五是文化旅游市场平稳有序。深入开展文化旅游市场秩序专项整治，扎实推进"六清"行动，加强文化旅游涉宗教场所巡查，确保可管可控。加强文化旅游社会组织管理，落实社会组织党建工作责任制，发挥党支部堡垒作用。

（二）公共文化服务设施建设不断完善

公共文化服务设施全面达标升级。毕节试验区在原有"三馆一院"（文化馆、图书馆、博物馆、大剧院）全面达标的基础上，为适应新城区发展的文化需求，在金海湖新区新建文化"三馆一中心"（文化馆、图书馆、展览馆、演艺中心）；新建县级文化馆 2 个、图书馆 2 个，改造文化馆 4 个、图书馆 4 个，均达到国家三级以上标准。"十三五"期间，毕节试验区新建乡（镇、街道）综合文化站 34 个，新建、改扩建、整合设置村（社区）综合文化服务中心 1383 个，乡（镇、街道）综合文化站、村级综合文化服务中心设置率达到 100%。毕节试验区 135 个易地扶贫搬迁安置区均建有文化服务中心。市、县、乡、村四级数字文化设施和无线 Wi-Fi 实现全覆盖，建成"毕节文旅云"数字服务平台和贵州省首个数字虚拟博物馆。旅游标识牌实现高速公路、主景区公路全覆盖。深入开展"厕所革命"，2017 年被国家旅游局评为"旅游厕所建设先进市"，"十三五"期间，毕节试验区共建成 570 座旅游厕所，并将旅游厕所在百度地图上进行标注，标注率已达 97.37%。

推进广播电视基础设施建设。先后实施多彩贵州"广电云"村村通、户户用工程，多彩贵州"广电云"村村通向"户户用"升级。完成通村光缆干线建设 12571 公里，实现多彩贵州"广电云"信号行政村全覆盖。新建广电通组入户光缆 6 万余公里，累计实现新增多彩贵州"广电云"用户 64 万户，毕节试验区有线数字电视用户数从"十二五"末的 34 万户跃升至"十三五"末的 90 余万户。新建乡镇

广播影视综合服务站 150 个，投入资金 2000 余万元，新建或重建 8 座高山无线发射台。实施中央广播电视节目无线数字化覆盖工程，毕节试验区 8 座发射台开播中央广播电视节目无线数字信号。截至 2020 年底，广播综合覆盖率达 96%，电视综合覆盖率达 92%，大幅提升广播电视覆盖服务能力。

（三）文化服务供给不断丰富多样

毕节试验区深入推进图书馆总分馆制，农家书屋图书被纳入统一检索借阅平台，试验区图书馆率先在全国联合研发和使用全业务管理系统，全试验区图书馆总藏书量达 591.62 万册，人均藏书量从 2016 年创建国家公共文化服务体系示范区时的 0.45 册提高到 2020 年的 0.89 册，年人均到馆次数从 2016 年的 0.38 次提高到 2020 年的 0.66 次，每册图书年流通率从 0.51 次提高到 0.72 次，均位于西部前列。着力打造乌蒙文化艺术节、"我的中国梦·文化惠民进万家"等市级品牌服务项目，围绕打赢脱贫攻坚战主题，组织创作脱贫攻坚文艺作品 100 余件。举办"变迁"——毕节试验区脱贫攻坚摄影作品展，面向社会征集作品 400 余幅，评选展出优秀作品 100 幅，用镜头聚焦脱贫攻坚主战场，多方面、多角度展示毕节试验区在脱贫攻坚工作中取得的丰硕成果。实施"四送七进"文化惠民行动，送展览、送演出、送电影、送图书进机关、进学校、进农村、进社区、进军营、进园区、进监区，累计演出 500 余场，惠及群众达 100 余万人，为按时打赢脱贫攻坚战、全面建成小康社会提供精神动力和文化支撑。

（四）文艺作品创作生产更具特色

毕节试验区在"十三五"期间，连续举办四届乌蒙文化艺术节，创排 235 个节目，推出 1093 件作品。按照"储备一批、创作一批、规划一批"的思路,通过组织创作、定向约稿、委托创作、社会征集等多种方式收集文艺作品 2000 余件,从中评选出近 100 个优秀作品在毕节试验区推广。大型彝族古剧《撮泰吉》、民族歌舞剧《夜郎》、舞剧《林青的远方》《坪上花开》等一批优秀节目脱颖而出,发现、培养了一批优秀舞蹈和声乐人才。创作编排《扶贫趣事》《我和我的祖国》《扶贫政策是个宝》等 20 余个小品、歌舞、快板节目。用足用好乌蒙文化节·文化艺术系列大赛成果,组织大赛优秀节目走进易地扶贫搬迁安置点,走进乡村,受到基层群众普遍欢迎。受中央广播电视总台邀请,组织乌蒙演艺集团排演彝族《铃铛舞》节目参加中国器乐电视大赛的展演录制,并在音乐频道播出。毕节民族音乐舞蹈诗《夜郎》在广州市友谊剧院精彩上演,广州市大型武侠杂技剧《笑傲江湖》在毕节大剧院隆重登场,"走出去·请进来"文化交流对话更加频繁。乌蒙演艺集团打造的《神奇乌蒙·花海毕节》专场节目组赴青岛参加"第 30 届青岛国际啤酒节"驻场演出 22 天,为毕节试验区文化旅游宣传造势,反响良好。

(五)文化遗产保护利用更加有力

毕节试验区成立文物工作领导小组,落实各级政府文物安全主体责任、文物部门监管责任和文物管理使用单位直接责任,县级领导干部带头包保文物安全。组织开展全国第三次文物普查,共普查登录文物点 1500 处,重点革命遗址 116 处,收录各主城区范围的历史建筑共 84 处,县级以上文物保护单位增至 416 处(其中国保单位 8 处、省级文保单位 52 处,市级文保单位 30 处,县级文保单位 326 处);不断夯实非物质文化遗产传承基础,共登录非物质文化遗产项目名录 1000 余处,县级以上名录增至 464 处(其中国家级 7 处、省级 65 处、市级 60 处、县级 332 处)。完成鸡鸣三省会议会址陈列布展工程,启动黔西大关盐号革命文物陈列展览工程、金沙钱壮飞烈士展示景区扩建及陈列展览扩展工程；打造黔西鸭池河红军线路、纳雍梯子岩战斗线路、金沙红军南渡乌江渡口步道3条长征历史文化步道，将其列入贵州省示范线路并对外开放。加快推进毕节试验区博物馆国家二级馆创建，博物馆《人类起源乌蒙史话》入选国家文物局"弘扬优秀传统文化、培养社会主义核心价值观"主题展览推介项目。

二 毕节试验区加快文化产业发展的举措与成效

（一）纵深推进改革，激发文化旅游发展活力

一是机构改革顺利完成。"十三五"期间，毕节试验区快速推进文化旅游机构合并，原旅游发展委员会、文化广电新闻出版局进行合并，组建市文化广电旅游局，及时拟订方案，机关中层干部和工作人员及时到位，确保机构在改革期间平稳过渡，工作无缝衔接。完成毕节乌蒙演艺集团有限责任公司改革重组，健全法人治理结构，顺应文化旅游融合趋势，优化拓展业务经营范围，妥善解决重组前的遗留问题，为培育现代文化企业奠定基础。整合调整部分直属单位工作职能，组建市文化艺术服务中心、公共文化和旅游发展服务中心，进一步激发了文化旅游发展活力。

二是加快推进市场综合执法改革。探索建立旅游法庭、旅游警察和旅游工商（市场监管）分局。织金洞和百里杜鹃是第一批设立巡回法庭的景区，百里杜鹃成立旅游工商（市场监管）分局，市公安局治安支队加挂旅游警察支队牌子，毕节试验区"1+3"旅游综合监管工作机制正逐步完善。制定《关于进一步深化文化旅游市场综合行政执法改革的实施意见》，在原文化、旅游执法队伍基础上，组建市文化市场综合行政执法支队，同步指导推进县（区）文化旅游执法队伍改革。

三是深化供给侧结构性改革。出台《毕节市人民政府关于推进旅游业供给侧结构性改革的实施意见》等"1+4"文件。全力推进乡村旅游改革发展，完成专题改革任务，出台《关于加快乡村旅游发展的实施意见》及配套的《毕节市乡村旅游规范服务水平实施方案》《毕节市民宿建设工作方案》，这些政策方案精准细化、可操作性强，有力地促进了文化旅游业供给侧结构性改革，从而助推毕节试验区文化旅游业转型升级、提质增效。

（二）加快推进长征国家文化公园（毕节段）项目建设

毕节试验区聚焦红色旅游，积极谋划将 43 个项目纳入长征国家文化公园贵州重点建设区规划，按照"点—园—带"逐步推进建设，第一期建设项目基本完工 3 个、启动实施 8 个。中央红军长征路线和红二、六军团长征路线入选"贵州省红色旅游 10 条精品线路"，大关红军抢占鸭池河天险步道和红九军团梯子岩战斗遗址入选"贵州省 10 条最美红军线路"，纳雍县枪杆岩村、黔西县丘林村入选"贵州省首批 10 个最美红军村落"。鸡鸣三省景区、大关盐号景区、枪杆岩景区成为长征国家文化公园毕节段亮丽名片，红色文化旅游资源优势逐步向红色文化旅游经济发展优势转变。

（三）文化旅游扶贫带动能力不断增强

在巩固拓展脱贫攻坚成果与实施乡村振兴战略有效衔接过渡期，毕节试验区着力志智双扶。一是积极开展文艺下基层、进社区、进学校等活动，强化易地扶贫搬迁点综合文化服务站建设，实现易地扶贫搬迁点文化综合服务站全覆盖。二是实施文化人才支持计划，将文化岗位扶贫纳入"10+N 个一批"就业扶贫，鼓励和支持基层文化工作者和村级文化管理员利用新时代农民（市民）讲习所开展文化讲习，赋予文化扶贫新内涵，进一步激发基层群众脱贫攻坚内生动力。三是紧抓东西部扶贫协作机遇，借助广州市对口帮扶契机，通过"走出去、请进来"开展惠民演出，进一步加强广州、毕节两地文化对话，促进毕节试验区文化旅游加速发展。例如，在广州市妇联的牵线搭桥下，广州电商企业唯品会与织金县签订1000万元年度生产订单，通过订单刺激、技能支撑等方式，使织金县蜡染、刺绣产业活跃起来，公司、合作社迅速增加到70余家，家庭手工作坊超过100家，带动3000余名绣娘创业就业，充分展现东西部扶贫协作成效，有力激发文化扶贫的内生动力。

（四）文化旅游融合业态更加多元

一是着力开发"红色文化＋旅游"系列产品，以长征国家文化公园贵州重点建设区毕节段相关项目建设为抓手，精心打造一批集红色文化追忆、爱国主义教育、城市休闲体验等功能为一体的黔西北红军文化主题街区、红色文化教育基地，将毕节试验区建设成为极富黔西北特色的红色文化生态旅游胜地。

二是着力开发"特色文化"系列旅游产品。加强对撮泰吉、滚山珠民族文化产品的策划包装、品牌打造和市场推介，培育一批精品文化旅游产品。推动实施大屯土司庄园、赫章可乐遗址、织金古建筑群等一批文化旅游项目，促进毕节试验区文化旅游走特色化、内涵式发展之路。

三是着力加强"非遗文化＋直播"。这不仅是创新传承发展非遗文化的有效途径，也是推动文化扶贫的一种全新模式。引进广州企业欢聚集团，帮助织金县建立"非遗＋直播"平台，通过电商直播，培训绣娘560人，其中10名绣娘已开通直播，蜡染、刺绣产品销售实现了翻番，有效提升了苗族文化元素的文化价值和经济价值。通过直播形式传播非遗文化，让更多的蜡染、刺绣产品能通过互联网走入千家万户，用真实的内容场景展现非遗产品，让广大公众对非遗文化产生更深的情感，多维度了解非遗文化价值，这样能较好地拓展民族文化空间，推动非遗产业商业化发展进程，对于传承民族文化起到良好的促进作用。

三 毕节试验区文化建设高质量发展形势分析

文化建设高质量发展是满足毕节试验区人民对美好生活向往的重要途径，是推动优秀文化保护、传承及开发利用的重要载体，也是增强毕节试验区软实力的重要举措，更是实现乡村振兴的重要支撑。党的十九大明确提出，"中国特色社会主义进入新时代，我国社会主要矛盾已经转化为人民日益增长的美好生活需要和不平衡不充分的发展之间的矛盾"。为回应人民群众对美好生活的向往，文化事业建设是不可或缺的重要内容，而文化产业也是国民经济社会的重要组成部分。

一是奠定坚实基础，开局良好。"十三五"以来，毕节试验区深入学习贯彻习近平总书记系列重要讲话和对毕节试验区做出的"努力建设贯彻新发展理念示范区"的重要指示批示精神，全面落实中央、省委支持毕节试验区发展的战略部署和政策支持。遵循文化建设发展规律，紧密依托试验区丰富的历史文化、民族文化、红色文化资源和得天独厚的山地康养旅游资源优势，毕节试验区各级党委、政府大力加强公共文化服务建设，逐步缩小城乡公共文化服务差距，不断推进公共文化基础设施和服务体系进一步完善。同时，大力推进文化产业发展，文化产业规模逐步扩大、市场主体继续增加，投融资多元格局初步形成，品牌打造运营初见成效，为文化建设高质量发展打下坚实基础。

二是国家战略新征程、新发展。"十四五"时期是开启全面建设社会主义现代化国家新征程、向第二个百年奋斗目标进军的第一个五年，是推动文化事业和文化旅游产业发展的关键时期，是文化产业和旅游产业融合发展的攻坚克难期。我国发展环境面临深刻复杂变化，但仍然处于重要战略机遇期，已转向高质量发展阶段，经济稳中向好、长期向好的基本趋势没有改变。中央构建以国内大循环为主体、国际国内双循环相互促进的新发展格局，推进新时代西部大开发形成新格局，国家实施乡村振兴战略，新一轮科技革命和产业变革加速推进。党的十九届五中全会确立了建成文化强国的具体时间表，强调要健全现代文化产业体系，繁荣发展文化事业和文化产业，提高国家文化软实力。

三是政策、区位优势。习近平总书记对毕节试验区工作的重要指示批示精神为试验区文化建设高质量发展提供了根本遵循。统一战线继续支持试验区改革发展，为试验区文化建设高质量发展提供了有利条件。毕节试验区是国家确立的"藏羌彝文化产业走廊"核心区域，是国家旅游重点帮扶地区，是贵州省文化和旅游重点扶持地区，在产业布局、项目审批、投资安排、人才保障等方面将获得叠加的政策支持。同时，毕节处于贵州金三角地区，连接云南、四川、重庆三省（市），是西南地区相互交流的重要纽带，可融入成渝、滇中、黔中经济圈，是珠三角连接西南地区、长三角连接东盟地区的重要通道，综合立体交通网络基本形成，区位优势明显，具有由世界级山地生态、极佳的本底环境、多元化生态产业以及以古彝文化为代表的多元文化共同构成的绝佳自然人文旅游资源。

但也要看到毕节试验区文化建设高质量发展面临着诸多挑战，主要表现为公共文化服务效能有待提升、文艺精品力作不足、文化遗产保护与旅游开发协调性不足、文化旅游融合的深度和广度有待加强，文化产业在增加全市经济总量、巩固拓展脱贫成果和推进乡村振兴方面还具有较大的提升空间。

四　毕节试验区文化建设高质量发展面临的难题

（一）公共文化服务效能仍有待提升

一是基层文化设施利用率不高，部分乡镇文化站、村文化服务中心设备老化，开放运转较难，并且仍存在文化设施被占用现象，部分文化设施"重建轻管"。二是公共文化服务存在供需不匹配问题，基层文化基础设施建设地方投入不足，从而导致公共文化服务资源配置不均衡。同时，也存在资源浪费、供需错位的问题，如村级书屋藏书丰富，但针对性不强、开放不规律，广场舞也是村民日常的活动，但活动场地少且缺乏设备。基层公共服务水平和服务效能还有待进一步提升。

（二）文化艺术精品创作力有待加强

以群众文化需求为导向的公共文化服务多元供给机制还有待进一步完善，反映群众喜闻乐见、满足群众精神需求并能起到积极引领作用的文艺原创作品不多，或影响力还不够。具有代表性的地域特征显著的文艺精品力作较少，与满足人民群众对美好生活追求的需求还存在差距。

（三）文化遗产合理开发利用还不够

文物利用与旅游产业发展结合还需进一步探索，文物挖掘、管理人才仍然匮乏。文物保护单位经济价值发挥不足，文物保护与合理开发利用不足。非遗展示平台和保护性基础设施建设亟待提升，还需进一步提高文化遗产挖掘传承水平。

（四）文化产业发展整体仍然较弱

从 2020 年贵州省规模以上文化企业主要指标情况看，毕节试验区规模以上文化企业法人单位有 50 个，占贵州省规模以上文化企业法人单位的 9.3%，同比下降 37.5%；从业人员占 5.4%，同比下降 32.4%。毕节是规模以上文化企业法人单位数和从业人员数同比下降最多的市。毕节试验区规模以上文化企业营业收入仅占贵州省规模以上文化企业营业收入的 3.5%，同比下降 30.4%，这既受新冠肺炎疫情冲击的影响，也存在文化企业自身发展动力不足的原因。

（五）文化旅游融合的深度与广度还不足

旅游景区景点文化旅游产品不仅供给总量、种类不足，而且商品同质化严重，千篇一律。文化旅游融合的深度与广度还明显不足，多数景区景点的文化与旅游只是在表层融合，未触及文化与旅游内核层面的融合，主要还是观光旅游。而以文化内容为主要载体的旅游景区，体验活动和产品供给又开发运用不够，导致文化旅游产业链条短，市场竞争力不强。同时，文化旅游深度融合还存在相关配套服务设施不够完善、服务水平有待提升、文化旅游品牌影响力不强、文化旅游商品开发可持续发展能力不足、附加值不高等难题有待破解，离文化旅游"以文促旅、以旅彰文"的要求还有一定距离。

毕节试验区文化产业发展具备诸多机遇和挑战，也出现了新的发展变化。面对新阶段、新理念、新格局，必须充分把握文化事业和文化产业发展规律，进一步坚定文化自信、增强文化自觉，以高质量发展大力推进文化旅游深度融合，不断满足人民群众对美好生活的向往。

五 推进毕节试验区文化建设高质量
发展的对策建议

推进毕节试验区文化建设高质量发展，继续坚持物质文明和精神文明两手抓：实施"文化+"战略，持续完善公共文化服务体系，提升人民群众获得感、幸福感；强化文化艺术精品培育，提升优质文化产品有效供给；加强文化遗产保护利用，提升创造性转化和创新发展能力；培育壮大市场主体，推动文化产业快速发展；强化"文化+"产业融合，促进文化产业高质量发展。

（一）持续完善公共文化服务体系，提升人民群众获得感、幸福感

一是提升公共文化配套设施效能。围绕公共文化服务高质量发展要求，开展县、镇、村各级公共文化配套设施利用情况大调研，摸清家底，排查闲置资产或设备以及维护情况。及时制定预案，提升公共文化配套设施使用效能。

二是持续完善公共服务硬件设施，加强基层文化场馆管理维护，着力提升文化场地配套服务水平，加强硬件设施配备，不断增强流动服务和远程服务的能力和水平。持续加强易地扶贫搬迁安置点的公共文化服务体系建设，保护和传承搬迁群众的优秀传统文化，完善安置点特色民族文化设施，丰富文化生活。

三是加快文化旅游公共资源共享融合发展，推进景区景点文化驿站建设，在具备条件的文化场馆设置旅游咨询服务窗口。建立群众文化服务需求反馈机制，及时精准了解和掌握群众文化需求，针对实际需求和变化，灵活开展"菜单式""订单式"服务。

（二）强化文化艺术精品培育，提升优质文化产品有效供给

加强文艺精品剧目、节目打造，以现实题材为抓手，围绕毕节试验区乡村振兴、生态建设、多民族团结等主题，推出一批能凝聚人心、鼓舞斗志、聚集能量，彰显毕节试验区风采的精品力作。着力挖掘毕节试验区特色文化并创造性转化，打造外向型的具有显著区域特色的演艺佳品，并走向全国和国际舞台。将文化之魂注入旅游业，形成以文促旅的格局，着力开发打造毕节试验区文化演艺经典剧场和剧目。

（三）加强文化遗产保护利用，提升创造性转化和创新发展能力

加快编制文物保护修缮和"安防"方案，加强对毕节试验区文物保护单位的修缮和保护。加快推进非物质文化遗产保护名录项目升级保护，强力推进非物质文化遗产扶贫工坊建设。逐步健全传承人保护机制，加强非物质文化遗产传承人群建设，整合资源有力推进非物质文化遗产保护利用传承，尤其加强对传承人的帮扶，改善传承人的发展环境。推进文物"四有"工作全覆盖，确保具备条件的革命遗址均完成"四有"工作。建立市非物质文化遗产保护利用协会，为保护利用提供组织保障。以长征国家文化公园（毕节段）项目建设为主要抓手，全力推动红色文化建设，高质量保护开发红色遗址，建设爱国主义教育基地，打造"红色毕节"整体品牌。推进大关盐号、川滇黔省革命委员会旧址、红六军团政治部旧址、周素园旧居、林青故居修缮维护和周边环境整治。

（四）培育壮大市场主体，推动文化产业快速发展

一是以改促转。进一步深化文化体制改革，创新文化产业管理

体制，着力推动扩大文化市场有序开放。深化文化市场"放管服"，鼓励民间资本兴办文化企业，加快国有经营性文化机构转企改制，主动探索生产和提供多层次、适销对路的优质文化产品和服务。

二是构建现代文化产业体系。加快健全现代文化产业体系是深化文化体制改革、推动文化产业高质量发展的基础性保障。注重文化内容生产的"文化产业动力"建设，用好文化生产载体的文化传播渠道，全面优化配置做好文化生产服务，以文化装备制造和文化消费终端制造为抓手，推动文化产业体系向更广泛的领域、更丰富的类目和更强的关联性方向发展，要着力构建结构优化、产业链条长、科技含量高、具有创意、市场竞争力强的现代文化产业体系。加快构建现代文化产业市场体系，要优化文化产业和市场布局，做强文化产业核心区，做大文化产业支撑区，培育发展文化产业新兴增长极。通过公共服务与产业发展的有机结合，项目带动与战略推动的有机结合，进一步培育特色优势文化品牌，拓展文化消费市场和优化市场环境，形成区域优势，树立整体形象，推动各类文化市场主体发展壮大，培育多元化的新型文化业态和文化消费模式。

三是完善政策支持。需要有效建立推动文化产业发展、培育市场、实现转化的公共服务平台，完善政策支撑体系，进一步加大对新创中小企业、民营企业的支持力度，确保政策支持集中在减轻企业负担和转制成本上，以健全的协调机制推动文化产业广泛形成生产力、强化竞争力、提升创意力。

四是以展促展，展招结合。要以务求实效的目标，在产业招商、项目签约上进一步做文章。充分利用博览会云集一大批国内外重要客商、投资机构参会参展的契机，精心策划开展专题招推介等系列活动，着力提高针对性和精准度，对接好重要客商和投资机构，既提高

毕节试验区文旅资源和产业的影响力，更能招引一批优强企业、优质项目、优秀团队来毕节合作、共谋发展。

（五）强化"文化+"产业融合，促进文化产业高质量发展

一是文化旅游融合发展是根本。在文化产业加速推进中，进一步凸显产业融合发展的特点，在牢牢坚持以文化旅游融合为根本的前提下，从毕节试验区实际出发，以乡村振兴、大数据、大生态"三大战略"构建的发展格局为文化产业发展提供了广阔空间。积极谋划推出体旅、工旅、交旅、农旅、桥旅等一批具有毕节试验区特色和优势的融合产品，助推试验区旅游产业化与新型工业化、新型城镇化、农业现代化深度融合、协同发展。

二是"文化+科技"拓宽新业态空间。注重文化与科技融合，发挥文化大数据体系建设功能，大力推进线上线下互动，增强体验感，提升传播度。以技术创新、内容创意为主导的发展理念全面渗透，全面催生新的文化业态。以"文化+"融合大数据、人工智能等新兴技术手段的发展形式越发成为热点。需要进一步夯实融合发展基础，加强文化产业内容涵养和配套服务能力，给文化产业插上科技的翅膀，加快推动文化产业数字化发展，拓展文化产业发展空间，着力发展文化产业新业态。

三是"立体式"融合发展。以文化产业为主体跨界融合发展，在理念、内容、形式等不同层次植入文化元素。在毕节试验区建设"贯彻新发展理念示范区"的关键时期，紧密围绕一二三产，聚焦各产业深度融合，强化协同效益，以全产业链发展思维推进文化与其他领域的深度融合。尤其是要推动文化与其他产业、区域、群体开展"立体式"融合，有效激发文化产业新活力，更好地满足人民群众对美好生活的新期待。

参考文献

《中共中央关于深化文化体制改革　推动社会主义文化大发展大繁荣若干重大问题的决定（2011 年 10 月 18 日中国共产党第十七届中央委员会第六次全体会议通过）》，《求是》2011 年第 21 期。

吴理财、解胜利：《文化治理视角下的乡村文化振兴：价值耦合与体系建构》，《华中农业大学学报》（社会科学版）2019 年第 1 期。

闫平：《服务型政府的公共性特征与公共文化服务体系建设》，《理论学刊》2008 年第 12 期。

吕宾：《乡村振兴视域下乡村文化重塑的必要性、困境与路径》，《求实》2019 年第 2 期。

毕节市文化广电旅游局工作总结以及相关规划。

（致谢：本文基础材料由毕节试验区有关单位提供。）

B.12
海雀现场教学基地"三景促三提"走出发展新路

陆有斌 马吉 周建华 王天军*

摘 要： 海雀村是毕节试验区的发祥地，村党支部原书记文朝荣彰显出"艰苦奋斗、无私奉献、愚公移山、改变面貌"的精神，被中组部追授为全国优秀共产党员，被中宣部授予"时代楷模"称号。赫章县以全景式、场景式、聚景式方式，全力打造贵州省委党校、毕节市委党校海雀现场教学基地，让干群精神提振、百姓收入提高、乡村振兴提速。

关键词： 文朝荣 教学基地 教育培训 海雀村

曾经"苦甲天下"的赫章县海雀村是毕节试验区的发祥地，经过30多年的发展，如今已是"林茂粮丰"的"人类反贫困的典型"。老支书文朝荣几十年如一日战风沙、斗贫困，彰显"艰苦奋斗、无私奉献、愚公移山、改变面貌"的精神，被中组部追授为全国优秀共产党员，被中宣部授予"时代楷模"称号。赫章县认真贯彻习近平总书记的重要指示精神，用好红色资源，讲好红色故事，搞好红色

---

* 陆有斌，毕节市委副秘书长、市委政策研究室主任；马吉，毕节市委党校党委书记、副校长；周建华，贵州工程应用技术学院毕节试验区研究院院长、民盟毕节市委副主委；王天军，赫章县委办副主任。

教育，让红色基因代代相传①，充分利用"海雀巨变""文朝荣精神"等在党领导下形成的"红色资源"，以全景式、场景式、聚景式方式，全力打造海雀现场教学基地，开展党性教育。自 2020 年 5 月正式对外承接班次以来，赫章县以基地连群众的方式，累计承接班次 152 期，培训学员 6408 人次，让干群精神提振、百姓收入提高、乡村振兴提速。

一　主要做法

（一）"全景式"鲜活基地主题

1. 复原一个"寨子"

以历史资料和故事传承为依据，按照从权权房、茅草房、土墙房、石墙房到如今灰瓦白墙的黔西北民居的时代印记，建设"海雀记忆"复原区，立体式复原了"五代房"的寨子风貌，全景式展现出海雀村在试验区建立前后的山乡巨变，让参训学员和前来参观的干部群众身临其境感受海雀村的发展变迁，打造乡村旅游与教学基地融合发展的文旅综合体。2021 年春节前后，有近万人次的群众从云南、四川以及贵州省内其他城市前往"复原区"参观。

2. 修建一批"馆子"

以展现文朝荣精神为主题，建成占地面积 1200 平方米的文朝荣精神展览馆，分初心馆、生态馆、小康馆进行布展，搜集整理不同时期的领导批示、实景图片、报刊文字、文朝荣同志生前留下的工作记

---

① 《理论学习 | 用好红色资源，以思政课砥砺家国情怀》，新湖南客户端（2022 年 3 月 31 日），https：//baijiahao.baidu.com/s？id = 1728782604801711502 &wfr = spider&for = pc，最后检索时间：2022 年 7 月 3 日。

录和生产生活用品，从不同层面呈现海雀村惊天动地的贫困、战天斗地的精神、翻天覆地的变化。开馆以来，已接待观众 2.12 万人次，其中接待中央、省有关单位领导专家 1814 人次。

3. 拍播一组"片子"

邀请有关部门摄制电影《文朝荣》，推出《海雀的脚步》《我的老支书文朝荣》《文朝荣：每一件事都想着百姓》《文朝荣在荒山上开出绿色银行》等一系列微电影和专题片，用镜头讲述海雀村由贫到富的点点滴滴。同时，以视频播放、书面解说、实地参观等形式宣传文朝荣精神，让党员干部深刻体悟文朝荣坚定不移的信念和矢志不渝的初心。目前，微电影和专题片已在教学中播放近 3300 场次，播放量达 20 余万次；电影《文朝荣》已在全国各大院线上映，网上点播量 3 万余次。

（二）"场景式"开展基地教学

1. 山间作课堂

当年村支书文朝荣组织带领群众种树 1.37 万亩，将"和尚坡"变为"林海"，使森林覆盖率从 1985 年的不足 5% 上升至 2021 年的77.21%。基地依托于此，开发建设文朝荣故居、幸运树、生命树、发祥树、枯井、二月花、纪念林、丰收林、巡山路、希望台、风雨廊、生命泉、瞭望塔、守望台、怀望台 15 个室外教学点，辅以相关感人至深的故事，让文朝荣老支书的奋斗足迹、海雀村的发展轨迹更加可感可触。

2. 群众为教员

选取文朝荣亲属，以及与文朝荣、安美珍、刘子富等海雀村"关键人物"接触较多的 20 多名村民为教员，通过访谈、上讲堂等形式，讲文朝荣为建学校卖耕牛、把留给女儿"坐月子"用的鸡蛋煮给种树的群众吃等故事。目前，已讲课 680 余次，其中，村民罗招文作为访谈教员,为学员授课 59 场。组织 20 余名上至 70 岁老翁、下至 10 岁学生自排自演舞台情景剧《我要演"文朝荣"》,场场爆满。

3.学员当村民

邀请专家、演员、学员和当地群众编排话剧《文朝荣》、有声小说演播《临终前的嘱托》、短剧《梦回海雀》等情景教学节目,每个班次抽取 24 名学员参加排练和演出,深切体会"主人公"当时的喜怒哀乐、急难愁盼。同时,开发了体验式民宿,让学员吃住在农家、体验在村舍,不但访贫问苦,还真正转换身份做了回"村民"。

(三)"聚景式"共推基地发展

1."两个专班"发力

组建课程开发提升专班、基础设施建设工作专班,整合市、县教师资源和部门力量,集中开发了《文朝荣工作方法及实践》《我的父亲文朝荣》《初心铸魂、使命筑梦》等 20 多门特色教学课程,统筹推进室外教学点、教学基础设施、通组路和连户路硬化、人居环境微家园综合整治等项目建设。

2."三个主体"加力

组建县属国有性质的贵州海绿雀鸣生态文化有限公司、赫章县海雀现场教学基地服务中心、海雀村党支部领办的村集体合作社,参与基地的管理运营。公司具体负责基地后勤运营管理;基地服务中心负责日常教育教学培训管理等工作,设编制 17 名、工作部门 5 个,聘用专职教师 20 名、兼职教师 9 名;村集体合作社组织全村房屋、土地等可利用资源及人力资源入股公司参与收益分成。目前,仅改建民宿让学员"住在农家"一项,入股群众分红 42 万余元、村集体分红 20 万余元。

3. "四个外援"助力

把对口帮扶城市、社会企业、县直部门、村"两委"作为有力外援，借势用力、助推发展。与对口帮扶赫章县的广州市番禺区委组织部建立培训联盟，承接番禺区党员干部到基地开展培训，已培训广州市党员干部100余人次。通过广州番禺区的帮助，引入奥园集团，投资70万元打造番禺奥园——海雀结对共建党群企服务中心，以公司订单、电商等方式销售农副产品，奥园集团每年采购当地农副产品不低于50万元。整合县交通、住建、发改、林业、人社等部门建设资金1.62亿元，全力推进道路改扩建、民宿改造、村庄环境整治等项目建设。通过村"两委"开展自治、德治、法治相融合的基层治理体系建设，为基地营造良好的发展环境。

二 主要成效

（一）干群精神提振了

在基地开班期间，村党支部定期不定期地组织村民到基地政治生活馆感受、接受教育，重温文朝荣老支书带领全村人民战天斗地的艰辛历程，让群众的思想得到深刻洗礼，进一步激发群众干事创业、发展致富的精气神①。目前，基地共培训学员6408人次、本地村民600余人次，接待中央、省、市各级党政领导干部和专家学者1814名，其他群众5万人次。在群众讲、干部演、现场看中，学员思想得到洗礼、心灵得到净化。学员汪地强观看"海雀记忆"复原区后感慨地

---

① 《海雀村"联姻基地"实现"党性教育+脱贫攻坚"双赢》，"天眼新闻"贵州日报当代融媒体集团官方网站（2020年8月27日），https：//baijiahao. baidu.com/s？id＝1676189153095685655&wfr＝spider&for＝pc，最后检索时间：2022年7月3日。

说："海雀村的变化，一再证实了中国共产党的伟大……海雀之行深受震撼、深受教育，是一次收获之行。"[1]

（二）百姓收入提高了

基地在建设和运营中，采取"基地+合作社+公司+农户"的运营模式，盘活全村房屋、土地等可利用资源，将其纳入村集体合作社，作为集体股入股到贵州海绿雀鸣生态文化有限公司，由公司负责民宿开发、建造、经营，群众负责日常管理，将纯收益的5%分红给村集体合作社，再根据民宿主接待量组织分红。同时，通过发展农家特色餐饮服务产业、建设村集体农特产品超市、吸纳当地群众务工等方式，促进农户增收[2]。目前，全村有近80户群众为基地提供农特产品，销售产值超30万元；有10多户村民自建小卖部创收；有18户群众参与办民宿，合计年收入超过20万元。村民王忠芳夫妇以前在外打工，钱没赚多少，还丢下孩子在家无人照看，现在回来开民宿，每月至少有两三千元收入，日子过得很舒心。据统计，目前通过基地链接，海雀村村民已增收110万元、村级集体经济增收近50万元。

（三）乡村振兴提速了

基地的建立，有效促进了海雀村产业、人才、文化、生态、组织向好发展，全村种植中药材250亩、食用菌60万棒，启用村内16名群众参与教学设计和课程开发、引进村外8名优秀人才参与发展、引

---

① 《省委党校第65期中青班到毕节"绝壁天渠"、海雀村文朝荣党性教育基地接受党性教育》，澎湃新闻（2020年9月28日），https：//www. thepaper. cn/ newsDetail_ forward_ 9383743，最后检索时间：2022年7月3日。

② 《海雀村"联姻基地"实现"党性教育+脱贫攻坚"双赢》，"天眼新闻"贵州日报当代融媒体集团官方网站（2020年8月27日），https：//baijiahao. baidu. com/s？id=1676189153095685655&wfr=spider&for=pc，最后检索时间：2022年7月3日。

导务工人员返乡就业创业人数逐年增加、苗族非物质文化遗产"大迁徙舞"演出连获好评、群众自编自演文艺节目积极性高涨；海雀村党组织先后获得全县、全省、全国的表彰奖励；1.37万亩林海实现"零火灾""零盗伐"，实现林业经济价值8000万元以上。2022年4月，贵州省第二张碳票在海雀发行①，海雀村利用林业碳汇资源，真正让"碳票"变"钞票"，让"青山"变"金山"，海雀村走向振兴的步伐正在加快。

---

① 《贵州省第二张林业碳票落地海雀村》，http：//www.bjsyq.cn/article/202204/14677.htm，最后检索时间：2022年7月3日。

B.13
各民族交流交往交融的毕节实践

曾 亮 邓小海*

摘 要: "十三五"时期特别是党的十九大以来，毕节试验区通过不断完善民族工作体制机制、各方齐力脱贫攻坚、精心构筑民族共有精神家园、大力提升治理能力现代化效能等主要做法，创造了脱贫攻坚"毕节奇迹"，实现了经济增长"毕节速度"，形成了民族文化"毕节特色"，打造了社会和谐"毕节样板"，形成了民族团结"毕节示范"。毕节的实践证明，始终坚持党的全面领导，是各民族广泛交往、全面交流、深度交融的重要保证；高质量打赢脱贫攻坚战，是各民族得以广泛交往、全面交流、深度交融的关键支撑；尊重民族文化多样性，是各民族广泛交往、全面交流、深度交融的重要方法；坚持依法治理民族事务，推进民族事务治理体系和治理能力现代化，是各民族广泛交往、全面交流、深度交融的重要保障。即便民族工作成效显著，但毕节试验区与全国和贵州省整体发展水平相比，仍存在一定差距，民族事业发展还面临一些亟待解决的困难和短板。"十四五"时期毕节试验区的民族工作可在完善民族工作领域政策法规体系、创造性转化民族文化、加快构建相互嵌入式的社会结构和社区环境等方面下功夫，

---

* 曾亮，贵州省社会科学院《贵州社会科学》编辑部副研究员，主要研究方向为民族文化；邓小海，贵州省社会科学院农村发展研究所研究员，主要研究方向为乡村旅游、旅游经济管理、乡村振兴。

助推各民族交往交流交融进入新层面。

关键词： 民族交往交流交融　毕节样板　毕节试验区

毕节试验区地处贵州省西北部、川滇黔三省交界处，民族众多，文化多样。辖 8 个县（自治县、市、区）和 2 个正县级管委会，279 个乡（镇、街道），3716 个村（居），居住着汉、彝、苗、回等 46 个民族。截至 2021 年 12 月，全区"户籍人口总数 954.85 万人，其中少数民族人口 203 万人，占 21.25%"。① "十三五"时期，特别是党的十九大以来，毕节试验区始终全面贯彻习近平总书记关于加强和改进民族工作的重要思想，深入落实中央民族工作会议精神和贵州省委民族工作会议精神，充分运用铸牢中华民族共同体意识这一马克思主义理论中国化最新成果，在党中央、国务院和贵州省委、省政府的大力支持下，统筹协调各方资源和力量，脱贫攻坚战取得全面胜利，全面建成小康社会如期实现，民族文化不断弘扬，各民族交往交流交融更加深入。

一　主要做法

"十三五"时期，毕节试验区将铸牢中华民族共同体意识这一主线有机贯穿于脱贫攻坚和地区经济社会文化发展的各项工作中，经过多年的努力，毕节经济社会发展成效显著，经济文化日益繁荣，毕节各民族广泛交往、全面交流、深度交融，共同团结进步、共同繁荣发

---

① 《毕节市概况》，毕节市人民政府网站，https：//www.bijie.gov.cn/hhbj/sq/bjjj/202205/t20220511_ 74910172.html，最后检索时间：2022 年 7 月 5 日。

展,"休戚与共、荣辱与共、生死与共、命运与共的共同体理念"日益深入人心。

(一)不断完善民族工作体制机制

毕节试验区高度重视民族工作,不断完善体制机制,形成了党委统一领导、政府依法管理、统战部门牵头协调、民族工作部门履职尽责、各部门通力合作、全社会共同参与的新时代党的民族工作新格局。

一是强化组织领导,高位推动民族工作的开展。建立市、县、乡、村四级书记抓民族工作责任制,将铸牢中华民族共同体意识工作纳入市委、市政府中心工作部署,纳入党委(党组)议事日程、巡视巡察、干部考核、财政预算等,切实落实各方面的政治责任;建立以市委常委、市委统战部部长任组长,市人大、市政府、市政协分管联系领导任副组长,市直相关部门负责人为成员的民族工作协调小组,完善了民族工作议事规则。2020年,印发《毕节市创建全国民族团结进步示范市活动实施方案》,积极开展创建全国民族团结进步示范市活动。二是进行科学规划,有效指导民族事业的发展。将民族工作纳入国民经济和社会发展第十三个五年规划纲要及各区(县、自治县)的国民经济和社会发展"十三五"规划,纳入脱贫攻坚和乡村振兴战略。结合地方工作实际,制定出台《毕节市"十三五"少数民族事业发展规划》,为毕节试验区的民族团结工作和铸牢中华民族共同体意识工作提供了制度保障。三是定期考核督查,落实落细民族工作。毕节试验区将民族工作纳入政治考察、党建工作成效考核、巡视巡察、政绩考核,纳入各级各部门年度绩效目标考核;将党的民族政策及相关法律法规落实情况纳入执法监督检查内容,定期开展党的民族政策执行情况监督检查;结合各区县及市直部门工作实际,完善考核指标,规范考核方式。

（二）各方齐力脱贫攻坚

作为全国集中连片的深度贫困地区，毕节试验区深入实施大扶贫战略行动，坚持以脱贫攻坚统揽全局，大力弘扬毕节试验区精神和"绝壁天渠"精神，扎实推进"113攻坚战"，撕掉千百年来的绝对贫困标签，如期打赢了脱贫攻坚战，决胜全面建成小康社会取得决定性胜利。

一是聚合帮扶资源，深化帮扶模式。多年来，社会各界帮扶资源向毕节试验区倾斜集聚，全国政协、各民主党派中央、全国工商联、广州市、深圳市、恒大集团等各方聚力帮扶毕节试验区，脱贫攻坚成效显著。如2016年广州市接棒深圳市对口帮扶毕节试验区，扶贫协作模式从以往单一的"输血"变为"输血"与"造血"并举。不断深化拓展"四+"模式，即"东部企业+贵州资源""东部市场+贵州产品""东部总部+贵州基地""东部研发+贵州制造"，总部在广东，基地在贵州，研发在广东，生产在贵州，实现粤黔协作共赢。二是激发各族群众动力，立足地方资源禀赋，大力发展特色产业。农村产业革命深入推进，12个农业特色优势产业不断提质增效，大方、纳雍、威宁被纳入全国"粮改饲"改革试点县。威宁自治县和各民族乡农业产业结构进一步调整优化，建成一批万亩级马铃薯、特色经果林、蔬菜、中药材、茶叶、皂角、刺梨种植基地和规模化牲畜、家禽、水产养殖基地。中垦薯业、广州江楠等一批优强知名龙头企业落户威宁等地，马铃薯等一批一二三产融合发展项目加快实施。威宁县农村产业融合发展示范园成为全区唯一入选首批国家农村产业融合发展示范园。构建"一县一业、一乡一特、一村一品"产业发展格局，威宁县麻乍镇双胞塘村（辣椒）、威宁县猴场镇格寨村（苹果）、大方县理化乡法乐村（辣椒）成功入选全国"一村一品"示范村镇。依托试验区能源优势，加快推进资源型产业转型升级。《毕节试验区新型能源化工基地规划》获国家能源局批复。在全省率先推行煤电运行长效机制。在威宁和部分民族乡布局建设一批风电、光伏发电等新能源基地，国家电投集团贵州金元威宁能源股份有限公司成为全省首家新能源上市公司。依托良好的资源禀赋，加快发展文化旅游、健康养生、电子商务等特色现代服务业。百里杜鹃成功创建为"国家全域旅游示范区"，新增 10 家国家 4A 级景区，成功承办第十四届贵州旅游产业发展大会。① 建设一批区域性康养基地，农村电子商务成为推进"黔货出山"的重要载体，建成威宁自治县、百里杜鹃管理区等一批县级电商产业园和阿里巴巴淘宝县级服务中心。扶持民贸民品企业发展取得明显成效，民贸民品企业达到 57 家。三是实施易地扶贫搬迁工程。加强党对扶贫工作的全面领导，统筹各方帮扶力量，始终贯彻"六个坚持"②，全力推进"五个体系"③ 建设，抓重点、补短板、强弱项，解决好搬迁群众上学、就医、就业等各类"头等大事"，统筹做好易地扶贫搬迁"后半篇文章"，让搬迁群众吃下"定心丸"，广大搬迁群众的获得感、幸福感、安全感不断提升，实现了从"一方水土养不起一方人"到"换一方水土富一方人"的华丽转身。

（三）精心构筑民族共有精神家园

毕节试验区高度重视中华民族共有精神家园建设，大力弘扬中华文化，积极开展爱国主义教育，广泛吸引、动员群众参与民族共有精

① 《2021 年毕节市人民政府工作报告》，毕节市人民政府网站，https：//www.bijie.gov.cn/zwgk/zfgzbg/202103/t20210305_ 74904079.html，最后检索时间：2022 年 7 月 5 日。

② "六个坚持"，即坚持省级统贷统还、坚持以自然村寨整体搬迁为主、坚持城镇化集中安置、坚持以县为单位集中建设、坚持让贫困户不因搬迁而负债、坚持以产定搬、以岗定搬。

③ "五个体系"，即易地扶贫搬迁基层党建、社区治理、文化服务、公共服务、培训就业。

神家园的建设，使各族群众在参与建设中增强价值认同，在认同中形成共同的归属感，使中华民族共同体意识不断深入人心，各民族交往交流交融的精神基础不断夯实。

一是延续村寨文脉，构筑中华民族共有精神家园。一方面，坚决实施国家的脱贫攻坚和乡村振兴战略，建设美丽乡村，充分挖掘各民族的优秀传统文化，发展高质量的文化产业，让各族群众共享发展成果；另一方面，通过建设"乡愁故园"、在易地扶贫搬迁社区设立乡愁展厅等多种形式，全心全意为人民服务，积极宣传党的民族政策，通过多方举措、多部门联动，使各民族增强对国家、中华民族、中华文化、中国共产党、中国特色社会主义的认同。二是积极开展爱国主义教育。一方面，以爱国主义教育示范基地为载体，强化理想信念教育，使爱国主义教育示范基地成为共产党人的精神殿堂、人民群众的精神家园、中华民族的精神高地；另一方面，聚焦重要时间节点，围绕重大庆祝纪念活动，持续开展爱国主义教育。三是坚持以社会主义核心价值观为引领，大力弘扬崇高的爱国主义精神、开拓创新的时代精神，休戚与共、荣辱与共、生死与共、命运与共的共同体理念不断深入人心。积极开展先进典型评选活动，宣传先进典型，区内民族团结进步模范、道德模范等各行业各领域先进典型不断涌现。

（四）大力提升治理能力现代化效能

毕节试验区不断健全制度机制，坚持全面依法治区，着力强化各民族交往交流交融的法治基础。

一是构建党委领导、政府负责、民主协商、社会协同、技术支撑、各民族共同参与的社会治理体系，坚持小事不出联户、大事不出网格、难事不出中心、矛盾不上交、服务不缺位、平安不出事，打造出一批"群众呼声有人听、矛盾有人调、信访有人接、诉求有人落实"具有地方特色的社会治理创新品牌，促使各族群众交往、交流、交融更加协调,社会治理更加规范,社会风尚更加文明,民族事务治理体系更加完善。二是坚持以人民为中心的理念,以提高各族群众安全感、满意度为目标,充分运用大数据、云计算等提升民族事务治理能力,将民族事务纳入共建共治共享的社会治理格局,推动"一中心一张网十联户"机制建设,"三抓三促"诉源治理,坚持"六防六化"工作方法,精准破解市域社会治理难题,强化矛盾纠纷源头化解,依法打击各类违法犯罪活动,全面提升基层治理能力和水平,不断探索形成具有时代特征、毕节特点的平安建设之路。三是大力加强平安毕节建设,构建协调配合、群策群力综合治理体系,逐步完善社会治安防控体系,有效破解社会治理难题,持续夯实社会治安综合治理根基。深入推进法治示范建设,推动"我为群众办实事"实践活动走实走深,切实解决人民群众最关心、最直接、最现实的问题。

二 主要成效

(一)创造了脱贫攻坚"毕节奇迹"

五年来,毕节试验区坚持以脱贫攻坚统揽经济社会发展全局,聚焦精准扶贫、精准脱贫,摘掉千百年来的绝对贫困标签,创造了令人惊叹的脱贫攻坚"毕节奇迹"。"减少贫困人口 130.16 万人,179 万建档立卡贫困人口全部脱贫,1981 个贫困村全部出列,7 个国家级贫困县全部摘帽"①,易地扶贫搬迁近 32.48 万人,包括民族地区在内的所有贫困县和贫困村全部脱贫摘帽,贫困发生率实现"动态清零"。

---

① 《2021 年毕节市人民政府工作报告》,毕节市人民政府网站,https://www.
bijie. gov. cn/zwgk/zfgzbg/202103/t20210305_ 74904079. html,最后检索时间:
2022 年 7 月 5 日。

（二）实现了经济增长"毕节速度"

"十三五"期间，毕节民族地区群众收入实现稳定快速增长。全区民族地区农村和城镇常住居民人均可支配收入分别由 2015 年的 6000 余元、23000 余元提高到 2020 年的 11000 元左右、34000 余元，城乡居民收入比由 3.83∶1 缩小至 3.09∶1。2020 年，威宁自治县地区生产总值达到 287.832 亿元，列贵州省 88 个县（市、区）第 15 名、全区 8 个县（区）第 2 名，比 2015 年增加 97.91 亿元，五年年均增速达到 8.5% 左右，高于省、区平均水平。72 个民族乡的经济实现快速增长，其中管辖乡镇均为民族乡的百里杜鹃管理区 2020 年实现地区生产总值 42 亿元，五年年均增长 9.8%。

（三）形成了民族文化"毕节特色"

毕节试验区通过实施文化惠民工程、民族地区重点文物和"非遗"保护工程、少数民族特色村寨保护工程、民族文化进校园活动等，保护和传承民族优秀传统文化，成效显著。截至 2020 年底，毕节试验区有国家级重点文物保护单位 7 处，国家级非物质文化遗产 8 项，"中国少数民族特色村寨"18 个，省级非物质文化遗产 84 项，"贵州省少数民族特色村寨"100 个，培养并成功申报一批国家级、省级非物质文化遗产传承人，编辑出版《支嘎阿鲁画册》《苗族情歌礼辞》等少数民族图书作品。大力扶持少数民族传统体育，积极开展彝族火把节、苗族跳花节、布依族"六月六"等传统节庆活动，彝族古剧《撮泰吉》等一批优秀民族传统节庆歌舞品牌影响力进一步提升。

（四）打造了社会和谐"毕节样板"

贵州省《关于支持民族自治县和民族乡加快发展若干政策措施

的意见》《贵州省民族乡保护和发展条例》等民族支持政策得到落实，民族地区社会发展环境得到进一步改善。区域基本公共服务实现均衡发展，卫生健康、基础教育、文化体育等基本公共服务设施及保障标准达到全区平均水平。社会保障体系不断完善，城乡居民医保参保率稳定在95%以上，城乡低保实现应保尽保；教育普及率大幅提升，九年义务教育巩固率达到95.16%、人均受教育年限提高到9.5年；人口健康素质大幅提升，远程医疗诊疗系统延伸到乡镇卫生院，人均预期寿命提高到75岁以上；公共文化体育更加惠民，公共文化体育设施进一步向城乡社区延伸；民政事业加快发展，养老服务体系进一步完善；妇女和儿童合法权益得到进一步保障；"扫黑除恶"成效明显，刑事发案率和命案率持续下降。

（五）形成了民族团结"毕节示范"

毕节试验区坚持以发展促团结、以团结推发展的理念，深入开展民族团结教育活动，不断坚定各民族对伟大祖国、中华民族、中国共产党、中国特色社会主义的高度认同，国家意识、公民意识、责任意识日益增强。民族团结进步"四项教育""七进"活动在全区范围广泛开展，民族团结进步创建活动初显成效。截至2020年底，毕节试验区成功创建全国民族团结进步示范单位4家，有全国民族团结进步模范集体19个、模范个人21名，获得国家民委命名的"全国民族团结进步教育基地"2处，成功创建全省民族团结进步示范区、示范单位144个，创建市级民族团结进步示范区、示范单位177个，16个集体、28名个人获得省级民族团结进步模范集体、模范个人表彰。"民族团结进步宣传教育活动月"活动持续推进，已成功开展活动28次，教育影响各族群众10万人，推动了毕节试验区各民族群众更为深入地交流交往交融。

毕节蓝皮书

三 经验启示

毕节试验区促进各民族广泛交往、全面交流、深度交融的根本经验，概而言之，就是以铸牢中华民族共同体意识为主线，不断深化内涵、丰富形式、创新方法，做到一贯坚持、不断强化、适时创新，久久为功。

（一）基本保证：始终坚持党的全面领导

始终坚持党的全面领导，不断健全民族工作的领导体制和工作机制，保持党的民族政策有效落实，这是毕节试验区各民族广泛交往、全面交流、深度交融的重要保证。试验区坚持把民族工作作为一项政治工程、系统工程、示范工程来抓，始终用铸牢中华民族共同体意识统领全局，全面贯彻习近平总书记关于加强和改进民族工作的重要思想，衷心拥护"两个确立"，忠诚践行"两个维护"，把党对民族工作的领导贯彻到民族工作的各个领域，将铸牢中华民族共同体意识融入顶层设计、部署实施、宣传引导、组织保障等各个环节。实践证明，只有始终坚持党对民族工作的全面领导，坚定不移走中国特色解决民族问题的正确道路，深入践行社会主义核心价值观，不忘初心、牢记使命，以实绩承载担当，才能答好新时代民族团结进步的答卷，不断巩固平等、团结、互助、和谐的社会主义民族关系。

（二）关键支撑：高质量打赢脱贫攻坚战

"十三五"时期，毕节试验区牢牢把握经济建设这一中心，以脱贫攻坚统揽经济社会发展全局，聚力各方力量，团结各族人民，战胜长期以来如影随形的贫困，一起步入全面小康。这一伟大的脱贫攻坚"毕节奇迹"，以空前的力度整合了各民族共同团结奋斗、共同繁荣发展的物质力量和精神力量，改变了民族地区的发展条件和发展能力，提升了各族干部群众和衷共济的深厚情感，为铸牢中华民族共同体意识创造了充分的政治、经济、文化、社会条件，是各民族得以广泛交往、全面交流、深度交融的关键支撑。

（三）重要方法：尊重民族文化多样性

每一个民族都有自己独特的文化，具有多样性的特征，同时，这些文化又具有同一性和互补性。尊重各民族文化、尊重文化多样性，坚持民族文化可持续发展，是毕节试验区各民族广泛交往、全面交流、深度交融的重要方法。在民族工作中，要正确把握区内各民族共同性与差异性的关系，做到求"同"存"异"，推动各民族坚定对伟大祖国、中华民族、中华文化、中国共产党、中国特色社会主义的高度认同。同时，尊重各民族在习俗、饮食、服饰、艺术、建筑等方面的差异，推动各民族文化在中华文化百花园里绽放光彩。

（四）重要保障：坚持依法治理民族事务

坚持依法治理民族事务，推进民族事务治理体系和治理能力现代化，是毕节试验区各民族广泛交往、全面交流、深度交融的重要保障。毕节试验区全面贯彻执行民族政策法律法规，精心编制民族事业相关规划；建立市、县、乡、村四级书记抓民族工作责任制，各级责任单位将民族工作相关的法律法规进行宣传和教育，有效促进民族工作的深入开展。毕节的实践证明，要做好新时代民族工作，就要提升民族事务治理法治化水平，要把法治贯彻到民族工作的每一个领域和环节，要坚持严格执法、公正司法，妥善处理涉及民族因素案事件，打击各类违法犯罪活动，保障各族群众合法权益。

四 困难和短板

毕节试验区的民族工作尽管取得显著成效，然而与全国和全省的整体发展情况相比还存在一定差距，各民族在交往交流交融过程中还面临一些亟待解决的困难和短板。

（一）脱贫攻坚成果亟待夯实

尽管毕节试验区脱贫攻坚取得全面胜利，但摘帽县和出列村长效性"造血式脱贫"自我发展机制尚未真正形成，还存在一定数量且较为集中的脱贫不稳定户、边缘易致贫户和基本生活因故出现严重困难户，仍面临较大的返贫风险压力，巩固拓展脱贫攻坚成果的任务十分艰巨。截至 2020 年底，毕节试验区"还有脱贫不稳定户、边缘户9.42 万人；扶贫产业刚刚起步，组织化、规模化、市场化程度比较低；脱贫户劳动力有 40.9 万人在外务工、占比达 55.38%，稳岗就业压力大；32.48 万易地扶贫搬迁人口还需进一步强化后续扶持"①。

（二）经济结构亟待优化

受自身经济结构性矛盾制约等诸多因素影响，毕节试验区产业结构性矛盾突出，一产不强，二产较弱，三产效益不高。全区民族地区除威宁等区域拥有一些纳税工商企业外，其他乡级经济基本是农业经济，总体上对地方财税的贡献有限，地方政府运行开支仍高度依赖中央和省级财政转移支付。

---

① 《2021 年毕节市人民政府工作报告》，毕节市人民政府网站，https：//www.bijie.gov.cn/zwgk/zfgzbg/202103/t20210305_ 74904079.html，最后检索时间：2022 年 7 月 5 日。

（三）民族优秀文化亟待传承

受保护资金有限、乡村旅游尚未产业化等因素影响，多数特色村寨建设"特色不突出"，不能带动乡村旅游发展，群众参与热情不高。受工业化城镇化影响，民族优秀文化出现传承人断档、队伍青黄不接等难题，民族特色文化消失步伐加快。

五　未来展望

"十四五"时期，在党的集中统一领导下，毕节试验区各民族交往交流交融更加紧密，民族地区经济社会发展动力和活力进一步增强，民族团结进步创建全面开花结果，中华民族共同体意识持续铸牢。

（一）民族工作领域政策法规体系更为完善，民族事务治理法治化水平显著提升

民族工作领域政策法规体系进一步完善，民族事务治理能力水平进一步增强，少数民族干部和人才培养选拔体制机制更加健全，助推民族事务治理法治化水平显著提升。

（二）民族文化创造性转化，赋能文化旅游产业高质量发展

毕节试验区依托悠久富足的民族文化资源，加快推动民族文化与旅游产业深度融合。一是打造精品剧目。深挖民族文化资源，打造一批群众喜闻乐见的精品剧目、舞蹈、音乐等艺术作品，着力提升民族文化影响力、知名度、美誉度，提高试验区民族文化旅游吸引力，打造文化旅游新名片。二是持续擦亮民族传统节庆品牌。创新开展彝族火把节、白族团圆节、布依族六月六、苗族花山节等丰富多彩的民族

传统节日节庆活动，加大宣传推介力度，吸引国内外游客积极参与，向外充分展示试验区独具魅力的民风民俗。三是推动民族文化商品化。加快推动民族文化商品化转换，推动民族文化活态传承和特色优势产业发展，提升民族文化保护利用水平和质效。

（三）相互嵌入式的社会结构和社区环境加快构建，各民族交往交流交融进入新层面

加快构建相互嵌入式的社会结构和社区环境，创建的各级相互嵌入式"四共"型示范社区覆盖每个县（市、区）和百里杜鹃管理区、金海湖新区。对外交流合作广泛开展，各民族经济文化交流活动更加频繁和丰富多彩。

（致谢：本报告基础资料由毕节市民族宗教事务局提供，在此表示感谢！）

B.14
2020年统一战线助推毕节试验区
高质量发展研究

段剑洪　卢祥运*

摘　要： 毕节试验区作为全国统战工作的示范区，结合自身区域特点，以统一战线助推毕节试验区高质量发展，坚持党对统战工作的领导和全覆盖。2020年毕节试验区统一战线助推高质量发展取得了丰富的实践经验，特别是在政治引领、民主党派履职尽责、民族团结示范创建、维护民族宗教领域稳定、聚力打赢"两场战役"等方面取得较大成效，丰富和拓展了统一战线助推高质量发展的理论与实践。

关键词： 统一战线　高质量发展　毕节试验区

2018年7月，习近平总书记对毕节试验区做出重要指示，要求"要着眼长远、提前谋划，做好同2020年后乡村振兴战略的衔接，着力推动绿色发展、人力资源开发、体制机制创新，努力把毕节试验区建设成为贯彻新发展理念的示范区"①。统一战线是把毕节试验区建

---

* 段剑洪，贵州省社会科学院文化研究所实习研究员，主要研究方向为中国哲学与贵州地方文化；卢祥运，贵州省社会科学院文化研究所副研究员，主要研究方向为儒学与贵州地方文化。

① 《习近平对毕节试验区工作作出重要指示，强调确保按时打赢脱贫攻坚战，努力建设贯彻新发展理念示范区》，中国共产党新闻网，http://cpc.people.com.cn/nl/2018/0720/c64094-30159201.html，2018年7月20日。

成新发展理念示范区的重要"法宝"。2020 年，毕节试验区在聚力
"两场战役"中深入贯彻习近平总书记的指示精神，做到理论与实践
相结合，更好地认识和理解"法宝"的作用，有助于增强做好新时
代统战工作的历史自觉和使命担当，有助于更好地发挥统一战线的政
治优势、智力优势、组织优势、资源优势，在助推毕节试验区高质量
发展中彰显统战法宝作用。

一　统一战线助推高质量发展的基本情况

统一战线作为各种力量的政治联盟，离不开共同理想的感召、共
同目标的激励，而最根本的在于人心和共识的凝聚。在全面建设社会
主义现代化国家新征程中，要始终把凝聚人心作为统战工作的根本任
务，不断增进统战成员的政治共识，夯实团结奋斗的共同思想政治基
础。2020 年毕节试验区统一战线始终坚持"围绕中心、服务大局"，
把思想和行动统一到市委、市政府的部署上来，汇聚众志成城攻坚克
难的强大正能量，共同致力于推动高质量发展和建设贯彻新发展理念
示范区，形成"共唱一台好戏"的高度共识。

（一）开展理想信念教育活动

2020 年，毕节试验区以《中国共产党统一战线工作条例》为指
导，印发了《中共毕节市委统一战线工作领导小组成员单位职责清
单》，引领各民主党派深入推进中共中央关于参政党建设的文件精神
的贯彻落实，推动各民主党派深入学习贯彻习近平新时代中国特色社
会主义思想，在事关道路、制度、旗帜、方向等根本问题上始终站稳
政治立场。引导统战干部和统战成员进一步增强"四个意识"、坚定
"四个自信"、做到"两个维护"。深化教育实践，切实加强思想政治
引领，精心组织开展统一战线各领域主题教育活动，建立"牢记初

心、不忘使命"学习教育常态长效机制，深化拓展与党外代表人士谈心交流活动，引导统一战线成员坚定不移听党话、跟党走。充分激发党外人士同心同向、同梦同行的政治自觉，进一步筑牢毕节试验区人民团结奋斗的思想政治基础。

（二）积极支持民主党派履职尽责

一是强保障重调研。紧扣基层发展的重大问题，认真筹备政党协商相关事宜，大力落实政党协商保障措施，有效保障政党协商成效。制定和印发了《中共毕节市委 2019 年政党协商计划》，2020 年以来市委召开了 3 次市级民主党派政治协商会。制定了《中共毕节市委支持民主党派市委（工委）重点课题调研制度》，支持民主党派市委（工委）拓展调研渠道、完善调研方式，提升建言献策的质量和水平。以市委办名义下发了《关于开展 2020 年重大课题考察调研的函》，支持民主党派围绕市委重大问题开展重点考察调研，形成调研报告 9 篇。二是强监督重建设。支持市级各民主党派、工商联围绕本党派、本组织帮扶项目开展民主监督工作，实现统一战线帮扶项目民主监督全覆盖，推动县（区）解决帮扶项目实施中的问题 106 个。加快毕节试验区参政议政网络直通平台的建设，积极探索民主党派参政议政新渠道。

（三）聚力打赢"两场战役"

2020 年统一战线聚集各方力量，全面助力脱贫攻坚和新冠肺炎疫情防控"两场战役"。一是强化统一战线帮扶项目组织实施。扎实推进《统一战线帮扶毕节试验区资金项目跟踪管理暂行办法》的落实，加强统一战线帮扶资金项目的实施管理，确保统一战线帮扶毕节试验区资金项目效益的最大化。统一战线本年度在毕节共实施脱贫攻坚帮扶项目 431 个（其中计划内项目 110 个，新增项目 321 个），比

原计划实施项目增加了 291.8%。目前已完成项目 383 个，正在实施的项目有 48 个。项目涉及资金共计 13796.32 万元，累计完成投资 11083.79 万元。二是深入推进"千企帮千村"扶贫行动。全市"千企帮千村"行动共有 860 个民营企业帮扶 1160 个村，累计投入帮扶资金共 58.4 亿元，受益贫困人口达 32.89 万人。三是全力做好脱贫攻坚联系点帮扶工作。做好定点帮扶地区干部选派，发挥统一战线联系广泛的优势，累计协调投入资金 500 余万元支持脱贫攻坚联系点，加快补齐"两不愁三保障"短板。四是积极争取统一战线助力疫情防控。新冠肺炎疫情发生以来，各民主党派中央、全国工商联充分发挥资源优势，为毕节试验区提供可靠的医疗物资采购渠道和协调捐赠各类防控物资，累计协调捐赠资金 672.51 万元。

（四）努力维护民族宗教领域稳定

以铸牢中华民族共同体意识为工作主线，认真落实中办、国办《关于全面深入持久开展民族团结进步创建工作铸牢中华民族共同体意识的意见》和贵州省的实施意见精神，分别以市委统一战线工作领导小组和市"两办"名义印发了《关于全面深入持久开展民族团结进步创建工作铸牢中华民族共同体意识的实施方案》《毕节市创建全国民族团结进步示范市实施方案》，全力推进相关工作的落实，不断深化民族团结进步繁荣发展示范区创建工作。加强优秀传统民族文化的保护、传承和发展，七星关区阿市乡雄跨村等 20 个村获评全省少数民族特色民族村寨。协调争取中央和省级少数民族发展资金 8000 余万元，重点帮扶全省"9+3"的纳雍县、威宁彝族回族苗族自治县、赫章县民族贫困地区脱贫攻坚。全面贯彻党的宗教信仰自由政策，依法管理宗教事务，坚持独立自主自办的原则，积极引导宗教与社会主义社会相适应。认真开展中央宗教工作督查"回头看"反馈问题整改工作，制定了《毕节市贯彻落实中央宗教工作督查"回头看"反馈意见整改方案》及整改清单，明确了毕节5个方面28项整改内容，切实巩固中央宗教工作督查成效，确保宗教领域和谐稳定。

（五）充分发挥统战团体作用

一是扎实做好党外知识分子和新的社会阶层人士工作。加强党外知识分子联谊会的建设，2020年成立了七星关区、纳雍县、赫章县、威宁县和金海湖新区5个县（区）新联谊会组织，实现了知识分子联谊组织市县（区）"全覆盖"。二是扎实做好港澳台侨海外统战工作。着力推进"侨爱心工程"，督促市民族中学、市实验四中、纳雍一中完成"杉树班""珍珠班"贫困学生补助金发放工作，共发放助学金85万元、资助学生300人。协调侨资企业贵州大丰盈农业公司在赫章县结构乡投资50万元建设蚕桑养殖扶贫项目，协调争取价值15余万元的荧光免疫定量分析仪、净水器以及80件冬衣捐赠到联系帮扶点。百里杜鹃迎丰村获评"中国华侨国际文化交流基地"。三是扎实做好市中华职教社各项工作。完成市中华职教社换届工作，选举市中华职教社的领导班子。组织实施好2020年度泛海助学行动，完成2020年"泛海助学行动"270名学生资助工作。

（六）提升多党合作服务改革发展水平

一是扎实做好多党合作"1+3"改革工作。聚焦"创新统战扶贫工作机制"，探索组建统一战线助力脱贫攻坚服务团，形成"1+3"改革架构，充分发挥统战部牵头引领和协调推动的作用，围绕脱贫攻坚、乡村振兴等中心工作，整合统一战线资源力量、强化统一战线"服务"职能，有效助推了脱贫攻坚工作进程，为统一战线助推乡村振兴战略奠定了基础、探索了路子。二是深入推进贯彻新发展理念示范乡镇建设工作。加强向各民主党派中央、全国工商联对接汇报，争

取统一战线支持，发挥统一战线优势，先行先试推进贯彻新发展理念示范乡镇建设工作，指导各县（区）结合对口帮扶党派情况选择 13 个乡镇作为新发展理念示范区建设示范点，采取有力措施，积极推进试点示范工作。涌现出七星关区朱昌镇、大方县凤山镇、纳雍县玉龙坝镇等一批产业发展有起色、环境整治有看点、统战元素丰富的贯彻新发展理念示范乡镇。

二 统一战线助推高质量发展的实践路径

新时期以来，统战的主体、对象、内涵和功能已经发生了很大变化，毕节试验区经济社会进入了高质量发展阶段，只有坚持以"新发展理念"为主题，贯彻落实习近平总书记对毕节试验区的重要指示精神，聚力打赢疫情防控阻击战和按时高质量打赢脱贫攻坚战，围绕"生态优先，绿色发展"高质量发展新路子，才能接续发展。

（一）把握统战主线，夯实发展基础

1.突出政治引领

做好新时代统战工作最根本的是坚持党的领导，最重要的是加强思想政治引领。一是用党的创新理论教育人、引导人、鼓舞人、凝聚人，夯实团结奋斗的共同思想政治基础；要坚定不移地用习近平新时代中国特色社会主义思想统领统一战线工作，深入学习贯彻习近平总书记关于加强和改进统一战线工作的重要思想，认真贯彻落实《中国共产党统一战线工作条例》（以下简称《条例》）。二是认真抓好《条例》学习培训、宣传解读、贯彻落实等重点关键环节，督促全市各级党委（党组）和统一战线成员对标对表《条例》规定和党中央关于新时代统一战线工作的各项决策部署。以各县（市、区）、各相关单位、统一战线对象各领域理想信念教育为统领，加大教育培训力

度，引导统一战线领域争做"创新、协调、绿色、开放、共享"的发展典范。

2.完善工作机制

习近平总书记指出，"各级党委和政府以及领导干部要增强制度意识，善于在制度的轨道上推进各项事业"①。如何加强统一战线助推地方高质量发展工作保障机制建设，是站在新的历史起点上做好统战服务工作所要着力解决的根本性、基础性问题。做好新时代的统战工作，必须在工作机制上寻找突破口，牢固树立"精准"意识，以精准思维不断推进统战工作，做到精准识别、精准服务和精准管理。一是要加强调研机制建设。对标"高质量发展"工作走在前面的地区，深入一线调查研究，研判毕节试验区高质量发展问题、发展态势，剖析制约高质量发展的深层次问题和根源，研究高质量发展领域统战工作新模式、新方法、新途径，为服务高质量发展提供前瞻性的理论支持。二是要严格执行责任落实机制。建立层层抓落实的台账机制，聚焦培育强优企业、解决融资难融资贵问题等重点任务，强化责任分工、监督检查、考核通报等工作制度执行，做到该约谈的约谈、该通报的通报、该问责的问责。

3.织密工作网络

织密织牢基层统战工作网络，着力解决"谁来干、怎么干、干成什么样"问题。一是强化组织领导。市、县（区）、乡镇（街道）三级党委全部成立统战工作领导小组，实行定期分析研判、重点工作督导制度；配齐统战委员、宗教"两员"，选聘村级统战工作联络员，基层工作力量得到充实。推行"目标清单化、工作项目化、责任具体化"工作机制，定期调研指导，督促工作落实。二是加强基

---

① 《习近平主持中央政治局第十七次集体学习并讲话》，中国政府网，http://www.gov.cn/xinwen/2019-09/24/content_5432784.htm，2019年9月24日。

层统治平台建设。统筹做好乡镇党外代表人士、民营经济、民族宗教、对台侨务等各领域统战工作。

（二）凝聚发展共识，引领高质量发展

1. 服务民营经济高质量发展

民营经济是推动国民经济发展不可或缺的重要力量，是经济发展的主力军、科技创新的主动力、吸纳就业的主渠道，必须毫不动摇地鼓励支持引导，让其在建设现代化经济体系、推动高质量发展中发挥更加重要的作用。一是要破解制约发展的难题。扎实开展政策落实、领导干部联系服务企业、降本减负、扩大民间投资、营商环境整治、金融服务民营经济六个专项行动，持续释放政策红利，让民营企业有实实在在的获得感。二是要开展营商环境整治。深化"放管服"改革，规范权力运行，简化审批程序，落实减负政策，靠前主动服务，着力破解服务企业中看似无关紧要却容易造成不良影响的"小问题""小风险"，构建全方位监管体系，全面构建"亲""清"政商关系。三是要压紧压实工作责任。完善对民营经济发展的领导和工作机制，把支持和引导民营经济发展成效纳入绩效目标考核体系，加强统筹协调、统计监测和跟踪问效，进一步激发和提振民营企业发展信心，让民营企业创造活力充分迸发，民营经济地位作用更加突出。

2. 做好新的社会阶层人士统战工作

党的十九大报告指出"做好新的社会阶层人士工作，发挥他们在中国特色社会主义事业中的重要作用"。要充分认识到新的社会阶层人士是建设新发展理念示范区的重要力量，是打赢"两场战役"的阶级基础和群众基础的重要组成部分，在活跃市场、扩大就业、繁荣文化、服务社会等方面发挥着重要作用，而且他们从事精神产品生产传播，对思想观念、意识形态也有着重要影响。一是积极创建示范基地、工作站、联系点，打造毕节试验区"新力量"人才工作品牌。

二是结合新的社会阶层联谊会，精心策划教育培训内容，有计划、有步骤地进行教育培训工作，精心打造品牌活动，同时，配合上级有关部门和区委组织部做好调训和培训，丰富培育内容。三是积极发掘优秀代表人士，认真抓好政治安排工作，积极推荐各界代表人士到人大代表、政协委员队伍中来，引领新的社会阶层人士为助推高质量发展建言献策，为构建社会治理共同体凝心聚力，为试验区经济社会科学发展献计出力。

3. 做好基层侨务服务工作

要树立大侨务理念，充分利用侨务资源助推高质量发展。一是加强海外联谊，发挥好统战引领侨务工作纽带作用，运用好联谊交流、学术研讨、信息互通等方式，搭建海外侨胞的交流平台，增强海外侨胞的爱国爱乡情怀，推动毕节试验区与海外侨胞的经贸、文化事业协同发展。二是理顺机构改革后的侨务工作，迎难而上，准确把握新形势下侨务工作特点和规律，不断提高政策水平和联络服务能力，提升服务成效，凝心聚力画出最大"同心圆"。三是规范侨务工作，开展好各种扶侨惠侨活动，维护好侨眷侨胞的利益，组织引资引智文化交流侨务活动。四是做好侨情调查，完善好信息库，发挥好海外联谊会的优势，凝聚海内外一切爱国力量，推动新时期侨务工作再上一个新台阶。

（三）做好和谐文章，促进团结发展

1. 加强多党合作，提升帮扶层次，扩大帮扶范围

回顾毕节试验区发展的 30 年历程，统一战线始终围绕"倾力帮扶，同心攻坚"，奋力在毕节书写以"开发扶贫、生态建设、人口控制"为主题的改革实验，为毕节全面建成小康社会、多党合作服务改革发展探索了新路子、新经验。2020 年毕节试验区积极加强汇报沟通对接，争取中央统战部牵头，各民主党派中央、全国工商联组建

毕节统一战线高端专家智库，建立完善市县赴中央统战部、各民主党派中央、全国工商联、中华职教社定期汇报机制及与东部统一战线定期交流机制，完善"谋划精准、资源整合、全程监管、效益提质"的帮扶项目落实机制，建立"突出特色、合力创新、选点示范、逐步推广"的助力新发展理念示范机制，打造"同心筑梦"工程帮扶品牌。积极争取各民主党派中央、中央社会主义学院支持，与贵州省社会主义学院合作，开发党外人士教育培训精品课程，借力打造"理论丰富、实训独特、虚实结合、联合办学"的党外人士立体教育培训基地。整合各类毕节试验区研究机构，多党合作助力贯彻新发展理念示范区建设研究中心，深入推进多党合作改革，推进市内民主党派成员积极参与乡村振兴，努力探索新时代多党合作毕节实践新模式。

2. 坚持依法管理，规范宗教场所建设

2020年，毕节试验区牢记宗教工作是关乎党和国家长治久安的大事，切实提高政治站位，锚定统战工作的使命任务，深入贯彻落实全国宗教工作会议精神和党的宗教工作方针政策，始终坚持我国宗教中国化方向，以《宗教事务条例》的贯彻和巩固宗教问题整改成果为抓手，督促抓好《市委宗教工作领导小组关于进一步加强基层宗教工作的通知》的贯彻落实，依法加强宗教事务管理、切实做好宗教活动场所安全、规范民间信仰、巩固宗教工作整改成效、进一步加强宗教工作"四员"队伍建设，重点推进"三化"治理工作，抵御境外利用宗教进行渗透，探索建立部门协作工作机制，促进宗教活动依法规范有序开展。

3. 坚持共同富裕，深化民族团结

2020年农历春节前夕，习近平总书记赴云南看望慰问各族干部群众时指出，"要始终坚持党的领导，完善党的领导制度，纵向要到底，横向要到边。要坚持走中国特色解决民族问题的正确道路，全面深入持久开展民族团结进步创建，打牢中华民族共同体思想基础"①。这体现了毕节试验区统战工作的一个重要方面，就是广泛凝聚统战资源力量向民族地区倾斜，加快民族地区经济社会发展，实现巩固拓展民族地区脱贫攻坚成果与乡村振兴战略有效衔接。按照"共同团结奋斗，共同繁荣发展"的要求，形成合力，实现各民族共同富裕。一是加大资金投入和项目建设。稳定和持续的资金和项目投入，是巩固拓展民族地区脱贫攻坚成果与乡村振兴战略有效衔接的有力保障。以毕节试验区少数民族传统手工艺为抓手，积极争取中央、省级资金支持，进一步推进少数民族传统手工艺等项目实施，推动民族特色手工艺产业发展。抓好特色村寨项目建设，推动少数民族特色村寨保护和发展。二是改善民生和产业带动。民生连着民心、民生凝聚民心，按照"群众第一、民生优先、基层重要"的指导方针，根据民族群众的需求和愿望，安排安居、教育、健康、就业等民生扶贫项目，协助帮扶点做好危旧房改造、移民搬迁等项目，完善教育设施建设和师资培养培训工作，选派优秀医卫技术和管理人才到受援地指导，培养医护人员，提高医生行政管理水平，对适龄人员进行技能培训，转变就业观念，等等，真正做到以民生赢得民心。把产业发展放在重要位置，以产业带动就业，以就业带动脱贫，促进就业增收致富，助力精准脱贫攻坚的重要着力点，在产业基础设施建设、劳动密集型产业发展以及招商引资等方面做了大量工作，不断提升毕节试验区人民群众的自我发展能力。

（四）注重实践创新，建设多党合作平台

1. 搭建大统战平台

习近平总书记强调："做好新形势下的统战工作，必须善于联谊

---

① 《习近平春节前夕赴云南看望慰问各族干部群众》，人民日报客户端，2020年1月22日。

交友。"党外队伍建设不能忽略联谊平台的打造。紧贴区域知识分子特质和毕节试验区自身统战资源特色和优势,积极搭建集学习教育、联谊联络、建言献策和社会服务于一体的平台。一是用活统战帮扶助力发展平台。协调推动统一战线和国家有关部门加大对毕节项目、资金和政策的支持力度。努力争取各民主党派中央、全国工商联推动国家层面出台支持毕节贯彻新发展理念示范区建设的政策性支撑文件。二是深化多党合作助力发展平台。聚焦"创新统战帮扶机制",不断深化多党合作实践改革,整合市内民主党派在教育、医疗、农技、法律等方面的人才物资源及民营企业资源,组织发动党外专业技术人才下沉基层一线服务,巩固拓展脱贫攻坚成果、助力乡村振兴。三是搭建非公经济助力发展平台。全面梳理国家、省和市委、市政府出台的鼓励民营企业发展的相关政策,逐项摸清落实情况,列出未落实清单;探索建立政策落实保障机制,不断提高政策协调性,细化量化各项措施,建立政策落实情况第三方评估机制;紧贴企业需求,提升政府服务效能,营造一流的营商环境,为服务实体经济和推动全市企业高质量发展提供有力保障;发挥法治保障作用,发挥工商联的桥梁纽带和助手作用。

2. 发挥融智优势

经济社会发展是一个系统工程,所需的技术、资金、人才等多种资源不可能靠个人力量单独完成,需要全市上下同心协力,寻求共同目标,达成利益共识。统一战线汇聚着各行业各领域优秀人才,他们在各自领域具有广泛影响力和群众基础,在国家经济社会生活中发挥着巨大作用。一是要发挥统一战线联系广泛的优势,汇聚群英,积极构建服务于毕节试验区高质量发展的新型智库,形成强大的"外脑功能"合力,切实把智力优势转化为促进经济高质量发展的助力。二是协助各民主党派完善人才培养机制,建立符合经济高质量发展的人才制度,一方面促进各民主党派培养和吸收技术创新"高精专"

人才，另一方面要鼓励、支持和引导科技人才、领军人才等各类人才流向基层，为地方经济质量变革、效率变革和动力变革集聚人才队伍。三是要积极搭建和创新民营企业交流、合作、研发等平台，围绕毕节试验区民营企业的产业优势和人才能力，促进开展深入合作，积极引导和协助企业组建创新联合体，促进各类创新要素尤其是人才要素流向民营企业，发挥集聚效应，有效形成优势互补、利益共享的融合发展体系。

3.加大宣传力度，营造良好统战氛围

一是建立完善学校统战信息化管理服务平台，实现了统战工作数字化、信息化和网络化。开通使用统一战线微信公众平台，及时展示民主党派、统战团体活动和统战成员风采。二是及时宣传统战知识、统战政策，传递统战资讯。加强与《中国统一战线》杂志、《团结报》、贵州电台、贵州日报当代融媒体集团等合作，组织刊载统一战线宣传信息，有效宣传毕节试验区统一战线的好声音。三是坚持开展统战工作理论研究，深入开展课题研究和实践创新，统筹全市统一战线和各科室资源力量，开展毕节试验区统一战线理论与实践研究。

三 统一战线助推高质量发展优化策略

应对和破解以脱贫攻坚统揽经济社会发展全局向以高质量统揽全局的转变，推动共建毕节试验区经济、社会高质量发展，将是今后统一战线工作的重中之重。为此，毕节试验区统战部门应深入学习习近平总书记关于统一战线的重要论述，树立系统、全局、长远的战略思维，凝心聚力，协同共治，以创新精神强化风险管理，提升服务能力，推动地方经济、社会高质量发展。

（一）坚持系统观念，构建大统战工作格局

习近平总书记指出，"统一战线是一致性和多样性的统一体，只

有一致性、没有多样性，或者只有多样性、没有一致性，都不能建立和发展统一战线"，正确处理一致性和多样性的关系，促进大团结、大联合，是统一战线工作必须始终坚持的主题主线。一是坚持系统观念，打破统战工作"部门化"思维定式。以重大任务为牵引，以贯彻落实《条例》为出发点和落脚点，加强整体谋划、上下联动、左右协同。新时代的统一战线工作为了更好地服务于企业群众，要深入细致地促进各部门、各领域融合发展，促进政党关系、民族关系、宗教关系、阶层关系、海内外同胞关系和谐，形成新时代统一战线工作合力。二是紧扣"坚持和加强党的全面领导"要求，落实党委（党组）统战工作主体责任，加强各领域统战工作顶层设计和统筹规划，探索创新部门联席会议制度、成员单位定期述职等工作制度，强化部门协作，加强基层调研指导，着力攻克统战工作内力不足、合力不够、力量不强等难点问题。三是进一步发挥好市委统一战线工作领导小组、市委宗教工作领导小组、市对台工作领导小组、市涉疆工作领导小组作用，进一步形成和做大齐抓共管的"大统战"工作格局，共同推动新时代统战工作形成助推高质量发展的强大合力。

（二）坚持改革创新，推动社会经济高质量发展

改革创新，是当代中国最鲜明的特征，是时代精神的最强音，是社会主义核心价值体系的精髓之一。习近平总书记把创新发展作为新发展理念之首，精辟指出，"创新是引领发展的第一动力"。就毕节来说，推动经济高质量发展、加快改革创新步伐和加大开放力度，仍是最为根本的要求。就创新来说，毕节的重点是体制机制创新，这是习近平总书记为毕节指明的方向。体制机制创新是一项长期、艰巨、复杂的系统工程。体制机制创新的目标，是破除制约经济社会高质量发展的结构性矛盾和体制机制障碍，不断增强发展活力和动力，破除与高质量发展不相适应的思想观念和思维定式。一是推动顶层设计和

基层探索，全面抓好国家、省、试验区的各类改革举措，切实提升发展环境的吸引力和竞争力。基于试验区每个县的发展基础、禀赋优势和主导产业，围绕产业发展、要素保障、基础设施、公共服务等方面，量身打造体制机制改革创新方案，进一步释放制度红利，为示范区建设赋能。二是最大限度地调动"人"的积极性。毕节在由"试验区"向"示范区"建设的转变过程中，"要充分调动人民群众的积极性、主动性和创造性，使每一个人都能迸发出干事创业的活力，想干事、能干事、干成事，在这样一种机制下，每一个人都能各尽所能、各取所需、各得其所。要建立完善领导干部想干事、能干事、干成事的机制，特别是容错机制，让制度落到实处"①。只有各方努力，建立机制，完善自我，才能完成毕节发展的任务，才能落实习近平总书记对毕节提出的建设贯彻新发展理念示范区的要求。

（三）坚持区域特点，围绕中心服务大局

2015年6月，习近平总书记在贵州省视察时指出，要"协调推进'四个全面'战略布局，守住发展和生态两条底线，培植后发优势，奋力后发赶超，走出一条有别于东部、不同于西部其他省份的发展新路"。习近平总书记的要求是贵州跨越发展的优势、依托和潜力所在，也是毕节试验区实现跨越发展的正确抉择和必由之路。2018年7月，毕节试验区成立30周年之际，习近平总书记要求努力把毕节试验区建设成为贯彻新发展理念的示范区，对毕节试验区改革发展提出了新的更高要求。毕节发展的定位从"试验"升级到"示范"、主题从"开发扶贫、生态建设、人口控制"升级到"绿色发展、人力资源开发、体制机制创新"。着力全面推进跨越发展和长治久安示

---

① 孔德文、赵德虎：《以经济高质量发展引领贯彻新发展理念示范区建设》，《贵州社会主义学院学报》2021年第2期，第75页。

范区建设，把毕节建成安居乐业、保障有力、家园秀美、民族团结、文明和谐的示范区。区域发展的目标定位同样是区域统一战线工作的目标任务，只有牢牢把握目标和定位，才能够真正做到聚焦中心、服务大局，才能够找准统一战线工作的"根"和"魂"、把准凝聚人心力量的根本方向。

参考文献

习近平：《决胜全面建成小康社会，夺取新时代中国特色社会主义伟大胜利——在中国共产党第十九次全国代表大会上的报告》，人民出版社，2017。

李克强：《在全国深化"放管服"改革优化营商环境电视电话会议上的讲话》，《中国行政管理》2019年第7期。

彭雪莲：《多党合作服务毕节改革发展的创新实践探析——写在毕节试验区成立三十周年之际》，《贵州工程应用技术学院学报》2018年第5期。

周明宽：《汇聚基层统战力量 助推乡村振兴战略——毕节试验区统一战线"三建一进"创新实践》，《贵州社会主义学院学报》2020年第3期。

乡村振兴篇

Reports of Rural Vitalization

B.15

毕节试验区高质量发展林下经济
助推乡村振兴发展研究

柳嘉佳　颜　强*

摘　要： 本文在对毕节试验区林下经济发展现状进行调研的基础上，充分分析和总结了毕节试验区发展林下经济产业的举措，并就林下经济产业发展提出对策和建议，为今后更好地推进毕节试验区林下经济产业高质量发展提供参考。

关键词： 毕节试验区　林下经济　乡村振兴

发展林下经济是大力推动农村产业革命、稳步提高农民收入、巩

---

* 柳嘉佳，贵州省草业研究所研究实习员，主要研究方向为植物生态学；颜强，贵州省社会科学院工业经济研究所助理研究员，主要研究方向为生态经济。

固拓展脱贫攻坚成果同乡村振兴有效衔接、推动在生态文明建设上出新绩的重要途径。"十三五"期间，毕节试验区以习近平新时代生态文明思想为指导，深入贯彻落实习近平总书记视察贵州系列重要讲话精神，坚持新发展理念和高质量发展要求，践行"绿水青山就是金山银山"发展理念，牢牢守好"发展和生态两条底线"，按照"生态优先绿色发展、市场主导政府引导、因地制宜突出特色、科技引领提质升级、改革创新释放活力"的原则，围绕"扩规模、优品种、调结构、提质量、强品牌、拓市场"，不断提高林下经济产业高质量发展水平，促进林下经济产业发展提质增效和农民收入迈上新台阶，不断推动巩固拓展脱贫攻坚成果同乡村振兴有效衔接事业向前发展。

一 毕节试验区林下经济发展概况

（一）自然资源状况

毕节试验区位于贵州省西北部，乌蒙山腹地，长江珠江之屏障，西邻云南，北接四川，是乌江、北盘江、赤水河发源地，总面积2.69万平方公里。毕节试验区整体地势西高东低，西部主要以高原、高山地貌为主，海拔多在2000~2400米，地势平坦缓和；中部大多为高中山、中山地势，海拔在1600~1800米；东部主要是起伏轻微的中山、低山丘陵，海拔在1000~1400米。毕节试验区属北亚热带季风湿润气候，冬季和夏季气候变化小，降雨量较为充沛，具有明显的季风气候特点。同时立体气候突出，适宜生长、繁衍若干种不同生物特性的植物，有利于林下经济产业的发展。①

---

① 付开萍、吴道能、周芳、王晓霞：《毕节市林下经济发展现状及思考》，《绿色科技》2021年第4期，第278~280页。

（二）森林资源条件

据毕节市第四次森林资源二类调查数据，试验区林地面积
1897.3968 万亩，占国土面积的 47.11%，其中，乔木林地 1023.3425
万亩，占林地面积的 53.93%；灌木林地 805.8947 万亩，占林地面积
的 42.47%①。丰富的森林资源、广阔的林下空间、适宜的气候条件
为毕节试验区林下经济发展提供了有利条件。在大力培育桦木、响叶
杨、桤木、栎类等优势大径级阔叶林的同时，毕节试验区采取抚育间
伐等营林措施，为大力发展林下经济等提供优良的森林资源。

（三）林下经济产业发展概况

截至 2021 年，毕节试验区完整利用森林面积发展林下经济产业
共计 378.84 万亩，林下经济产值达 49.37 亿元，林下经济产业惠及
农村劳动力人口达 27 万余人，其中 10 万余人为刚刚脱贫的贫困户。
其中用于林产品采集加工的森林面积 102.68 万亩，实现产值 2.33 亿
元；用于林下养殖的森林面积 130.94 万亩，产值为 8.68 亿元；用于
林下种植的森林面积 72.36 万亩，产值更是高达 11.31 亿元；用于森
林景观的森林面积 72.86 万亩，实现产值 27.05 亿元。

毕节试验区党委、政府印发了《毕节市林下经济发展三年行动
实施方案（2021—2023 年）》，因地制宜地将试验区布局不同规划利
用区域，分别为党参、半夏种植和森林景观利用、竹荪种植和森林景
观利用、林下养殖和森林景观利用、天麻种植和森林景观利用。每个
县选择不同的主导产业，力求做到"一县一业"。毕节试验区已经基
本形成了具有代表性的林下经济示范点，涌现出了七星关七彩山鸡养

---

① 陈燕民：《今年我市林下经济实现产值 49.37 亿元》，《毕节日报》2021 年 12
月 20 日，第 3 页。

殖基地、金沙铁皮石斛基地、纳雍化作林下经济示范园、织金冬荪基地、大方和赫章天麻示范点、威宁赤松茸基地等一批具有示范带动作用的林下经济示范点。

二 毕节试验区发展林下经济的主要措施

（一）制定衔接有序的发展规划

毕节试验区林下经济的快速发展离不开科学的规划指引，试验区在不同发展阶段制定切实有序的发展规划，不断推进林下经济产业发展迈上新台阶。2012 年，毕节试验区编制和出台了《贵州省毕节试验区林下经济发展规划（2013—2020 年）》，同时为进一步贯彻落实该规划的具体要求，毕节试验区林业局编制了更为具体的《贵州省毕节市国家林下经济示范基地建设方案（2013—2020 年）》。在该规划中，毕节试验区根据林下经济产业发展的现实条件、资源禀赋、产业需求划分东部林下养殖和森林景观利用、西部党参、半夏种植和森林景观利用、南部竹荪种植和森林景观利用、中部天麻种植和森林景观利用等不同利用区域。2021 年 2 月，为深入推进毕节试验区林下经济产业高质量发展，提高林下经济产业发展的效率和惠及更多脱贫群众，《毕节市林下经济发展三年行动实施方案（2021—2023 年）》要求：2021~2023 年，毕节试验区要依托有利的森林面积大力发展73.25 万亩林下种植，31.55 万亩林下养殖，共计利用森林面积达104.8 万亩。利用森林景观积极发展森林康养和其他相关产品采集加工业。建成 18 个具有一定规模和辐射带动能力的林下种养殖示范基地。2021 年 9 月，毕节试验区林业局组织编制《毕节市委毕节市人民政府关于加快推进林下经济高质量发展的实施方案》，对于如何促进试验区林下经济高质量发展制定了更为全面和详细的规划和安排，该方案指出：到 2025 年，毕节试验区依托和利用森林发展的林下经济产业面积超过 340 万亩，林下经济产业链年总产值达 111 亿元以上。到 2030 年，打造更加健全的林下经济产品生产、加工、销售体系，全面提高林下经济产业的产品供给、竞争能力，确保质量安全，打造特色品牌，在基础设施配套更加完善的基础上，创建一批国家现代林业产业示范区，进一步提高装备研发、良种选育、科技人才水平。

（二）大力推进林下经济示范种养殖基地建设

林下经济示范基地建设是实践党的群众路线、促进农民增收致富、发展生态林业民生林业的重要举措，对于以点带面、促进其他地区林下经济快速健康持续发展具有重要意义。早在 2013 年，毕节试验区就被国家林业局列为首批 20 个也是贵州省唯一的"国家林下经济示范基地"，在林下经济示范基地建设方面积累了很多的发展经验。随着《毕节市林下经济发展三年行动实施方案（2021—2023年）》的开展，试验区积极调动龙头企业、专业合作社和种植养殖大户等民间资本积极参与林下经济产业发展，利用其现有技术和管理经验，因地制宜建设特色鲜明的林下种植、林下养殖示范基地。目前已经形成了金沙铁皮石斛基地、七星关七彩山鸡养殖基地、织金冬荪基地、大方和赫章天麻示范点、纳雍化作林下经济示范园、威宁赤松茸基地等一批具有示范带动作用的林下经济示范点。也涌现出一批带动当地产业发展和群众增收的合作社，其中七星关区放珠镇森茂林业专业合作社，种植面积达 133.2 公顷的仿野生天麻，每年产出新鲜天麻 80 吨，每年产值高达 800 万元；金沙县军凤养殖专业合作社，通过在县内不同乡镇设置养殖点的方式，每年可出栏优质鸡 37 万余羽，产值高达近 3000 万元，创造就业岗位 200 多个，带动群众户均年增收 2 万余元。

（三）积极争取上级部门项目支持

"十三五"时期，毕节试验区在党中央、国务院和贵州省委、省政府的关怀下牢牢守住生态和发展两条底线不动摇，坚定不移走"生态优先、绿色发展"的可持续发展道路，在胜利打赢脱贫攻坚战的同时实现对生态环境的高水平保护。因此在接下来的乡村振兴发展道路上，大力发展林下经济同样也离不开上级部门的支持。2019年，毕节试验区获得贵州省级林业改革发展（林下经济类）专项补助资金1100余万元，其中，纳雍430万元、赫章400万元、威宁300万元。2020年，毕节试验区获批的省级林业改革发展（林下经济类）专项资金项目达到11个，获批资金更是高达5000余万元。其中，纳雍、赫章、威宁、七星关区和织金县5个深度贫困和贫困人口较多的地区获批项目5个，获得专项资金4766万元；其余各县获批项目6个，获批资金300万元。同时，毕节试验区还出台了《2020年毕节市特色林业等产业招商工作方案》，共编制招商引资工作方案9个，签约资金3亿元，其中到位资金1.77亿元。毕节市林业技术推广站获"全国科技助力精准扶贫2019年度工作先进团队"，7个县区14个乡镇获"省级森林乡镇"称号，50个村（社区）获"省级森林村寨"称号，805户获"省级森林人家"荣誉称号。

（四）强化科技成果转化应用培训

毕节试验区积极开展林业技术培训10余期，培训1000余人次，开展现场培训指导200余次，现场指导20000余人次，派遣科技服务人员200余人次，服务林农5000余人次，发放技术资料2000余册，发放修枝剪、台剪、手锯等工具1000余套。组织实施"冬荪林下栽培试验示范""红托竹荪仿野生栽培技术研究与示范"等科研项目，实施"核桃标准化栽培技术推广示范""油茶标准化栽培推广示范"等中央财政科技推广示范项目。组织申报中央财政林业科技示范标准化项目和省林业厅科研项目 10 余项，其中"方竹标准化栽培推广示范""油茶标准化栽培推广示范"获国家林草局立项实施，"毕节市早实核桃种质资源调查、优树选择及综合性评价"获省林业局立项实施。

三　毕节试验区林下经济高质量发展
存在的瓶颈和难题

（一）产业政策不健全

林下经济产业作为一个新兴林辅产业，具有广阔的市场发展潜力和发展前景。但是毕节的林下经济产业发展还处于初级阶段，并未形成完整的产业链条。因此政府应该根据当前发展的具体情况和实际需要，适时出台一系列合适的政策促进毕节林下经济产业更进一步地快速向前发展。同时，在产业的发展过程中，各项制度以及相应的法律法规等都处于摸索阶段，甚至有部分地区还存在制度空白，这些也都需要在产业发展过程中去逐步完善，形成产业发展与政策完善相辅相成的良性循环。

（二）资金投入不足

资金投入是产业发展的基础和前提，尤其是林下经济产业这种尚处于初级起步阶段的新产业发展模式，亟须大量资金投入用于改善基础设施，同时打造龙头企业以初步形成规模并延伸产业链。"十三五"期间，毕节市通过各种方式争取各种项目资金支持，从而有力地推动产业发展。但是，接下来林下经济产业的发展依然面临严重的资金压力，尤其是通过林下经济产业高质量发展实现乡村振兴方面。只有通过各种渠道，鼓励社会和各界资本积极参与到毕节林下经济产

业高质量发展中去，形成合力，才能促进林下经济产业的进一步升级，辐射带动产业周边老百姓勤劳致富，实现共同富裕。

同时，林下中药材等部分林下经济产业在产业发展前期需要的投资数额较大，产业种植周期长，收益速度较缓，但是在后期稳定之后收益大，还可以形成相应的产业链，并且辐射带动周边地区。因此要针对此类特点的林下经济产业制定相应的融资贷款政策，解决他们面临的融资渠道少、融资难、缺少担保等问题。

（三）技术力量薄弱

毕节林下经济产业在发展过程中还存在农户按照其传统单一的方式进行种养殖的问题，缺乏科学的种植规划和后期管护培训，产业发展方面也以卖原材料多，存在产业单一、经营附加值低的问题，从而大大影响了当地农民参与林下经济产业发展的积极性。因此，接下来要加强和省市两级科研院所的对接与合作，邀请农科院、林科院以及各大高校的专家担任科技特派员，对于林下经济产业发展中面临的技术问题进行揭榜挂帅式的合力攻关。让毕节试验区林下经济产业发展走出过去只卖原料的低产业附加值旧路，培育出具有高产业附加值的新产业发展链条，并积极带动当地群众就业增收。通过定期培训与田间指导相结合的方式，培养出一批发展毕节林下经济产业的农民技术员、农民企业家和种养能手，让农民群众更加注重学习掌握和应用科技知识、经营管理本领，使毕节林下经济产业发展具有更广泛的群众基础、更得力的支持。

（四）缺乏市场竞争力

市场经济时代，只有形成规模才会占据市场，占据市场才会发展出品牌，形成品牌才会有核心竞争力。毕节林下经济产业的发展尚处于初级阶段，生产的产品也大多为处于市场链条最下游的初级农产品，同时由于规模较小，也无法有效在市场上树立品牌，也无法形成长足发展的有效机制。因此，提高市场竞争力就成为毕节在"十四五"期间实现林下经济产业高质量发展需要解决的一个重要问题，政府要培育产业龙头，发挥龙头企业的辐射带动作用，延长产业链，减少原材料供应的简单粗放模式，提高产品附加值，打造具有毕节特色的林下经济品牌产品。

四　促进毕节试验区林下经济高质量发展对策和建议

（一）全面打造林下经济产业体系

立足当地不同自然资源条件和产业发展需求，大力推进林下种植产业发展，根据当地资源禀赋选择林菌、林药、林菜等适宜的林下种植模式，降低生产成本，提高产品质量和产量；同时根据环境承载力和动植物资源的状况，在合理确定养殖密度的情况下，适度发展林下养殖产业，做到产业发展和生态保护两不误；大力发展森林体验观光等健康环保的生态旅游新业态。围绕生态旅游产业发展同步开展森林城镇、森林人家、森林村庄建设，打造国家森林步道和特色森林生态旅游线路等新兴森林生态旅游地品牌。

（二）着力构建林下经济经营体系

加快培育本土发展林下经济的龙头企业、合作社及家庭农场，同时重点引进科技含量高、引领性强、市场渠道好的行业龙头企业，不断壮大和培育林下经济产业市场主体；不断加快完善毕节试验区林下经济产业发展的各项标准体系建设，首先运用政策资金扶持的方式建成一批高标准林下经济示范基地并开展优质公共品牌建设，然后在试验区进行先进实用技术和发展模式的推广示范，以点带面形成辐射效应，带动全试验区林下经济产业高质量发展；建立健全产品质量监督管理体系和产品质量安全溯源机制，推进产品质量诚信体系建设；加强市场供求信息服务，引导产销衔接、以销定产，优化提升林下经济产业链供应链。

（三）加大财税金融支持力度

毕节试验区要进一步加大财政投入发展林下经济产业，通过设立政府投资基金、专项财政资金大力支持相关基础设施建设和全产业链发展，运用林下经济精深加工税收优惠、创业农民工税费减免、创业补贴、农机购置补贴等政策扶持林下经济产业发展[①]。加大金融支持力度。鼓励金融机构在具有可持续发展模式和风险可预估的前提下，加大对小微企业、个体工商户和农户的信贷投入。试验区鼓励利用森林资源开发绿色金融产品，尤其是在生态产品价值实现机制及林业碳汇交易方面的探索试点。

（四）不断完善基础配套设施

为林下经济产业高质量发展匹配相应的道路、电力、水利、灌溉和通信等基础设施，并优先安排其纳入行业发展规划；进一步优化物流配套设施布局，尤其是县域批发市场、商品集散中心、物流基地等，大力支持建设仓储保鲜冷链物流设施和田头市场；林业部门要不断开展森林抚育、林分修复和景观提升，美化森林景观，提高森林质量，实现林下经济产业的可持续发展。

---

① 《中共贵州省委、贵州省人民政府关于加快推进林下经济高质量发展的意见》，贵州省人民政府网站，https：//www.guizhou.gov.cn/zwgk/zcfg/swygwj/202107/t20210708_ 70476776. html。

（五）构建林下经济科研创新服务

不断加强对天麻、半夏、黄精等野生药材种群和种质资源保护，并加快选育、推广适应机械化作业的优良品种和栽培方式；进一步开展无刺刺梨、桦木、皂荚等林木组织培养技术研究，建立一套完整的、重复性好、稳定性高、可用于工厂化生产组织培养的技术体系；针对毕节山地条件和林下经济产品采摘、加工等环节需求开展相关装备和作业体系科技攻关，发展一批适应毕节山地地形和产品生产需要的新装备；加强与省农科院等科研单位合作，开展野生栽培、病虫害绿色综合防治、林机装备、循环利用、储藏加工、质量检测等关键技术的集成示范；鼓励科研院所、事业单位、国有企业专业技术人员脱产领创林下经济实体，投身林下经济产业发展的事业，发挥专业特长，带领当地人民共同致富。

（六）强化产业发展，促进乡村振兴

大力推行"龙头企业+合作社+农户"的组织方式，不断完善和创新企业、合作社、农户之间的利益联结机制，保障农户尤其是脱贫户在林下经济产业发展中的利益。大力扶持林下经济产品加工业发展，打造亮点品牌。一是高标准高质量发展皂角、刺梨、核桃等特色林业产业。二是做好毕节试验区省级林业龙头企业申报工作，完成省级林业龙头企业每季度监测和年度监测工作。三是按照《毕节市林下经济发展三年行动实施方案（2021—2023年）》的具体要求，新建10个林下种植、养殖示范基地，利用森林面积发展52万亩林下种植、养殖产业，其中36万亩为林下种植、16万亩为林下养殖。四是发展森林旅游康养产业，充分利用森林公园、国有林场、休闲果园、风景名胜区等森林资源，打造森林康养示范基地。

（七）树立宣传林下经济发展典型

通过出台积极的财税优惠和政策支持龙头企业和种植大户大力发展符合毕节特色和条件的林下经济产业，从而更好地发挥其在当地的带头作用。然后通过网络、自媒体以及科技特派员宣讲培训等方式进行广泛宣传报道。联合各相关部门专家学者，算好林下经济产业发展经济账，解决卡脖子的关键技术问题，让更多的农民技术员、农民企业家和种养能手参与其中，尤其是脱贫户和不稳定户以林地和劳动力等各种方式参与，极大地激起他们投身林下经济早日实现乡村振兴的热情。

五　完善毕节试验区林下经济高质量发展的保障措施

（一）加强组织领导

试验区成立市级林下经济高质量发展领导小组，全面统筹协调林下经济发展重大事项。试验区其他相关单位根据不同分工分别制定相应的具体措施，各部门之间形成推进合力，共同推进林下经济产业向纵深发展。县级政府要健全林下经济发展工作机制，细化工作方案，制定完善的政策和措施，压紧责任，开展林下经济产业发展监督考核，以确保各项工作取得实效。

（二）完善服务体系

不断完善毕节试验区市县两级体制机制，严格落实机构和人员编制，然后派专人负责管理监督林地、林木承包经营和流转，并对相关合同进行规范化管理，对有意向从事林下经济产业的林户、农户以及相关企业提供详细全面的政策咨询等服务。开始建立林地、林木以及其他林下经济产品流转交易市场，并为林下经济产业从业人员提供融资、价格咨询、供需咨询、资产评估等服务。

（三）制定相应政策

不断完善林地使用管理政策，尤其是在地方公益林使用方面，根据森林保护类型和产业发展需求，制定切实可行且详细具体的规划，划定可用于发展林下经济的林地范围，为林下经济的发展提供最坚实的资源保障。同时鼓励社会资本通过土地流转参与到林下经济的发展中来，切实保障土地流转各方的合法权益。积极落实林下经济产业发展的配套用地政策。

（四）加大财政扶持力度

加快完善林下经济发展投入机制，引导市场主体对林权抵押贷款进行担保，推动抵押林权收储制度体系建设；积极争取中央、省级财政资金扶持。县级政府要通过调整和优化支出结构，整合相关专项资金，大力扶持林下经济产业发展，其中财政专项资金、政府投资基金等要为林下经济全产业链发展和配套基础设施建设保驾护航；利用税费减免、创业担保贷款、创业补贴及贴息等政策对林下经济产业加工企业、创业人员进行扶持；创新金融和林下经济产业合作模式，完善"林业保险+"制度，不断扩大森林保险范围至林下经济产业。

（五）加强森林资源管理

依法严格执行林木采伐制度，对于涉及以发展林下经济产业为名的"六个严禁"案件要加大查处力度，主要是擅自改变林地性质或乱砍滥伐、毁坏林木以及在生态敏感区、生态脆弱区开展养殖。进一步完善林地承包经营权、林木所有权及林下资源流转管理体系等体制

机制。依法优先满足林下经济发展需要的采伐指标，研究制定发展林下经济产业的森林资源开发强度标准，防止出现森林资源快速消耗以及其他生态环境问题。

（六）强化监督问责运用

将林下经济发展工作实绩纳入市直单位服务高质量发展绩效考核和市县推动高质量发展绩效评价内容，与乡村振兴战略和高质量发展综合绩效评价做好衔接，科学设置考核指标，切实减轻基层负担。强化考核结果运用，将考核结果作为各地各部门年度综合考核的重要参考。

参考文献

付开萍、吴道能、周芳、王晓霞：《毕节市林下经济发展现状及思考》，《绿色科技》2021年第4期。

卫剑、夏骅杰、丁建航：《脱贫攻坚视角下黔东南州林下经济发展的思考》，《农村经济与科技》2020年第6期。

阮培龙、付开萍、张槐安：《基于SWOT-AHP的区域林下经济发展战略研究——以贵州毕节试验区为例》，《贵州林业科技》2015年第1期。

王泽智：《黔东南州林下经济发展现状探讨》，《绿色科技》2019年第21期。

B.16
乡村振兴背景下毕节试验区茶产业
发展路径研究

欧阳红 *

摘　要： 近年来，毕节试验区茶产业已发展成为当地重要的特色产业，政府对茶产业积极引导扶持，使之成为毕节农村地区脱贫攻坚、贫困群众增收致富的重要途径。在政策、资金等方面倾斜，以及激发内生动力等措施的带动下，快速发展的茶产业对茶产区乡村振兴发挥的促进作用日趋显著。

关键词： 毕节试验区　茶产业　高山茶　乡村振兴

产业振兴是乡村振兴的重要条件，对贵州来说独特的生态环境为茶产业以及特色小农经济发展提供了经济基础，使乡村振兴迎来新的发展机遇。得天独厚的自然资源和生长环境，让贵州发展成为产茶大省，毕节试验区是贵州最大的高山茶产区，在贵州茶产业发展中具有不可替代的位置，对当地乡村发展的作用显而易见。

一　研究背景

2021 年 2 月发布的《中共中央　国务院关于全面推进乡村振兴

---

* 欧阳红，贵州省社会科学院城市经济研究所研究馆员，主要研究方向为产业发展。

加快农业农村现代化的意见》是对"三农"问题的指导性文件,此文件明确了今后"三农"工作的重点转向乡村振兴的全面推进,同时文件还指出,民族要复兴,乡村必振兴。

乡村振兴的目标是实现农村、生态、乡风、民风、治理和乡村生活的共同振兴,其发展助力在于乡村产业发展。茶产业是贵州重要的农产业,助推农村脱贫致富,促进扶贫攻坚的发展。茶叶作为重要的经济作物,在经济发展中发挥着重要的作用。茶产业是毕节试验区不可缺少的经济支撑,乡村振兴的发展为茶产业发展提供了新的机遇。在这个背景下研究如何在乡村振兴中把茶产业建成富民、标准化产业和民生产业,如何实现茶产业的高质量发展尤为重要。

在乡村振兴战略背景下,农村茶产业具备了政策红利的向好预期以及产业发展的坚实战略支撑,乡村振兴战略的提出创造了茶产业发展的外部机遇,成为农村茶产业发展的内在动力。在乡村整体发展的形势下,研究毕节试验区茶产业优势转换能力、茶产业生产效益与预期发展,有利于本土茶文化的资源发掘、生态优势发展,以及海外市场的开拓、本土品牌的打造。本文通过对毕节试验区茶产业发展现状、发展问题的分析,提出乡村振兴过程中县域茶文化、茶经济资源与乡村振兴发展互促性问题,并为县域茶产业发展提供基本框架和实践启示。

二 毕节发展茶产业助力乡村振兴的基础及优势

(一)毕节茶产业经济发展基础

近年来,毕节茶产业不断扩大规模,产业效益迅速提高,茶企数量增长迅速,品牌建设有所突破,茶产业发展显著。截至2020年,毕节已有茶园面积100余万亩,其中投产茶园40万亩,总产量1.37

万吨，总产值 36.27 亿元。截至 2020 年已培育茶企包括专业合作社 341 个，带动周边茶农 30 余万人增收。培育出九个"贵州省著名商标"，其中著名的有"贵茗"、"乌撒"以及获得"贵州十大名茶"称号的"清水塘"牌"清池翠芽"。同时毕节茶还多次在国内、省内获奖，其中纳雍县山外山有机茶业开发有限公司被授予贵州茶行业绿茶类特别"金奖"；大方县以利茶场的"以利牌"绿茶多次在斗茶大赛中荣获"茶王奖"。纳雍县、金沙县还被授予"全国重点产茶县"称号，纳雍县、金沙县和毕节七星关区还拥有"中国高山生态有机茶之乡"的美名。

（二）毕节茶产业发展的自然资源优势

毕节试验区海拔、纬度以及多云雾缭绕的自然环境，造就了茶树最佳的生长环境。云贵高原的亚热带季风气候，使得毕节具备冬无严寒、夏无酷暑、雨量充沛的良好茶叶种植条件。同时高山云雾出好茶的自然法则与有机质丰富的土壤相结合，形成毕节茶树缓生长、幼芽强、新芽嫩、茶叶多酚含量高、高香浓郁、醇厚鲜爽、耐泡持久的独特风格；再配上毕节良好的生态环境，高山无工业污染的产业优势，暖湿指标适中的清新空气，清澈温和的水质条件，非常适合无公害有机茶的生产与发展。毕节试验区多为山地高坡，有发展高山生态有机茶的地利条件，高山有机茶园占比大，因为高山茶的无污染、无公害性，现今的毕节高山茶叶深受消费者青睐。

（三）毕节茶产业发展的历史优势

从茶树的历史起源来看，古茶树源于西南，毕节正位于茶树原产地，数量繁多的古茶树分布在毕节各区域范围内，有不少保存完好的千年以上的野生古树分布在现今金沙县石场乡、箐门乡和纳雍县水东乡姑箐村，形成野生古茶树群。贵州省统计数据显示，毕节拥有 10

万余株古茶树，其中 1000 年以上的有 1200 余株、500 年以上的有 2500 余株，是贵州省重要的古茶树分布带，是古茶树资源最丰富的地区之一。毕节种茶历史久远，在《华阳国志》《茶经》等史料记载中可以寻到踪迹，早在秦汉时期平夷县（位于今贵州省西北境，包括今七星关区、大方、黔西、金沙、织金、纳雍一带）就有种植、制作、饮用茶叶的习惯。《贵州通志》也记载，毕节曾种植过不少享有盛誉的贡茶珍品。我们现在还能知晓的有大方海马宫竹叶青茶、金沙清池茶、纳雍姑箐茶、七星关太极茶、织金平桥茶。凭借这些悠久的茶文化历史和高山独有的茶种植资源优势，现今的毕节试验区借助贵州省做大做强茶产业的东风，努力加快茶产业化发展进程，正走出一条以茶为纽带，地方、企业、农民多方协作，经济、社会、生态多效益的绿色产业发展之路。

（四）毕节茶产业发展政策优势

政策支持是产业发展的动力，近年来毕节市出台了《关于加快高山生态有机茶产业发展的实施意见》以扶持茶产业发展，同时政府又对各类项目资金进行整合，为毕节茶产业又快又好、更快更好发展提供专项政策支持。2018 年，《毕节市发展高山生态茶产业三年行动方案（2018~2020 年）》出台，促进了毕节茶产业生态化健康化发展，同时也促进了高山生态茶产业有序发展，还推进了毕节市农业产业结构调整，实现了茶农增收，助力了毕节脱贫攻坚战的胜利。在干净绿茶全球共享的理念指导下，毕节在茶产业发展中努力践行"绿水青山就是金山银山"，积极探索茶业生产过程中生态化和有机化，使毕节茶产业发展成为带动一方群众脱贫致富的高效产业。在高山生态茶产业发展中，毕节市积极培育发展经营主体，通过利益机制联结健全产业发展体系，多形式、多方式发展茶产业。同时，按照四统一的要求"统一规划、统一种植、统一管理、统一品牌"，采取

"公司+合作社+农户（贫困户）"的模式，让茶农户以土地、荒山、资金、劳务等方式入股，有效提高了广大茶农的经济收入。近年来，茶产业成为践行"两山"理论、实现乡村振兴的重要产业。截至2021年，投产茶园达42万亩，产量达1600吨，产值9.8亿元，为乡村振兴打下了坚实基础。毕节市制定印发了《2022年全市茶产业发展工作方案》，明确了发展目标、重点工作，召开了全市茶产业发展推进会，强调全市茶产业发展要坚持品牌引领、质量安全、科技兴茶的原则，大力推进基地提升、主体培育、品牌打造、质量保障、市场开拓、茶旅融合等重点工作，促进茶产业发展跃上新台阶。

（五）文化和区位交通优势

早在秦汉时期，毕节就种植、制作、饮用茶叶。明洪武十四年（1381年），毕节彝族女政治家奢香夫人携带茶叶进京上贡明太祖朱元璋，太祖品之甚喜，赐名"奢香贡茶"，成就了毕节贡茶佳史。毕节市属于多民族聚居地，在历史发展过程中形成了独特的奢香茶、乌撒烤茶等颇具特色的民族茶文化，这些都成为推进茶产业与文化紧密相连的文化基础。毕节高山地区拥有大面积的宜茶荒地，伴随乡村振兴的推进、农村产业结构的调整，高山荒坡必然会成为茶产业充足的土地资源。同时，毕节也是贵州省的劳务输出大区，有着充足的劳动力资源，每年有180余万人外出打工。而且毕节地区能源丰富，是贵州省西电东送的主力军，其沼气建设成绩斐然，为推广高山无污染有机茶发展奠定坚实的生产基础。"十三五"期间，毕节市的公路建设成果卓绝，县际公路、优化通乡油路全部完成，实现了贵毕、毕威、大（方）纳（溪）高等级公路与西南出海通道的连接，厦蓉、杭瑞两条高速公路交会贯穿毕节，威宁县的内昆铁路、隆黄铁路、成（都）贵（阳）高铁、织（金）纳（雍）铁路都已开通，毕节飞雄机场于2013年通航，毕节已发展成为川、滇、黔接合部重要的交通枢纽。

三 毕节试验区茶产业发展现状

（一）茶园面积逐年增加，产量增长迅速

毕节茶产业的发展，是在经历了几个阶段的发展后才迎来今天的喜人成绩。数据显示，2010年毕节市茶园面积14.79万亩，投产面积7.08万亩，产量565吨。经过10年发展，全市茶园面积翻了几番，产量增长近20倍。特别是2016年后贵州茶产业进入高速发展阶段，毕节试验区的茶产业也进入升级发展期，产量稳步提高，产值迅速增长（见图1）。2020年全市茶园面积达100万亩，茶叶加工不断升级，茶叶销售市场不断扩大，茶叶销售遍布省内外并走出国门，省内销售3162.11吨，产值8.42亿元；省外销售3968.49吨，产值1182亿元；出口36.5吨，产值0.15亿元。毕节地处云贵高原乌蒙山腹地，近年来，随着农业供给侧结构性改革的发展高山生态茶产业成为新的方向，茶产业为农业增效、增收和农村发展注入新的活力，成为加快全市农业供给侧结构性改革的推动力和农村持续增收的结合点，并逐渐转化为毕节市实现精准脱贫和乡村振兴的有力举措。

（二）茶产业生产由零散向集中精深加工发展

毕节茶产业2016年进入迅速发展阶段，在龙头企业的引领下毕节茶叶精加工水平逐年提高，茶产业加工茶叶生产总值从2016年的25亿元增加到2020年的36.27亿元。全市的茶叶生产企业由2016年99家，专业合作经济组织101家，地级以上龙头企业41家（其中省级龙头企业10家），发展到2020年茶企210家，加工能力强茶企74家、合作社361家，国家级龙头企业2家，省级15家，规模以上企业6家，拥有对外贸易经营资格企业2家，市（州）级龙头企业

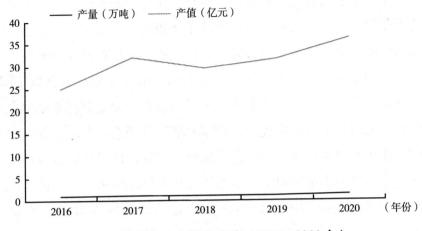

图1 毕节茶叶产量及产值（2016~2020年）

资料来源：贵州省统计年鉴。

20家，县级龙头企业16家。建成清洁化生产线32条，茶叶机械生产企业1家。产业集群初见雏形，龙头企业带动力进一步增强，产业集中度明显提升。近年来，通过标准化生产的推行和贯彻，以及茶叶加工技能的培训，毕节茶产业生产加工能力迅速提升。

（三）产业结构趋于合理，茶旅融合逐渐形成

近年来，贵州已经发展成为一个茶产业种植大省，各级政府对茶产业发展相当重视，毕节试验区抓住这个契机调整农村产业结构，以科技兴茶为基本原则，推进毕节茶基地建设，以品牌引领为基础，产品质量为准绳，通过中国贡茶之乡、中国高山生态茶、中国古茶树之乡、乌撒烤茶四大产业带推进毕节茶产业发展。贡茶之乡发挥自身优势，走茶旅融合发展的路子。通过金沙贡茶，带动黔西、百管委发展大宗茶、名优茶；高山茶区凭借其生态发展优势种植高品位名优茶，以纳雍高山生态有机茶为主体，带动织金、赫章成为名优茶生产区；围绕古茶树之乡开发七星关太极古茶，推动大方、金海湖茶产业发

展；乌撒烤茶发展特色文化茶区。通过产业规模的不断扩大和产业布局的不断优化，以及茶叶销售渠道的不断拓宽，毕节市茶产业迈上一个新的台阶，形成了一个比较完善的产业链，茶旅融合逐渐形成。结合百里杜鹃景区建立了世界最高海拔茶园，纳雍骠岭高山有机茶园、织金县双堰街道黄金芽观赏茶园、七星关区亮岩镇太极村茶旅融合观光旅游示范园、毕节市拱拢坪茶旅康养等一批茶旅观光示范基地发展茶旅一体化，把茶园观光同特色小城镇、民族风情村建设及乡村旅游结合起来，发展集茶种植加工和茶饮文化生态环境体验于一体的沉浸式乡村旅游，使得毕节高山生态茶产业经济和社会效益取得显著成果。

（四）市场拓展形式走向多元化

随着茶产量的增加销售市场的竞争也随之而来，毕节试验区在大力发展高山生态茶产业的同时，也积极探索茶叶营销之路和重视市场拓展，除了常规的组团参加省内外的茶博会、推介会外，还组织举办"采茶节"、"万人品茗"、茶文化"六进社区"、茶饮文化推广活动。为推进公共品牌"奢香茶"，政府搭台举办"毕节奢香杯"和"黔茶杯"比赛，提高大众对地方品牌的认识。近年来，在政府的积极推动下毕节茶企自主打造出"纳雍古树茶""金沙贡茶""威宁乌撒烤茶""大方海马宫"等地方品牌。以品牌为基点，毕节试验区茶叶销售市场走向多元化，销售形式走向多样化，销量逐年增加，茶产业也逐步成为广大农户脱贫致富的主导产业，毕节茶区也成为贵州重要的茶区和乡村振兴战略坚实的产业基础。

（五）市场影响力初见端倪

随着贵州茶在全国被大众所熟知，贵州茶的影响力逐年提高。毕节高山茶也被大家所认识，其知名度和影响力也开始提升。以毕节著名的"金沙贡茶"为例，从贵州省绿茶品牌发展促进会对 2020 年全网相关新闻资讯的统计数据分析来看，全年"金沙贡茶"相关新闻报道 630 篇，从稿件分布上看，微信 126 篇，网站 205 篇，App 238 篇，第三方平台入驻媒体 12 篇，报纸 39 篇，微博 9 篇，论坛 1 篇（见图 2）。地域分布在贵州、北京、上海、山东、四川、广东、湖北、湖南、河南、福建、江苏、吉林、云南，其中影响力大的省份分别有贵州、北京、上海，说明毕节茶的影响力已走出贵州。

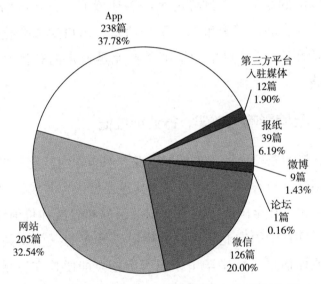

图 2　2020 年金沙贡茶品牌传播力大数据分析

资料来源：贵州省绿茶品牌发展促进会。

四　毕节试验区茶产业发展面临的困境

（一）市场竞争日益激烈

毕节试验区大多是高山茶区，高山坡地茶园有利于茶叶种植但却

不利于机械化的发展，各高山茶区种植栽植、培管和采摘基本是人工完成的，生产效率较低。加上运输、采摘中人工费用高，这使得毕节试验区茶叶生产成本高而利润薄，市场竞争力受到严重影响。再加上全国茶产品的去成本化，总体供过于求的局面使得市场竞争异常激烈。在销售渠道上，国际茶叶出口贸易竞争也日趋白热化，对于毕节这种出口贸易刚刚起步的地区来说，不仅面临着国内、省内茶企的挑战，同时也要面临斯里兰卡、印度、越南等有着价格优势的茶叶出口国的竞争。在这样的大经济环境下，茶叶市场面临着重新洗牌的严峻考验，销售市场投资、消费、出口形势变化倒逼着茶产业"供给侧改革"，也推动毕节茶产业迅速走向转型升级和创新发展的道路。

（二）品牌影响力较弱，行业地位低

诚然，毕节茶产业近年来发展迅猛，但与省内其他一些地区相比名气仍然不够，与省外一些产茶区相比差距较大，与成熟的著名茶区相比差距更大。在全国范围内看，毕节茶的知名度和价值评估很低，浙江大学 CARD 中国农业品牌研究中心等发布的《中国茶叶区域公用品牌价值评估报告》中毕节茶没有上榜。即便是在贵州市场，毕节茶的占有率也不高，在省外市场上毕节茶身影难觅，2020 年 5169吨的产量在全省占比相对较小，毕节茶园面积仅占贵州省的 7%、全国的 0.2%，规模效应很难形成，同时毕节试验区茶产业体量小，在茶行业中几乎没有话语权，行业地位低。

（三）市场体系有待进一步完善

市场体系是确保茶产业相互联系、相互制约的，推动整个茶产业发展的重要保障，从生产市场来看，现阶段毕节试验区茶叶龙头企业较少，国家级龙头企业 2 家，占全省国家级龙头企业的 5.7%，省级

龙头企业 15 家，占全省龙头企业的 6.58%，区域公共品牌"奢香茶"1 个，缺少有带动力的龙头茶企，也缺乏"小"而"精"的龙头引领。毕节试验区的茶企在区域内分布较分散，主要分布在毕节市、金沙、大方纳雍县的山区乡镇，难以形成规模。这些乡镇茶企的经营模式基本上是家庭作坊，经营方式也较为粗放，这样的家族管理方式越来越不能适应市场的需求变化，市场有效竞争力较弱。另外，"小、散、多、乱、杂"是毕节各茶区许多生产主体的状态，规模小、信誉差是多数企业经营的特征，而且这些松散的茶企缺乏茶叶生产经营人才，茶叶的生产质量也参差不齐，又因为规模小而融资渠道狭窄，发展后劲不足；企业间各自为政，缺乏紧密合作，没有抱团营业的声势，生产、销售、经营方法也不多。再则仓储物流体系仍然不健全，现代化的仓储中转站点缺失，尽管 2020 年全省物流总费用占生产总值的比重下降至 15.5%，下降速度明显，但和全国平均水平比仍然处于较高水平，物流业发展还不能有效满足试验区经济高质量发展和现代化经济体系建设的总体要求。

（四）产业联动发展不足

产业融合联动发展是茶产业高质量发展的必经之路，从毕节试验区现阶段的发展来看产业融合与联动发展是茶产业发展的弱项，试验区茶产业缺乏茶文创产品、茶旅体验、观光农业等多产业的联动融合发展项目，协同研发茶产业平台少之又少，协同发展项目严重不足。茶产业种植加工发展过程相对独立，缺乏茶企与茶企、茶企与相关企业的合作机制。即便出台部分"茶产业+"战略也多流于形式，技术指导、制度创新、文化理念与茶产业的融合都相对滞后，各地热火朝天的茶旅文化挖掘、茶旅经济的发展还没有一套全面有效的发展措施和具体战略。热热闹闹的"茶产业+"战略的实施并未在毕节茶产业的边际收益和溢出收益中得到显著发展，导致

"茶产业+"战略对区域茶产业发展贡献值甚微,对茶经济的拉动效益也严重不足。

五　毕节试验区茶产业链的优化路径

（一）不断对茶产业进行价值链全面优化

毕节茶产业要发展有机绿色,提升种植过程中的茶叶价值链是关键。在价值链的提升发展中,试验区可首先尝试推行"种植+养殖"的茶叶战略,严格控制农业化肥,以干净绿茶全球共享为宗旨发展生态农业,促进资源循环利用,推广畜禽粪便"零排放",助推种养结合的深度融合,助推茶叶种植绿色化。其次,要做好品质产业链提升文章,选好茶叶品种,加强茶树良种选育及繁育基地建设,加大自主培育的力度,努力培育具有毕节特色的无性系茶树新品种,利用本地品种适应性强的特点,做出茶叶品种的中长期规划,逐步优化现有品种结构,提高茶叶品种的适应性和灵活性。加大低产茶园改造力度,支持绿色生态茶园建设。再次,优化茶叶加工价值链,提升茶产品精深加工水平。要通过政策奖补、财税减免、土地租让等政策培育壮大本土龙头企业,提升精深加工水平,打造一批集标准化现代茶园、标准化加工厂房、先进加工设备、标准化仓储设施于一体的茶叶企业。要加强品牌建设,坚持建管并重,着力打造纳雍县和金沙县茶叶科技示范园、毕节市周驿现代茶叶生态观光园及金沙县城关镇、黔西县谷里镇、纳雍县化作现代茶产业示范区,努力做好茶产业与现代农业的有机结合。构建标准体系,制定茶叶分级制度,完善茶叶生产技术标准,建立茶叶品质评价和质量安全追溯体系。最后,优化茶叶营销市场的价值链,实施多角度全渠道营销策略,切实实现网络与现场相结合、线上与线下相衔接的营销战略。通过"设计""动漫""文创"+"营销"的全面营销策略，让本土茶叶产品具备独特的地方标识，借助"两微一端"，以本地特色为网络主题，提高本地茶叶品牌和区域公共品牌的影响力。同时，利用节庆营销战略，通过对"民族节"等茶文化的挖掘，在节庆活动中厚植本土茶叶品牌文化元素；提高"营销+会展"战略的有效性。通过区域龙头茶企"走出去"的方式，让本土茶叶品牌知名度越来越响，依托"营销+战略"，促进茶叶产业与文化的价值链接，实现茶产业经济价值与文化价值的完美融合。

（二）不断推动茶产业信息链智能化发展

首先，促进茶产业信息化智能化发展，毕节试验区应做好产业信息化管理规划，通过信息化推动质量可追溯体系建设，推动信息链的智能化发展。完善平台建设，实现政府监管、质量溯源体系、茶叶种植管理、茶叶加工企业管理、茶叶批发市场管理、团体采购管理、零售市场管理、电子商务、生产服务建设等管理平台的数据资源共享和数字链接。同时统筹建设茶产业信息系统支撑平台和应用支撑平台，通过资源共享来为茶产业建立一个全方位的综合信息服务平台。其次，信息化发展是一个巨大的工程，需要政府的正确引导，在以市场为主体的基础上，运用物联网、互联网等新型的信息获取手段建设茶产业信息化网络，运用这个网络营造高效、透明、流动、共享的信息链。优化乡村振兴战略背景下茶产业发展的信息环境，解决县域茶叶市场因信息不对称而出现的交易成本高和市场交易不确定性的问题。同时，在茶产业信息链末端必不可少的是科技平台建立，"专家系统"的构建是产业发展的支撑，县政府与院校、科研机构以及茶叶学会协同合作，在专家的研判中对各类茶产业信息进行分解、释译和再加工，让信息平台成为集"专业解读"和"理性指导"于一体的专业服务平台，避免一些盲目性和随

意性的信息误导茶企盲目冲动发展，形成虚化与泡沫化的茶经济发展状态。

（三）不断完善茶产业发展组织链

茶产业发展组织机构的构建，决定了茶产业发展的方向。一是试验区可设立茶产业发展联席会议，完善联席会议制度，按照茶区资源优势分组协商，如茶区需求与扶持政策关联，由与茶产业相关的农业农村局、发展改革局、商务局等部门根据引领政策进行共同协商，更好地发挥政策对基地提升、技术优化、品种更新以及茶品牌建设的支持作用。如茶区需求在资金保障"模块"，可由市财政局、自然资源局、农业农村局等部门组织各协商主体就资金管理、资金分配、项目验收制度等具体事项进行共同协商。这种以茶产业发展联席会议为纽带构建而成的组织链，通过政府行政部门协同合作，形成组织合力。二是完善市场组织端的市场组织架构并向纵向延伸。以合作社为基础建立区域茶产业合作社联盟，进一步提升茶产业合作社品牌价值和拓展功能，使茶产业合作社成为一个融合式发展的组织。同时，推动和规范土地流转，将农民土地流转至集体土地合作社，再以合作社的名义对外流转，通过科技引领和龙头企业收益带动，实现农民增收的"五元回馈"，即按年一次性收取保底流转金、集体股份收益保底分红、优先就业工资收入、农民救助金、集体股份收益分红。三是发展区域茶叶协会，完善茶叶协会职能，按照市场经济规律，组织协调全县茶叶的科研、教育、种植、加工、流通、出口、质检以及茶文化等部门，推进茶叶产业化经营，引导和推进结构调整。同时要对茶叶协会赋予充分的权力，保障其地位的独立性，使茶叶协会能有效利用行会组织身份协调矛盾，沟通政企，实现行政组织链与市场组织链的有效衔接。

参考文献

王巍：《链接优化：乡村振兴战略背景下茶产业发展路径——以成都市 A 县为例》，《河南牧业经济学院学报》2020 年第 4 期。

伏森、王巍：《乡村振兴战略背景下县域茶产业发展的困境与对策——以四川省浦江县为例》，《忻州师范学院学报》2021 年第 5 期。

吴维海：《新成果助力乡村振兴和高质量发展——国家发展改革委国际合作中心四大乡村振兴系列成果》，《新时代学刊》2019 年第 2 辑。

王小艳：《农业产业化发展助力乡村高质量发展研究》，《中国经贸导刊》（中）2020 年第 2 期。

尚晓阳、孔晓君、袁奇军：《乡村振兴背景下日照市茶产业发展对策研究》，《福建茶叶》2020 年第 1 期。

李旻辉、那木汗、王文乐：《推动中药（蒙药）材产业高质量发展助力乡村振兴战略实施》，《实践》（思想理论版）2021 年第 7 期。

张晶：《乡村振兴背景下县域涉农产业高质量发展研究——以吉林省敦化市为例》，《延边党校学报》2021 年第 1 期。

丁浩文、曹良刚：《金刚碧绿　辉煌可期——商城县茶人杨智栋的乡村振兴梦》，《农业·农村·农民》（A 版）2021 年第 3 期。

马贤森、赵明勇、王习秀：《毕节市茶产业发展中存在的问题与解决办法》，《园艺与种苗》2019 年第 8 期。

郑明喆：《基于 SWOT-CLPV 模型的安康富硒茶区域品牌建设对策研究》，《湖北农业科学》2021 年第 9 期。

B.17
毕节试验区农产品加工业
高质量发展研究

于开锋　柳嘉佳*

摘　要： 农产品加工业是以农、林、牧、渔等动植物资源为原料的
工业生产活动，是国民经济的基础性产业之一。近年来，
毕节试验区以优质农产品资源为依托，农产品加工业获得
快速发展，竞争力逐渐增强。"十四五"期间，应以生产
规模化、技术高新化、产品品牌化、经营国际化为方向，
努力打造毕节农产品加工业升级版。

关键词： 农产品加工业　高质量发展　毕节试验区

农产品加工业是以农、林、牧、渔等动植物资源为原料的工业生
产活动，是国民经济的基础性产业之一，农产品加工对推动农业现代
化进程、促进农业提质增效、延伸农业产业链条、增加农产品附加值
具有重要价值，同时对于提高人民群众生活质量和健康水平、增加乡
村劳动力就业、推动农民增收都具有极其重要的意义。近年来，毕节
市依托较好的区位交通条件、立体气候及特色繁多的优势农产品资
源，大力发展特色优质高端农产品，加大对特色产业的扶持力度，使

---

* 于开锋，贵州省社会科学院工业经济研究所副研究员，主要研究方向为农村经济
发展；柳嘉佳，贵州省草业研究所研究实习员，主要研究方向为植物生态学。

农产品加工业成毕节市优势产业之一，打造成为黔西北优质特色农产品加工基地，对推动毕节农业高质量发展、实现乡村振兴、保持经济平稳较快增长发挥了积极作用。

一 毕节试验区农产品加工业发展概况

（一）优势条件

毕节位于黔滇川三省接合部云贵高原乌蒙山腹地，是乌江、北盘江、赤水河发源地，境内地形地貌复杂多样，立体气候特征明显，常被形容为"一山有四季、十里不同天"，适宜多种农作物与动植物的生长、繁衍，良好的生态环境及独特的山地、土壤、气候等自然条件使毕节具有得天独厚、个性鲜明的山地农业资源，形成了许多在全国具有影响力的特色农产品。毕节盛产马铃薯、玉米、油菜籽、芸豆、大豆、苦荞等粮油类农产品与樱桃、核桃、茶、生漆、辣椒、大蒜、竹荪、天麻、杜仲等经济类农特产品，被誉为"中国南方马铃薯之乡""中国漆器之乡""中国竹荪之乡""中国天麻之乡""中国樱桃之乡""中国核桃之乡""中国皱椒之乡""中国高山生态有机茶之乡""中国豆制品之乡""中草药王国"，纳雍樱桃、赫章核桃、毕节鸡蛋、七星大球盖菇、威宁苹果、织金南瓜、威宁"三白"、乌蒙小香葱、可乐猪、冬荪、大方天椒、金秋梨等驰名中外，乌蒙春烨、燕麦黄粑、花渔谷大闸蟹、小龙虾、奢香贡茶、安格斯牛肉、金维宝刺梨饮品、贵州"三酸"、织金荞凉粉、火参果等美味食品令人垂涎。2021 年，毕节市第一产业增加值达 526.49 亿元，同比增长 7.8%，农产品加工业极具发展潜质。近年来，以优质农产品资源为依托的农产品加工业在毕节市得以快速发展，呈现加工特色明显、产业规模扩大、企业发展迅速、名品不断增多、竞争力逐渐增强的良好态势。

（二）产业规模

"十三五"期间，毕节市现代农业总量及产值平稳增长，农业结构优化成效明显，在粮油生产保持稳定的基础上，蔬果茶、肉蛋与水产品等均保持较快增速。2020年，全市农业总产值达到812.6亿元，比"十三五"初期增长248.3亿元，处于历史较高水平。其中，种植业、林业、畜牧业、渔业及服务业总产值分别为548.4亿元、33.5亿元、196.6亿元、2.6亿元和31.4亿元。粮食产量241万吨，蔬菜产量449.4吨，食用菌产量15.91万吨，茶叶产量4629吨，中药材产量13.18万吨。猪、牛、羊出栏数分别为331.3万头、34.5万头、57.9万只，禽出栏数3128.8万只，禽蛋产量为4.4万吨。"四肉"总产量达40.5吨[①]。2020年农产品加工转化率达46%，2020年毕节市农产品加工业总产值突破100亿元，增长率居工业行业前列。2021年，全市粮食、蔬菜及食用菌、园林水果产量分别达到243.89万吨、501.77万吨和88.84万吨，较上年分别增长1.2%、11.7%和25.8%。[②]

目前全市初步形成以粮油、蔬菜、茶叶、经果、中药材、畜牧、水产等类型特色农产品加工为重点的加工体系，以毕节特色食品工业为主导的农产品加工业在工业中占比逐年提高。截至目前，全市共培育农产品加工市级以上龙头企业50家以上，亿元以上龙头企业超过10家，10亿元以上龙头企业5家，累计发展合作社17662个、家庭农场数量达到2468家。"乌蒙山宝·毕节珍好"旗下已汇聚一批本土名牌产品、著名商标。农产品加工业得到跨越式发展。

---

① 《毕节市2020年国民经济和社会发展统计公报》。
② 《毕节市2021年国民经济和社会发展统计公报》。

（三）产业结构

为推动农业产业高质量发展，毕节持续深化农村产业革命。一是按照省推进农业现代化战略部署，加快发展毕节市马铃薯、蔬菜、刺梨、茶叶和肉牛等 12 大特色产业。实施"55441111"产业提升工程，即 2020 年发展马铃薯 500 万亩、牛 500 万头、特色经果林 400 万亩、蔬菜 400 万亩、中药材 100 万亩、茶叶 100 万亩、皂角 100 万亩、刺梨 100 万亩，并分别细化提出各大产业的行动方案、发展目标与任务。立足各地产业基础、区域特点和资源禀赋，突出"一县一业""一乡一特"，持续优化产业布局。截至 2020 年，已种植马铃薯 526.9 万亩，特色经果林 397.82 万亩，茶园 88 万亩，养殖牛 283 万头[①]。二是发展山地特色高效生态农业。依托资源条件和禀赋，以标准化、规模化、品牌化、特色化为方向，重点抓好 207 个坝区建设，持续扩大蔬菜、水果、辣椒、食用菌、中药材等特色优势产业规模，坝区平均亩产值达 10773 元以上。加快构建现代山地特色农业产业体系，着力打造长三角、珠三角和粤港澳大湾区等绿色优质农产品专供基地。三是发展生态畜牧渔业。重点发展牛羊、生猪、生态家禽、生态渔业等特色产业，采取"公司+规模养殖场+农户""公司+合作社+农户"等模式，积极推行"三变""农户寄养""农户代养"等合作方式，引进温氏、越秀、风行、贵阳农投、新六农牧和鑫有渔业等大型养殖企业，推动企业智慧牧场建设，把毕节打造成为全省猪肉稳定供应核心区与优质鸡蛋生产基地、我国重要的安格斯牛繁育基地与高档肉牛生产基地。

[①] 《毕节市聚焦"55441111"农业特色产业提升工程"冲刺 90 天打赢歼灭战"》，黔农在线，2020 年 4 月 7 日。

（四）要素保障

对照农业发展"八要素"，从农田基础设施、种业繁育、种养技术、仓储物流体系、技术质量标准与财税金融政策等多方面，持续强化产业配套支持，保障主要产业稳步发展。

一是增强农业发展能力。进一步完善水利、喷滴灌设备、机耕道、电力等田间基础设施，截至 2020 年累计建成高标准农田超 60 万亩。2021 年，毕节突出基础配套，打出了农业产业生产环节高质量发展的"组合拳"：新增高标准农田 32.15 万亩，不断提升土壤综合生产能力。推广测土配方施肥农田 1258 万亩，实施农作物病虫害绿色防控农田 570.86 万亩。累计建成农产品产地冷藏保鲜设施 134 个，储存量 2.92 万吨。在重要农时季节投入各类农机具 12.59 万台（套），机播面积 16 万亩、机收面积 210 万亩。

二是积极培育各类农业经营主体。加大龙头企业培育与招引力度，2021 年新增培育市级及以上龙头企业 5 家，充分发挥农业龙头企业市场优势，促进全市种养基地规模化、订单化、标准化生产。

三是强化生产组织。推进"村社一体"，进一步提升农民群众入社比例。抓好合作社实体化、组织化与规范化运营，更多培育示范社、联合社，打造示范性合作社 50 家以上，着力提升合作社规范化管理水平。

四是强化利益联结机制。深入推广农村"三变"改革，积极盘活农村资源要素，支持小农户参与合作社经营，支持合作社与龙头企业合作，促进龙头企业、合作社、小农户形成紧密的产业发展和利益共同体。在全市积极推广反租倒包、产业托管、资产收益、入股分红和订单生产等利益联结方式，让产业增值收益更多分享给农民和贫困户。

五是狠抓市场销售。针对性细分市内市外与电商市场，成立农产品销售专班，由市委、市政府主要领导任专职顾问，持续加大农产品产销对接力度。紧盯市内"七进"市场，贵阳、成都、重庆等周边市场和长三角、珠三角、粤港澳大湾区市场，扎实推进农产品销售。大力发展农产品加工业，2021年底农产品加工转化率提高2个百分点。

（五）平台建设

一是强化平台机制建设。2020年毕节市共建设国家级农业科技园区1个，省级农业科技园区21个，市级层面成立国家农业科技园区管理办公室，县级层面推进成立省级农业科技园区管理机构；农业星创天地以践行"星火燎原、创新创业、科技顶天、服务立地"为宗旨，是农村科技创新创业服务体系的重要组成部分，是服务农业科技的创新创业平台，目前毕节市共建设国家级星创天地5个，省级星创天地8个，注重发挥星创天地"孵化"功能，培育更多契合本市农业产业发展的企业（合作社）。二是强化平台示范带动。在全市建设一批标准化的科技创新平台，展示先进的种植养殖技术、优良的新品种，从而带动当地农户参与产业发展。目前，毕节国家农业科技园区累计引进建设生产项目数110个，示范基地52个，转化科技成果142项，推广新品种、新技术、新设施121个；2019年度，园区内有科技活动人员628人，年度技术培训26057人次，带动农户26676人。突出农业科研和成果转化，技术攻关服务产业发展。围绕毕节市十二大农业特色产业技术需求，靶向争取项目支持，2020年，成功申报科技部"科技助力经济2020"重点专项农业类项目2个，立项资金100万元；申报2020年度贵州省科技计划农业类项目26个，立项资金共1776万元；申报2021年贵州省科技计划（第一批）农业类项目55个。国家级和省级农业科技计划项目的成功立项和实施提升了农业科技水平，有效激发了科研机构和农业科研人员的积极性和创造性，完善了毕节市农业科技创新体系，加快现代山地特色高效农业

发展步伐，助推农业农村现代化进程。2020 年毕节市威宁县实施贵州省科技重大专项"农业 4.0（贵州高海拔 500 亩以上坝区蔬菜）技术集成及应用示范"，立项资金 990 万元，持续加强项目管理，紧盯项目实施进度，制定种植模式，编制技术规程，切实发挥项目示范带动作用，打造威宁蔬菜地标产品，力争在全省可示范、可推广。

（六）品牌质量

毕节农业坚持走特色路、打生态牌。一是狠抓农业结构调整，坚持在提高农产品质量安全水平上破题，建成蔬菜、中药材、食用菌、水果等规模化、标准化生产基地 232.16 万亩，获得粤港澳大湾区"菜篮子"基地认证共 53 个，数量位居全省第 1。同时，积极开展"两品一标"认证，全市累计获绿色食品认证 29 个、有机产品认证 188 个、地理标志产品认证 12 个。二是加强农产品质量全程监控。2021 年完成 337 个市级监督抽样检测，合格率为 99.7%，1.3 万个速测农产品检测合格率为 99.98%。全社会质量意识普遍增强。三是加强名牌培育和质量振兴。许多企业通过创名牌，不断加大企业技术创新、制度创新与管理创新力度，加强企业标准化与质量管理体系建设，涌现出一批市场号召力强、生产技术先进、创新能力强的名牌企业，如中禾恒瑞（贵州）、贵州金维宝生物、贵州大方吴记老字号食品、贵州阳光食品、贵州高原蓝梦菇业、贵州金沙春秋酒业、织金县农耀农业、威宁超越农业、毕节乌蒙春烨食品等，名牌产品培育成效显著。

二 毕节市农产品加工业存在的主要问题

毕节农产品加工业本身具备较好的优势条件，近几年获得较快发展，但现阶段仍存在一些明显的短板。

（一）企业总数小，龙头企业少

毕节农产品加工企业数量仍然偏少，且小微型企业占比大，大部分还处于成长阶段，缺乏强有力的龙头企业，辐射带动能力弱。特别是缺乏能够整合上下游产业链、跨区域经营、敢与省内外大企业抗衡的旗舰企业，销售收入亿元以上的农产品加工规模企业占比不到10%。亟须培育壮大一批高成长、强带动的龙头企业，促进优势农产品加工业集群发展。

（二）产业集中度低，集群效应不显著

农产品加工产业园区是促进农业产业调整与升级、带动区域经济发展的重要空间聚集形式，对于聚集创新资源、提升核心竞争力、培育新兴产业等具有非常重要的意义。虽然近几年毕节市内各县区工业园区已有许多农产品加工企业入驻，以农产品加工业为主进行规划建设的园区也不在少数，但众多园区功能与产业发展定位有诸多雷同，联系紧密专业化分工协作体系尚未形成，园区聚集效应亟待提高。以茶叶为例，全市近百个加工企业零星分布，抱团发展意识淡薄，叫得响、上档次的加工企业少。

（三）技术水平较低，资源转化率不高

毕节市农产品加工企业多为资源型粗加工企业，高技术精深加工企业少，技术及装备水平落后，新技术利用与研发较为滞后，产品以初级、传统、一般产品为主，缺少高端、新式、名优产品，导致农产品附加值不高，综合利用程度差，产业链条短，丰富的农产品资源优势尚未充分转化为商品优势与经济优势，尤其是樱桃、核桃、茶叶、蔬菜、畜牧、中药材等规模化种植农特产品，提升其精深加工能力势在必行。毕节市农产品加工率目前约在40%，对比发达地区80%以

上的粮食与50%以上的果蔬工业化转化率，毕节市农产品加工转化率和加工深度有待进一步提高。

（四）品牌优势不明显，市场号召力不强

质量是铸造品牌的第一要素，毕节大多数本土农产品加工企业品牌意识不断增强，争创名牌的主动性积极性较高，但众多小型企业"一企一品牌、单打独斗闯市场"在市场竞争中很难有大作为。目前毕节农产品加工业名牌少，产品市场号召力有限，市场开拓和产品营销不足，资源优势难以充分转化成产业优势，只有在做优品种基础上做亮品牌，才能真正做强产业。

三　新时期促进毕节市农产品加工业发展的对策建议

"十四五"期内毕节加快农产品加工业发展要立足实际，把握机遇，深入挖潜，破解发展瓶颈，以更精准高端、差异化的特色定位，着力彰显农产品加工业优势，以生产规模化、技术高新化、产品品牌化、经营国际化为方向，围绕规模质量、效益、竞争力与可持续等要素做强"长板"，补齐"短板"，努力打造毕节农产品加工业升级版。

（一）明确发展目标

围绕四新抓四化，抢抓新时代西部大开发、乡村振兴等战略机遇，农产品加工业闯新路、开新局。实施农产品加工业提升行动，把农产品加工业作为毕节工业强市的重要支撑与优势所在，围绕丰品种、提品质、强品牌谋划好符合毕节实际的农产品加工业发展路径，将毕节农产品加工业打造成为区域特色彰显、主业突出、竞争优势明显的重要支柱产业。到2025年，力争全市农产品加工业总产值突破

500 亿元，农产品加工率达 50% 以上，部分优势特色农产品加工率超 60%，精深加工比例达 50% 以上。培育和壮大农产品加工龙头企业，其中规模以上农产品加工企业比重超过 30%，在全市形成完整的质量安全与溯源体系，打造一批加工知名品牌产品。

（二）优化发展环境

实施更加有效的产业扶持政策，制定并落实一系列符合毕节实际促进农产品加工业发展的政策措施，加大财政投入，重点做好园区贴息支持，安排市级专项资金，采取以奖代补的形式扶持，加大融资扶持力度，积极开展银企对接工作，扩大银企对接规模，建立涉农贷款审批绿色通道，拓宽间接融资渠道，解决企业融资难问题，推进具备条件的企业上市融资，支持符合条件的涉农企业上市。鼓励发展农业产业化担保公司，增加中小企业融资途径。搭建各类农产品加工对接平台，努力促进农产品加工产业发展基地化、规模化、集群化与高新化。实行精准扶持，集中力量全力支持若干个有市场需求、发展前景广阔的主导产业和若干产业优势大、市场潜力高、创新能力强的龙头企业。引进一批市场前景好、行业带动强、科技含量高、发展后劲足的相关企业，提升毕节农产品加工业的支撑力、带动力、竞争力。积极推行"数字化+农产品加工业""数字化+园区"，促进园区向数字化、智慧化、集约化、高效化方向发展。

（三）壮大产业集群

一是培育新型农业经营主体，健全完善"公司+合作社+家庭农场+农户"经营模式，构建紧密的"风险共担、利益共享、合作共赢"利益联结机制，引领农业适度规模经营发展。持续加大龙头企业培育招引力度，打造一批能带动行业发展的大型企业集团，加快推进优势产品向优势企业集中，以龙头企业带动全市种养基地规模化、

订单化生产。二是进一步加快发展产业集群。以创新发展、集聚发展、提升发展为方向，坚持市场导向，尊重企业主体地位，让农产品加工业的发展紧贴市场消费需求。大力建设农产品加工基地与原料供应基地，打造特色加工基地与农产品加工园区，支持优强企业向优势园区集聚，以完善的基础设施与配套服务吸引关联企业集群集聚，从而实现生产协同配合。三是充分利用"一带一路"倡议的投资机遇，坚持"引进来"和"走出去"并行，引进国际大型农业集团和农业大项目，大力发展出口创汇农业。

（四）促进技术创新

推动毕节优势特色农产品资源深度开发，提升农产品加工品科技含量与特色化、标准化水平。把农产品加工企业作为农业科技创新主体，鼓励企业加强技术创新，加大科研投入，积极引进、消化、吸收现代先进技术，加大企业技改力度，建立产学研结合的技术创新体系。建立科企对接平台，建设区域性农产品加工科技创新基地，形成一批竞争力强的创新型农产品加工企业与加工品。加大农业科技投入，建立市级农业科技创新基金，安排农业科技成果转化资金和国外先进农业技术引进资金，在财税、金融、技术改造等方面给予支持。改善农业技术创新投资环境，培育农业科技创新风险投资。确立绿色发展基调，生产开发安全、优质的绿色食品及加工品，塑造营养安全、美味健康的"毕节制造"优质形象。加强质量安全监测与监督检查，加强产地环境管理，查处违法生产农产品行为和农业环境污染事故，办好标准化生产示范样板。积极完善农产品质量安全市场准入制度，实行农产品生产企业、加工企业质量安全责任承诺制。培训、宣传农产品质量安全法律法规与农业标准化生产技术。

（五）实施名牌战略

坚持品牌战略，加大名牌培植力度，引导企业争创名牌，增强竞争实力。以品牌为龙头，培育一批叫得响、市占率高的注册商标，培育驰名商标、地理标志和名牌产品，让更多的产品进入国家和省名牌产品行列。培育壮大一批拥有自主知识产权的地理标志品牌，围绕"果、茶、蔬、菌、牛、羊、药"等特色优势产业和区域性优势产业，加快地理标志商标的申报注册以及农产品"两品一标"申报工作。强化"乌蒙山宝·毕节珍好"公共品牌宣传，全方位、多渠道、多层次、持续性地集中宣传推介毕节地理标志品牌产品与区域公用品牌，讲好毕节农产品品牌故事，塑造优质品牌形象，不断提高毕节农产品知名度、美誉度与竞争力，提高毕节品牌与区域公用品牌在国内外市场的认知度与影响力。

（六）完善营销体系

加强"龙头带基地、企业连农户、产供销一体化"渠道建设与农产品品牌建设，开展精准扶贫特色产品专项推介，发展农产品线上线下交易、连锁分销与网络直销，大力建设农产品专业市场，形成多层次、多渠道的营销体系。大力培育现代流通方式与新型流通业态，着力打通县乡村物流供应链各环节，打通农产品物流"最初一公里"，完善县乡村三级物流网络体系；实现县乡村物流企业与农业经营主体有效对接，降低农产品外运成本；加快培育壮大市场主体，积极培育和引进各类快递企业、物流配送企业、第三方物流企业参与县乡村物流体系建设，创新农村物流配送服务模式，引导快递企业等加强与毕节特色农产品产地、经营商的合作，建立通便的农产品寄递运输服务模式，将毕节农产品资源优势尽快转变成产品优势、市场优势与经济优势。

参考文献

陈建华:《多措并举　扶优扶强　农产品加工业跃上新台阶》,《农产品加工》(创新版) 2011 年第 7 期。

王齐康、陈潇、王传传:《我市农产品质量安全检查锁定六重点》,《安康日报》2007 年 9 月 3 日。

毕节试验区城镇集中安置脱贫人口
稳定就业研究

赵　琴*

摘　要： 在巩固拓展脱贫攻坚成果与乡村振兴有机衔接的重要过渡期，又逢新冠肺炎疫情及经济下行压力等多重因素叠加影响，稳就业成为从中央到地方各级政府的工作重心。城镇集中安置脱贫人口因生计空间全面转型，其就业问题更加严峻。为此，本文从理论上分析了城镇集中安置脱贫人口面临的就业困境，回顾了毕节试验区"十三五"以来城镇集中安置脱贫人口稳就业的主要做法及成效，深入分析新时期该地区城镇集中安置脱贫人口就业工作面临的困难和问题，最后提出进一步稳定外出务工规模、积极支持就近就地就业、努力健全就业帮扶长效机制等促进城镇集中安置脱贫人口稳定就业的对策建议。

关键词： 集中安置　脱贫搬迁户就业　毕节试验区

巩固拓展脱贫攻坚成果，实现脱贫攻坚与乡村振兴的有效衔接是脱贫地区当前和今后很长一段时期农村工作的首要任务。易地扶贫搬

---

* 赵琴，贵州省社会科学院农村发展研究所助理研究员，主要研究方向为农村贫困、社会融合。

迁作为"五个一批"重点工程，为实现全面脱贫做出了重要贡献，但大规模脱贫人口易地安置也成为规模性返贫最大的风险隐患。2021年2月，习近平总书记视察贵州、毕节时，对易地扶贫搬迁后续扶持做出了重要指示，指出"搬得出的问题基本解决后，后续扶持是关键，要落实好有关举措，确保搬迁群众稳得住、有就业、逐步能致富"。

一 城镇化集中安置脱贫人口就业困境的理论分析

（一）跨越式城镇化对脱贫户生计能力的影响

易地扶贫搬迁是我国脱贫攻坚"五个一批"中投入最大、难度最大、风险也最大的系统工程。各地易地扶贫搬迁安置方式中以城镇集中安置为主。城镇集中安置既包括居住空间从农村向城镇的转移，也包括农户生计空间、社会网络空间、文化空间的转型与重构。相关研究指出：贫困户从农村搬到城镇，生产生活空间的巨大变化将会导致农户生计空间被压缩、社会网络空间出现断裂、文化空间逐渐弱化等一系列问题①。通常，农民进城需要经历一个非常艰难且长期的过程，首先要完成能力的城镇化，即农民具备一定技能，能够在城镇获取较为稳定的收入，然后通过长达几年甚至十几年的积累，在城镇购房进一步完成居住空间的城镇化，最后才是思想观念和行为习惯的城镇化。易地集中安置的脱贫搬迁户在国家政策的支持下，短期内实现

---

① 王振振、王立剑：《精准扶贫可以提升农村贫困户可持续生计吗？——基于陕西省70个县（区）的调查》，《农业经济问题》2019年第4期，第71~87页；刘明月、冯晓龙、汪三贵：《易地扶贫搬迁农户的贫困脆弱性研究》，《农村经济》2019年第3期，第64~72页；刘伟、黎洁：《提升或损伤？易地扶贫搬迁对农户生计能力的影响》，《中国农业大学学报》2019年第3期，第210~218页。

了跨越式城镇化，在国家的帮扶下无偿获得了城镇的住房、城镇居民的身份和城镇社保等待遇。不可否认，城镇集中安置改善了脱贫户的生产生活条件及居住环境，有效破解了"一方水土养不起一方人"的贫困积累陷阱。但城镇集中安置是否能够提升脱贫户的可持续生计能力还有待进一步商榷。

物质资本、自然资本、社会资本、人力资本、金融资本是衡量生计能力的主要维度。脱贫搬迁户通常生计能力比较弱，城镇集中安置可在短期内提升其物质资本，但自然资本、社会资本会在一定程度上受损①。物质资本快速提升。脱贫搬迁户从农村的危房搬进城镇的楼房，住房得以改善，住房价值得到提升，自然资本受损。对于脱贫搬迁户而言，耕地和林地是其最重要的自然资本，搬迁前农户可通过耕种土地获取基本的生活物资，搬迁后，由于城镇集中安置区离原住房较远，且原来的住房已被拆除，农户很难继续耕种原有土地，偏远山区又不具备发展农业产业的条件，大多数农户的土地最终只能抛荒；社会资本弱化。易地脱贫搬迁户在迁入新的城镇社区后，原有的基于血缘和地缘的社会关系在空间上出现分离，空间上的分离使得社会互动进一步减少，社会关系逐渐弱化。新的社会关系短期内难以建立，且社会关系更加同质化，脱贫搬迁户的社会资本相比搬迁前受到一定程度的损失；人力资本短期内难以满足城市需求。脱贫搬迁户在搬迁前以农业为生，农业经营的门槛较低，即使身体健康状况不是很好，受教育水平很低，仍然可以从事简单的土地耕种。城镇所提供的非农就业岗位对应聘者有年龄、身体健康状况、受教育水平等方面的要求，脱贫农民往往难以满足相关要求，且脱贫搬迁户短期内难以提升其人力资本，导致人力资本与城镇就业结构不适应，难以满足

---

① 刘升：《城镇集中安置型易地扶贫搬迁社区的社会稳定风险分析》，《华中农业大学学报》（社会科学版）2020年第6期，第94~100页。

城市需求；金融资本积累受阻。相较于农村，城镇是一个市场化的商品社会，吃穿用度都必须以市场购买的方式获取，这大大增加了农户的日常开支，进城的脱贫搬迁户如果不能实现就业获取收入，极易面临入不敷出的经济困境。相比在农村"半工半耕"的生计模式，城镇集中安置脱贫搬迁户的自然资本、人力资本、社会资本与金融资本并未获得最优配置，一定程度上影响了其可持续生计能力的发展。

（二）城镇集中安置脱贫人口就业的特殊困境

脱贫搬迁人口人力资本先天不足。脱贫搬迁户一般受教育水平低，因残疾、疾病等导致劳动力弱，内生动力不足是这部分群体的主要特征。健康资本、智力资本等人力资本不足使得脱贫搬迁户就业能力匮乏，难以满足市场对劳动力的基本需求，脱贫搬迁人口难以获得就业岗位。脱贫搬迁人口的就业偏好难以匹配城市就业需求。农业生产虽然受作物生长周期限制，但总体来说，从事农业生产比较自由，劳动时间和劳动量由自己控制。城镇的非农就业岗位则有严格的上下班时间规定，对于年龄较大且搬迁前主要从事农业生产的农户而言，他们已经习惯了自由散漫的生产生活方式，很难接受工厂化管理，因此不愿寻求此类岗位；而比较年轻的搬迁人口多是因照顾老人或小孩无法外出打工者，固定的上下班时间限制了其对家庭成员的照料，因而也不愿从事此类工作。脱贫搬迁人口对就业的偏好难以匹配城市就业岗位，形成结构性失业。县域经济落后难以提供足够的在地化就业岗位。西部地区多为欠发达地区，县域经济发展乏力，缺乏产业支撑，地方财政主要依赖中央财政转移支付，就业岗位不足，难以为脱贫搬迁户提供足够的就业岗位。因此，设置公益岗位成为大部分地方政府兜底就业的主要途径，然而公益岗位也存在泛福利化倾向，并非解决脱贫搬迁户可持续就业的根本之策。

二 毕节试验区城镇集中安置脱贫人口基本情况

"十三五"以来，毕节试验区充分发挥城镇人口的聚集和产业带动作用，在易地扶贫搬迁安置点的规划布局方面，鼓励各地将安置点选择在出行便利、基础设施比较完善、具备一定产业发展条件的县城区域、产业园区以及集镇等地，努力提高城镇集中安置脱贫人口占比。全市共实施易地扶贫搬迁 32.48 万人（建档立卡人口 28.33 万人），其中中央和省投资搬迁 28.48 万人、恒大集团援助 4 万人，建设集中安置区 140 个（500 人以下 72 个、500~999 人 23 个、1000~2999 人 19 个、3000~10000 人 11 个、万人以上安置区 15 个），建安置住房 77214 套。县城 29 个集中安置区安置 26.41 万人，占比 81%，其中万人县城设集中安置区 15 个，安置 23.90 万人，占比 73.58%。集镇设安置点 52 个，安置 3.9 万人，占比 12%；中心村设安置点 59 个，安置 2.17 万人，占比 6.68%。全市城镇安置率达 93.32%①。

三 毕节试验区城镇集中安置脱贫人口稳就业
的主要做法及成效

（一）做实做细就业服务，助推一户一就业

按照以产业和就业岗位确定搬迁的要求，毕节试验区通过不断完善后续政策扶持，在搬迁群众的就业培训和就业指导服务方面不断做实做细，以多种途径为脱贫农户创造收入，不断提升群众的获得感和幸福感。深化劳务协作，通过在广州搭建劳务协作工作站点，强化精

---

① 《毕节市"十三五"易地扶贫搬迁工作总结》，2021 年 11 月 2 日。

准对接和服务保障，帮助贫困家庭劳动力走出去，实现一户一就业。为搬迁点上的劳动力外出务工人员在就业、劳动维权方面提供保障。2021年全市通过135个就业服务网点、94个劳务分公司以及117个劳务合作社共计促进搬迁劳动力有组织就业10405人。举办专场招聘会，共计168场，上门走访13.83万户次，推荐岗位实现就业1.69万人。通过建立扶贫产业车间，鼓励企业以"订单+车间+贫困户"的模式联结贫困农户。共建立扶贫车间（基地）133个，吸纳搬迁劳动力2844人。推进校企合作，积极引导广州港、广汽、广建、广州无线电、广州地铁和雪松等广州优质企业与毕节职业院校建立新型校企合作关系，招收学生1166名，其中有建档立卡贫困学生578名，按照精准招生、精准资助、精准培养、精准就业的扶贫模式，提供了从入学、资助到就业的"一条龙"帮扶。

开发扶贫公益专岗，通过开发"十大员"公益转岗兜底安置等措施实现7811人就业。截至2021年底，毕节市共计有搬迁劳动人口14.96万人，13.65万人实现就业（其中跨省就业5.79万人，县外省内就业1.96万人，在县内就近就地就业5.9万人），就业率达91.24%；累计完成易地扶贫搬迁劳动力技能培训8.05万人次，促进就业5.28万人，其中2021年完成培训6320人次，促进就业4550人。动态实现了有劳动力家庭"一户一人"以上就业①。

（二）大力发展农业产业，实现就近就业

易地扶贫搬迁安置点产业配套是解决搬迁群众稳定就业的关键。一是结合各安置点实际，因地制宜发展产业，以产业发展带动搬迁群众增收。如威宁自治县借助得天独厚的优势，重点发展短平快产业，通过易地产业扶贫蔬菜基地的探索实践，以种植"三白"蔬菜为重

---

① 《毕节市"十三五"易地扶贫搬迁工作总结》，2021年11月2日。

点，大力发展蔬菜产业，积极发动 227 户搬迁群众组建了 6 个易地扶贫蔬菜专业合作社，采取"龙头企业+平台公司+专业合作社+基地+搬迁户"的模式，由自治县农投公司垫资生产成本（土地流转费、物资、务工）的 70%，合作社承担 30%，待种植成品交易后，农投公司从所得收益中扣回 70% 的垫资，剩余收益全部归合作社，让合作社在无生产成本前提下实现了正常的生产收益，保障了合作社的搬迁群众生产收益，破解了搬迁后的就业难题，让搬迁群众实现稳定增收。截至 2021 年，到易地扶贫蔬菜基地务工的建档立卡贫困户达到10327 人，已解决易地扶贫搬迁劳动力 3682 人。二是通过易地扶贫搬迁融资平台公司、整合相关项目资金等途径，不断加大财政投入，积极探索"公司+基地+合作社+农户"的经营管理模式，鼓励并支持搬迁群众发展配套产业，引导搬迁户以多种形式入股合作社或进行自主创业，多渠道增加农民收入。大方县通过恒大援建蔬菜大棚，以每户 2 栋的标准把蔬菜大棚确权给搬迁群众。农户利用"特惠贷"资金购买优质肉牛，并采取"龙头企业+合作社+贫困户"的模式，将大棚和肉牛捆绑入股合作社，实现按股分红。另外，部分安置点结合安置地土地资源，流转土地开辟"移民小菜园""微田园"，分配给搬迁农户耕种，既解决搬迁户部分生活需要，又让搬迁群众记住了"乡愁"。如金海湖新区幸福小镇安置点流转 180 亩闲置土地创建"移民小菜园"，以每年每平方米 1 元的价格租赁给 512 户搬迁户耕种，满足了幸福小镇搬迁群众乡愁难离和长期耕作的习惯，让搬迁群众在家门口就能有地种、解决部分生活需要，既满足农民对土地的难舍情怀，也解决了部分闲散有劳动能力人员就业问题。

（三）不断完善支持政策，促进创业就业

切实落实各项就业创业扶持政策，支持搬迁劳动力就业创业。围绕盘活安置点门面、商铺等资源，给予预留安置点场地、场地租赁、

用水用电等创业扶持,引导搬迁群众从事力所能及的生产经营活动。截至 2021 年,在各安置点打造农民工创业园(点)12 个,吸纳易地扶贫搬迁劳动力就业 528 人。为解决搬迁群众就近就业问题,将车间设在搬迁群众家门口。目前,已累计建成易地扶贫搬迁集中安置点就业扶贫车间 152 个,吸纳就业人口 4365 人。如纳雍县为鼓励搬迁群众就业创业,投入 826.4 万元设立了就业创业奖励扶持资金,待搬迁群众稳定就业创业后,可按每户 3000 元标准申请就业扶贫奖励资金;为每户贫困户贴息"特惠贷"产业发展资金 5 万元,对搬迁党员在发展产业方面给予不超过 20 万元的贷款,实行财政全额贴息,帮助搬迁群众创业。

四 新时期毕节试验区城镇集中安置脱贫人口就业面临的主要困难与问题

(一)劳动力素质较低,劳动供需不匹配

脱贫搬迁户中多数劳动力文化素质偏低且缺乏一技之长。截至 2020 年,毕节试验区有 500 余万名农村劳动力,46 周岁以上占 28.65%[①],小学及以下文化程度占 34.25%,农村劳动力的素质已经不能满足劳务输出的需要,脱贫搬迁户更是处于不利境况。城镇集中安置的脱贫搬迁户在迁出地主要从事传统农业种植,大部分移民城镇集中安置属于无土安置,迁入区和迁出区因距离较远,往返时间成本和交通成本较高,加上原有住房被拆除,原来以传统农业为生的这部分农户不得不面临生计转型。这部分移民中年纪较小、有一定技能的

---

① 《毕节市人力资源和社会保障局"十三五"规划完成情况及"十四五"专项规划总体目标》,2021 年 11 月 23 日。

多数选择外出务工，而年龄在 45～60 岁的劳动力就业则比较困难，这部分人多数思想观念、劳动技能难以达到企业用工标准，无法通过劳务输出解决就业问题，且部分移民家庭因赡养老人、照顾病人、子女上学等多种原因无法外出务工，甚至无法在本地就业。文化素质偏低、劳动技能缺乏及就业时间不固定成为城镇集中安置脱贫人口劳动供给质量低的主要影响因素。劳动需求方面，县域外务工通常需要具备一定文化水平、时间观念以及有一定年龄限制等，而作为西部山区的县域经济体，缺乏产业和就业岗位进一步导致该群体长期处于"想找活干却无活可干"的境况。对于部分劳动力较弱的家庭，政府提供了一定数量的公益性岗位，但公益性岗位工资在 1000 元左右，难以满足家庭开销所需，仍主要靠政策兜底予以辅助。劳动力素质偏低，劳动供需不匹配，造成了企业招工难和劳动力输出难的结构性矛盾，成为城镇集中安置脱贫搬迁户就业面临的最大障碍。

（二）受新冠肺炎疫情及经济下行压力影响，外出务工就业压力大

近年来，外出务工逐渐成为农民收入的主要来源，城镇集中安置的搬迁劳动力也不例外。截至 2021 年，毕节试验区城镇集中安置就业劳动力 13.65 万人，其中县外务工人数达 7.75 万人，占 56.78%[1]，大多数县区县外务工人数超过 50%。在新冠肺炎疫情及经济下行压力波及的就业群体中，进城农民工所受的影响最大。据国家统计局公布的数据，2020 年 6 月城镇调查失业率同比提高了 0.6 个百分点，其中以进城农民工为主的城镇外来农业人口的失业率同比提高了 0.7 个百分点。毕节试验区城镇集中安置搬迁劳动力省外务工人员多数在服装、电子制造等外向型出口产业工作，受国际经济形势影响，就业不

---

① 《毕节市易地扶贫搬迁城镇化安置情况汇报》，2021 年 11 月 2 日。

稳定性加剧。县外省内务工人员多数在建筑、餐饮等行业就业，受新冠肺炎疫情及房地产业下行冲击，部分农民工就业创业面临一些困难。

（三）扶贫车间效益不稳定，带贫效果不理想

毕节试验区已建成易地扶贫搬迁集中安置点就业扶贫车间152个，吸纳4365人就业。扶贫车间多数为代工企业，总体规模小，且多为技术含量低的产业；产业层级低，抵御风险能力差，主要生产服装、鞋袜等，缺乏自主品牌和销售渠道，对上游企业依赖较大；产业链配套不完善，原料和成品流通运输成本高，扶贫车间发展面临较大困难，部分扶贫车间因新冠肺炎疫情、产能及市场等影响，发展更是举步维艰，效益不稳定。此外，少数扶贫车间为逃避一些经费"支出"，不与员工签订劳动合同，也不为务工者购买工伤保险，导致务工群众的利益未能得到全面保障。部分扶贫车间也设置了如年龄、性别等就业门槛，使得部分不具备竞争优势的搬迁户难以在扶贫车间获得就业岗位。

五　毕节试验区城镇集中安置脱贫人口
稳定就业的促进对策

（一）进一步稳定外出务工规模

积极推进劳务对外输出。不断完善劳务输出体制机制，为外出务工人员提供流入地务工需求、政策支持等信息，更加关注脱贫人口外出务工就业。发挥就业帮扶基地和爱心企业的作用，通过奖补政策，鼓励各类市场主体为脱贫人口提供更多就业和培训机会。进一步强化劳务协作。充分利用东西部对口帮扶机制，搭建并完善企业用工信息

对接平台，以常态化的跨区域岗位信息共享和发布机制加强省内外劳务协作。积极培育劳务品牌。充分发挥本地区在资源禀赋、文化特色、产业基础等方面的比较优势，坚持技能化开发、市场化运作、组织化输出、产业化打造的四大原则，培育一批有特色、有口碑、有规模的劳务品牌，以品牌效应扩大劳务输出数量，同时提高劳务输出质量。

（二）积极支持就近就地就业

支持产业发展促进就业。依托乡村特色优势资源，发展壮大乡村特色产业，不断延长产业链、提升价值链，扩容就业岗位，增加工资性收入比重。持续发挥就业帮扶车间的就业载体作用，通过费用减免以及各项优惠政策的实施，努力打造集工作车间、公共就业服务中心、公共活动场所等功能于一体的综合性服务机构，丰富就业载体功能，为城镇集中安置脱贫人口创造更多的就地就近就业机会。

鼓励创业促就业。充分利用返乡入乡创业园、创业孵化基地等创业载体，为创业者提供创业培训、政策咨询、资源获取途径等全方位的创业支持。支持多渠道灵活就业。通过税费减免、场地支持、社会保险补贴等政策支持，鼓励脱贫人口从事个体经营，创办投资小、见效快、易转型、风险小的小规模经济实体，如发展"小店经济""夜店经济"等。创造乡村公益性岗位，在保持城镇集中安置地区公益性岗位规模总体稳定的同时，动态调整安置对象条件，为缺乏劳动技能的弱劳力、半劳力等脱贫人口提供就业机会。

（三）努力健全就业帮扶长效机制

优化提升就业服务。数据赋能提升就业服务精准性，以全国扶贫开发信息系统数据为基础，加强部门信息共享，建立健全脱贫人口预警机制，精准把握脱贫人口实时就业动态，及时提供就业咨询、指

导、推介等就业服务。以就业需求为导向精准实施就业技能提升，通过支持脱贫地区建设培训基地和技工院校、举办全国乡村振兴技能大赛、创建乡村振兴人才储备库等多种途径，努力打造一批靠技能就业、靠就业致富的先进典型，以此激发脱贫人口劳动致富的内生动力。

参考文献

殷浩栋、赵俊超、程郁、叶兴庆：《促进脱贫户劳动力稳定就业——巩固拓展脱贫成果系列调研之三》，《中国发展观察》2021 年第 21 期。

平卫英、罗良清、张波：《我国就业扶贫的现实基础、理论逻辑与实践经验》，《管理世界》2021 年第 7 期。

刘升：《城镇集中安置型易地扶贫搬迁社区的社会稳定风险分析》，《华中农业大学学报》（社会科学版）2020 年第 6 期。

王振振、王立剑：《精准扶贫可以提升农村贫困户可持续生计吗？——基于陕西省 70 个县（区）的调查》，《农业经济问题》2019 年第 4 期。

刘明月、冯晓龙、汪三贵：《易地扶贫搬迁农户的贫困脆弱性研究》，《农村经济》2019 年第 3 期。

刘伟、黎洁：《提升或损伤？易地扶贫搬迁对农户生计能力的影响》，《中国农业大学学报》2019 年第 3 期。

B.19
恒大集团参与毕节市脱贫攻坚的主要成效及经验分析

林 俐 恒大集团扶贫办 *

摘 要： 在党中央的号召下，以恒大集团为代表的一大批民营企业勇于担当，积极投身脱贫攻坚，纷纷发挥自身优势，为我国扶贫开发事业添砖加瓦。恒大集团从 2015 年 12 月开始结对帮扶毕节市，通过产业扶贫、易地搬迁扶贫、就业扶贫等综合措施，帮扶全市 100 多万贫困人口到 2020 年底稳定脱贫，脱贫攻坚卓有成效。本文通过分析恒大集团在毕节开展精准扶贫工作的主要做法，以及取得的主要成效，进而总结提炼出可复制、可推广的经验模式，为民营企业参与脱贫攻坚提供有益借鉴。

关键词： 恒大集团 精准扶贫 毕节试验区

一 毕节市概况

毕节市位于贵州省的西北部、川滇黔三省交界、乌蒙山腹地，总面积近 26848.5 平方公里，下辖七星关区、大方县、黔西县、金沙

---

* 林俐，贵州省社会科学院副研究馆员，主要研究方向为农村发展、图书资料管理；恒大集团扶贫办，恒大集团于 2015 年 12 月成立扶贫办公室，由集团副总裁兼任主任，统筹扶贫工作。

县、织金县、纳雍县、威宁彝族回族苗族自治县、赫章县 8 个县（区、自治县）和百里杜鹃管理区、金海湖新区 2 个正县级管委会，278 个乡（镇、街道），3701 个村（居、社区）。

毕节是多民族聚居的革命老区，乌蒙山区是全国集中连片特困区之一。境内居住有汉、彝、苗、回、布依等 40 多个民族，民族风情浓郁，据"六普"资料统计，少数民族人口占全市总人口的 25.88%，2015 年底毕节市户籍人口 904.2 万人，常住人口 660.61 万人，贫困人口 115.45 万人。

毕节经济社会发展长期滞后，20 世纪 80 年代，这里生态极度脆弱，基础设施建设落后，房屋破旧，山高坡陡，交通不便，群众的生活极端困难。"石漠化，风沙大，烈日当空雨难下。七分种，三分收，苞谷洋芋度春秋。"这就是毕节群众多年来艰苦生活和恶劣环境的真实写照，人民生活十分艰难，陷入了"越穷越生—越生越垦—越垦越穷"的恶性循环怪圈，毕节的贫困主要体现在三个方面。

一是贫困面广。除金沙县以外的 6 县 3 区均属乌蒙山集中连片特殊困难地区片区县（贫困县），其中有大方、织金、纳雍、威宁、赫章 5 个国家扶贫开发工作重点县，有纳雍、威宁、赫章 3 个深度贫困县。278 个乡镇（街道）中，有 173 个扶贫开发工作重点乡镇，其中有省级极贫乡镇 3 个（纳雍县董地乡、威宁县石门乡、赫章县河镇乡），市级确定脱贫攻坚任务较重乡镇 20 个（含省级 3 个极贫乡镇）。3701 个村（居、社区）中，有 1981 个贫困村（深度贫困村 529 个）。

二是贫困程度深。只有金沙县 1 个县属于非贫困县，2/3 的乡镇是贫困乡镇，一半以上的行政村是贫困村。从深度贫困这个层面来说，就有 3 个深度贫困县、20 个极贫乡镇、529 个深度贫困村。大多数贫困人口生活在深山区、石山区，是真正的贫中之贫、困中之困、坚中之坚，是脱贫攻坚最难啃的硬骨头。这些地方公共服务能力弱，基础设施、教育、医疗、文化服务等硬件设施不足，配套软件力量也很紧缺。部分贫困村依然存在用水困难、教育资源紧张、农村医疗技术人员严重不足等问题。

三是贫困群众增收难。大多数贫困地区增收渠道狭窄，特别是极贫乡镇等特困地区，气候条件恶劣、土地破碎贫瘠、产业发展滞后，群众收入主要来源于传统种植业和养殖业、外出务工。近年来，通过多方力量扶贫开发，一些地区在基础设施建设上取得了进展，但在增收产业的发展方面仍然不足，没有形成大产业精准覆盖、小产业自主发展、产业结构有效转型、贫困农户就近就地务工创业的局面，靠外出务工和传统种植、养殖业无法提高收入。

1988年6月9日，经国务院批准，以"开发扶贫、生态建设"为主旨的经济社会发展系统工程——"毕节试验区"宣告成立，从此毕节成为全国唯一以"开发扶贫、生态建设"为主题的试验区。

二 恒大集团概况

恒大集团总部位于广州，是港交所上市企业（中国恒大03333. HK），2021年位列世界500强企业第122位，2017年、2018年、2019年、2020年均居中国房地产百强企业综合实力TOP10第1名。恒大为多元化产业集团，涉足地产、新能源汽车、物业、新科技、文旅、大健康、冰泉等产业，拥有员工20万人，总资产达2.3万亿元，年销售规模超7000亿元①。企业文化是以质量树品牌、诚信立伟业，打造"百年恒大"。长期以来，恒大集团把履行社会责任视作企业的重要品质和无形资产，践行企业社会责任，以企之长，献企之力，把社会责任落实作为一项常态的、持续的、坚持的事业去

① 恒大集团官网，https：//www.evergrande.com/About。

做，充分彰显作为大企业的社会责任担当。近年来，由于在脱贫攻坚方面的突出贡献，恒大先后荣获"全国脱贫攻坚奖""优秀中国特色社会主义事业建设者""中国最佳企业公民""全国爱心捐助奖"等荣誉。2021年2月25日举行的全国脱贫攻坚总结表彰大会上恒大集团获评"全国脱贫攻坚先进集体"，以表彰其在打赢脱贫攻坚战中做出的突出贡献。

2015年，中央扶贫开发工作会议开启了脱贫攻坚伟大事业新征程，启动了东西部扶贫协作、对口支援和"万企帮万村"等工作，成为新时代中国式脱贫攻坚的一大亮点。恒大集团与众多房地产企业一起积极响应党和国家"动员全社会力量广泛参与扶贫事业"的号召，以企业力量深度参与脱贫攻坚。有关数据表明，在各大房企中，恒大对于扶贫工作的资金投入是最大的。自2015年中央扶贫开发工作会议召开以来，恒大集团累计援建项目891个、捐赠178.7亿元，帮助贵州、陕西、新疆、甘肃等9省区75个县打赢脱贫攻坚战①。

2015年12月起恒大集团结对帮扶大方县，积极投身脱贫攻坚，当年无偿捐助大方县30亿元。2017年5月，恒大集团决定进一步扩大帮扶范围至毕节市其他6县3区，并无偿追加80亿元②。截至2020年底，恒大共无偿捐赠110亿元，助力毕节所有贫困县全部摘帽、100多万贫困人口全部脱贫③，为助力毕节市整市脱贫，恒大成立了由副总裁兼任主任的扶贫办公室，在毕节各县区均成立扶贫公司和专职扶贫团队，共派出2108名扶贫队员常驻乌蒙山区，为高质量

---

① 《全国脱贫攻坚表彰大会在京召开　恒大、金科、珠江、万达等房企榜上有名》，《中国房地产报》2021年2月26日。

② 《决战乌蒙山｜恒大集团倾力帮扶毕节市脱贫攻坚综述》，天眼新闻，http：//www.gywb.cn/system/2021/03/01/031018204.shtml，2021年2月28日。

③ 《五年投入近180亿　恒大精准帮扶助力超百万人脱贫》，《新京报》2021年3月29日。

打赢脱贫攻坚战做出卓越贡献。恒大在毕节市的扶贫工作创下房地产企业的扶贫奇迹，与当地干部群众一起在乌蒙之巅书写了脱贫攻坚壮丽篇章。

三 恒大结对帮扶毕节主要举措及成效

为助力毕节打赢脱贫攻坚战，恒大集团以结对毕节、心系毕节、立足毕节为使命，牢牢抓住精准扶贫的"牛鼻子"——产业扶贫、易地搬迁扶贫、就业扶贫、教育扶贫和保障扶贫，制定并实施扶贫、扶智、扶志相结合的一揽子综合措施，在帮扶毕节过程中逐步总结形成具有自身特色的精准扶贫"恒大之路"。恒大还复制、推广毕节成功帮扶经验，助力新疆、甘肃、青海、陕西、江西、云南、河南、广东等多省区打赢脱贫攻坚战。

（一）产业扶贫

因地制宜的产业扶贫是贫困地区实现永久脱贫的最根本力量，产业精准扶贫有利于凸显贫困户的主体性作用，培育贫困户的可持续发展能力。为此，恒大首先将产业扶贫作为重中之重。

在产业扶贫方面，恒大结合当地实际，针对乌蒙山区独特的生态、气候特征，因地制宜发展蔬菜、肉牛、中药材和经果林等特色产业，帮助毕节打造中国西南地区最大的蔬菜瓜果基地和最大的肉牛养殖基地，并引进79家上下游龙头企业，整合"产、供、销"全产业链一体化经营，解决了农户"种什么、种多少、怎么种、卖给谁"的核心问题。以"龙头企业+合作社+贫困户+基地"的帮扶模式带动贫困户以土地、入股、务工或是自己发展产业等方式参与到农业产业链中来，确保贫困户持续增收、稳定脱贫，"十三五"期内恒大产业扶贫共投入44亿元，帮助20万户、70万贫困人口脱贫。同时通过

整合上下游产业链条，恒大为毕节搭建起可持续发展的、具有内生动力的市场化合作机制，为贫困农户规避市场风险、实现增收奠定坚实基础。

1.发展蔬菜产业

毕节市位于贵州省西北部乌蒙山脉，纬度低、海拔高，夏季凉爽，恒大在调研中发现本地非常适宜发展高山冷凉蔬菜且品质高，为此恒大集团结合毕节实际大力发展蔬菜产业。

一是援建蔬菜大棚、育苗基地、节水灌溉等农业基础设施，并配套建设蔬菜集散中心；二是扶持互助合作社，组织带动贫困户发展生产；三是利用自身资源，引进了中禾恒瑞集团龙头企业，由企业对接市场，由市场引领种植，由此打通"产、供、销"产业链。在这条完整产业链中，龙头企业借助大数据手段根据市场需求指导育苗中心生产，专业合作社组织带动当地贫困群众参与产业发展，蔬菜成熟收割后，由企业集散中心到田间地头向合作社现场收购，然后集中洗、拣、分，把绿色有机蔬菜供给到全国各地，通过整合产业链各个环节，从而形成"龙头企业+合作社+贫困户+基地"的发展模式，建立起可持续发展的、互利共赢的市场化合作机制。截至2020年底，恒大已在毕节全市建成并投入使用蔬菜大田基地36.7万亩、蔬菜大棚60980栋、育苗中心28.8万平方米、储存及初加工基地68处。在恒大集团的帮扶助推下，毕节蔬菜种植面积突破400万亩，种植规模位居贵州第1①。

以恒大援建纳雍县寨乐镇革新村蔬菜大棚基地为例，革新村坝区面积1000多亩，地势平坦，以前村民在这片土地上种植土豆、萝卜、花豆等作物，耕作方式粗放且时旱时涝，产量低且收益不稳，亩均收

---

① 《决战乌蒙山 | 恒大集团倾力帮扶毕节市脱贫攻坚综述》，天眼新闻，http://www.gywb.cn/system/2021/03/01/031018204.shtml，2021年2月28日。

入在 1000 元左右，农业收益较低导致大量土地被荒弃。2017 年恒大集团在该村建设纳雍县最大的蔬菜大棚基地，共建设蔬菜大棚 1100 多栋，采用以色列滴灌系统先进技术发展生产。投产以来，大棚基地产量大幅提高，农业经济效益显著提升，贫困户通过土地流转、务工、产品销售、年底分红等方式 2020 年户均纯收入近 20000 元。

2. 发展肉牛产业

毕节养牛历史悠久，但土牛养殖经济效益低。为此，恒大将澳大利亚纯种安格斯牛和西门塔尔优质肉牛引入毕节，通过引种繁育、改良土牛等方式全面助推毕节市优质肉牛产业发展，迅速构建起良种繁育、养殖基地、牛肉制品、牧草种植、饲料加工、疫病防治和市场营销等全产业链体系。截至 2020 年底，恒大集团为毕节引调并繁育安格斯牛和西门塔尔优质肉牛 9 万多头，改良土种牛 32.3 万头，建成肉牛养殖基地 447 个。2021 年，全市肉牛存栏量 99.08 万头，出栏数 37.17 万头，牛肉产量达 4.91 万吨，规模位列贵州第 1，并成为全国最大种群的安格斯牛养殖基地。在肉牛产业的带动下，按照"公司+合作社+农户"模式引导贫困人口开展青贮玉米、华龙菌草种植，并突出饲草生产、模式创新、链条延伸、绿色转型与科技支撑等工作重点，光种草这一项就带动当地创收 8 亿元，目前毕节已经发展 50 万亩高产优质饲草料基地，努力构建起多方共赢的肉牛产业发展新格局。

以织金县马场镇的李靖（化名，下同）为例，李靖家里共有 7 口人，由于李靖和妻子患有重病，常年都需要吃药，夫妻俩都无法干重活，只得在家种苞谷维持一家人的生计，日子过得十分拮据。2018 年 3 月，李靖夫妇俩进入了恒大援建织金县大陌纯种安格斯牛第一育种场工作，两个人一个月共有 7000 多元的收入，每年还有 1600 元的肉牛分红，此外肉牛产业带动当地发展青贮玉米，让原本种植传统玉米的土地亩产值翻了一番，这更让他们的生活有了坚实保障。

3.培育特色产业

自古"乌蒙无闲草，夜郎多灵药"。毕节是全国中药材的重要产区，"十里不同天"的立体气候环境使毕节中药材品种极其丰富，天麻、党参、半夏、头花蓼等品种品质优良，"大方天麻""赫章半夏""威宁党参"等全国闻名并获得国家地理标志保护认证。依托毕节丰富的中药材资源和生态优势，恒大把中药材产业作为产业扶贫的重要一环，努力将中药材产业打造成促进群众增收的绿色富民产业。通过引导发展当地中药材优势品种、援建产业基地、配套先进设施设备、引进上下游龙头企业方式，建立起完整的种子供应、技能培训、种植、收购、加工、销售等"供、产、销"一体化产业体系。截至2020年底，毕节市中药材种植总面积超过134万亩，总产量1.25万吨，产值达近2亿元。恒大集团采取订单联合种植、保底收购等模式，以"中药材企业+专业合作社+基地+农户"的利益联结方式运营，有效覆盖近900个贫困村，带动4万贫困户、7万贫困人口增收[1]。

以威宁县麻乍镇箐岩村的耿美菊为例，耿美菊家里有6口人，帮扶前主要靠种植苞谷和土豆维持生计，由于土地贫瘠，一年辛苦耕作下来仅能勉强维持基本生活开销。恒大帮扶后，耿美菊进入威宁县麻乍镇魔芋种植基地工作。通过积极学习，她成长为魔芋基地的技术工人，不仅学到了现代化的种植技术，每天有70元的收入，且务工离家近，能方便照顾家庭，这巨大的转变让她对今后的生活充满了信心。

（二）易地搬迁扶贫

毕节农村地区地处乌蒙山腹地，很多群众生活在深山区、石山

---

① 《毕节打造特色中药材富民产业》，《贵州日报》2020年8月8日。

区，生产生活条件匮乏，较恶劣闭塞的自然环境让"一方水土养不起一方人"。易地搬迁扶贫本质是针对"一方水土养不起一方人"贫困地区群体基于生存成本、生存方式及生态环境、社会发展多方面关系综合性考量的结果，是兼具反贫困、生态保护与社会发展多重目标的制度性基础性扶贫方式。恒大集团结对帮扶毕节后，将易地扶贫搬迁改变生存环境视作脱贫攻坚"牛鼻子"，把基本丧失生产生活条件的贫困群众搬出来安置到县城和工业园区等确保贫困群众"搬得出、稳得住"，夯实脱贫攻坚基础。

结对帮扶以来，恒大无偿投入 57 亿元，配合当地党委、政府实施易地搬迁，一个个崭新的易地扶贫搬迁安置点拔地而起。截至 2020 年，恒大在毕节 10 个县区共捐建移民搬迁社区 17 个、新农村 50 个，总建筑面积 511 万平方米，易地搬迁 22.18 万名贫困群众实现全部搬迁入住，每家每户配备家具家电等基本生活用品，精装交付贫困户，基本实现拎包入住。同时，恒大为安置区同步配建教育、医疗、文体、商业设施及适宜贫困户就业的产业，确保搬迁群众有就业，稳得住，安居乐业，逐步能致富。2020 年国家发改委将恒大援建的大方县、七星关区及黔西县移民搬迁社区评为"十三五"美丽搬迁安置区。

陈旭东是七星关区八寨镇罗汉山村村民，地处大山深处，家徒四壁，育有三子。恒大援建七星关区"碧海阳光城"移民搬迁社区后，陈旭东一家四口分得一套 80 平方米的新房，并实现"拎包入住"。陈旭东参加了恒大集团组织的职业技能培训后，被吸纳到安置区配套的智慧温室基地工作，月收入超 4000 元，收入翻了好几番，家里的日子也过得越来越红火了。由此可见，恒大实施易地搬迁扶贫，不仅仅是改善贫困户的居住环境，更重要的是通过配套的公共服务设施及产业，将贫困户的生活方式、工作观念等转向现代化，从而为其后续发展提供更多可能。

（三）就业扶贫

就业扶贫作为见效快的帮扶方式在精准脱贫战略中具有重要的战略地位。有劳动能力的建档立卡贫困人口通过就业帮扶积极融入社会提升自我，从根本上摆脱贫困。恒大就业扶贫包括一是贫困群众职业技能培训，二是推荐贫困家庭劳动力到恒大下属企业、恒大集团援建的产业基地、战略合作单位或引进的上下游企业就业两部分。根据参训对象意愿，集中分类组织开展专题培训，对于外出务工的劳动力主要进行建筑等方面的技能培训，并将这些劳动力输送到恒大内部企业或相关企业就业和创业；对于在本地就业和创业的，主要进行相关农业技术、实用技能培训，以方便贫困户掌握相关的经营技能和生产技能，并同步开展政策法规、安全知识、管理服务常识等培训，切实提高劳动者的综合素质。

同时，恒大组织召开由恒大下属企业、上下游龙头企业、恒大战略合作伙伴企业等组成的人才招聘会，为培训对象和用人单位提供双向选择的平台和机会，积极推荐贫困群众就业，按照"一户一岗"原则落实贫困户就业岗位，并认真地对转移输出的务工人员进行跟踪、了解和回访，组织优秀员工返乡开展巡回宣传、以身说教，带动更多剩余劳动力参与培训、转移就业。"十三五"期内恒大共组织职业技能培训 113217 万人次，推荐贫困群众当地或异地就业 75462 名，人均年收入达到 4.2 万元，真正实现"一人就业、全家脱贫"。

马昭银是威宁县双龙镇高山村人，妻子因难产去世后，马昭银靠种地及打零工养活多病的父母与一个 3 岁多的孩子，生活过得异常艰难。2017 年马昭银作为贫困户在恒大就业培训班学习结业后，被安排到恒大援建威宁县高山村肉牛养殖基地务工，月收入稳定在 4000 元，既实现了"家门口就业"，又能方便照顾家庭，工作生活两不误。

（四）教育扶贫

治贫先治愚，扶贫先扶智。对于贫困地区而言首先需要弥补其教育资源的不足，通过扶教育之贫以实现依靠教育来扶贫。为此恒大在打造"造血"机制的同时，更注重激活贫困人群的内生动力，通过发展教育和加强职业技能培训，让贫困农民有一技之长，提高其文化水平和致富能力，斩断贫困代际传递的"锁链"，实现真正的脱贫。

对此，恒大通过"建学校、强师资、设基金"，全方位补齐当地教育资源短板，已捐建并投入使用 43 所学校，包括幼儿园 28 所、小学 13 所、完全中学 1 所与职业学院 1 所，解决 21423 名学生的"上学难"问题。实施"请进来"与"走出去"相结合战略，积极与清华大学等高等学府合作，引进优质教育资源，在毕节搭建清华大学远程教育教学共享平台，大力资助教师及学校管理干部到清华大学进行业务培训，切实提高教育教学水平；在毕节长期设立教育奖励基金3000 万元，每年奖励资助 300 名贫困家庭优秀学生与 200 名偏远地区优秀教师，截至 2020 年底已奖励 2000 名师生。

以大方县安乐乡青松村的龙兵艳为例。帮扶前，龙兵艳在安乐新民小学就读，由于上学条件艰苦、教学环境落后，龙兵艳对学习一直提不起兴趣，导致成绩越来越差，甚至无心上学。大方县恒大第十一小学建成后，龙兵艳转学到恒大十一小念书，新学校配套设施完善，教室宽敞明亮，课上有清华和本校的老师组成"双师"课堂循循善诱，课后可以来到学校的阅览室自由徜徉书海，这翻天覆地的变化让龙兵艳爱上了学习，成绩稳步提高，从之前的不及格垫底拔高到了现在的优秀，考上大学不再是梦想。现在，越来越多的"龙兵艳"们在恒大教育扶贫的帮助下，逐步缩短了和大城市孩子们的软硬件学习差距，大家站到了同一起跑线上，共同为幸福的明天学习奋斗。

（五）保障扶贫

慈善事业，是脱贫攻坚必不可少的组成部分，保障扶贫是针对完全或部分丧失劳动能力，无法通过产业扶贫与就业扶贫使其以提高自身能力的方式脱贫的贫困人口。恒大在毕节结合当地实际情况实施保障扶贫，建成投入使用 1 所医院、1 所养老院、1 所儿童福利院，号召并组织全集团员工开展"一助一"帮扶农村贫困家庭留守儿童、困境儿童与孤儿 4993 人。

以大方县的齐敏（化名）为例，齐敏父亲因为车祸失去了劳动力，还因诊治欠了一大笔债务，母亲也离家出走，一贫如洗的家境让小齐敏从小没有人照顾，性格十分孤僻。2015 年恒大开始帮扶后，通过特困保障扶贫措施，齐敏被接到恒大援建的儿童福利院生活，并就近在恒大十一小读书，从此生活有了保障。在福利院还有许许多多像齐敏这样的困境儿童，大家一起生活、相互学习、共同成长。保障扶贫，让每一位弱势群体都有了依靠。

四 恒大参与脱贫攻坚经验分析

民营企业参与帮扶是社会扶贫的一支重要力量。在脱贫攻坚这场战役中，恒大坚持精准扶贫，坚持用心用情用力，因户施策、因人施策；坚持"输血""造血""生血"并举；坚持既要"见效快""打基础"更要"利长远"，探索出了在全国可复制、可推广、可借鉴的帮扶模式。

（一）真抓实干

自 2015 年响应党中央对口支援的号召结对帮扶大方县至"十三五"末后，恒大集团帮扶的毕节所有贫困县全部实现摘帽、100 多万贫困人口全部实现稳定脱贫，恒大集团已如期兑现"五年之约"。进入"十四五"时期，乡村振兴成为我国新阶段重点战略，而如何巩固拓展脱贫攻坚成果成为恒大新的努力方向。恒大专职扶贫团队常驻毕节乌蒙山区达五年之久，真抓实干，与当地干部群众并肩作战，助力毕节打赢脱贫攻坚战。"真抓"体现在抓人才、抓思路、抓技术、抓管理、用真情，"实干"体现在整合资源、整市帮扶，以扶引商、立体帮扶，精准滴灌，工作到村、包干到户、责任到人。作为民营企业，恒大投入大量宝贵的资金、资源与人才积极投身毕节扶贫攻坚与乡村振兴中去，为贫困地区捐赠物资、提供就业、援助建设，并有效运用市场机制解决贫困地区的发展问题，以先富帮后富持续回报社会，助力实现共同富裕，这是企业主动承担更多的社会责任的体现，彰显了中国民营企业的责任与担当。

（二）分工协作

扶贫攻坚是一场攻克贫困顽固堡垒的持久攻坚战役，实践表明，我国在扶贫事业探索中逐步形成的政府主导、群众主体、市场主力、社会参与的多元主体扶贫体系及政府、社会、市场协同推进，跨地区、跨部门、跨单位、全社会共同参与的大扶贫格局是行之有效的，这既是社会主义的制度优势体现，又是实施精准扶贫、精准脱贫的关键，也是扶贫措施连续性和有效性的有力保障。

坚持党委政府领导，发挥恒大资源优势，干部群众齐心协力，创新帮扶工作机制，政企民之间各司其职、相互协作，形成强大合力。恒大在总部设立扶贫办，在毕节市各县区设立扶贫管理公司；毕节市各县区政府均成立县级领导负责的恒大帮扶工作指挥部，并建立常态化政企联席会议制度，负责每月定期协商规划、通报进展、解决扶贫问题。政府发挥政治优势与组织优势，负责项目审批、用地协调、数据统计、群众组织、政策宣传等，确保帮扶资源精准对接到建档立卡贫困户；恒大企业管理团队则发挥市场优势与社会资源优势，负责项

目引进、项目设计、资金筹措、主体引进、运营管理、市场营销等，为如期实现脱贫攻坚奠定坚实的制度基础和组织保障。

（三）精准识别

扶贫攻坚贵在精准，恒大严格按照"六个精准"的要求，毕节市全体驻村扶贫队员通过走村入户、访谈摸底的方式深入了解贫困户基本情况，掌握了全市28万多户、100多万贫困老百姓的第一手详细资料。以精准识别为基础，对海量资料与信息进行全方位、多维度的甄别、汇总、统计和分析，毕节市与恒大运用先进互联网与大数据技术建立"精准扶贫大数据管理系统"，形成贫困户区域分布、产业基础、发展意愿、劳动力状况、致贫原因分布等39个子数据库。根据各地贫困群众的发展意愿和基础条件，恒大因地制宜制定帮扶计划，通过产业扶贫、易地搬迁扶贫、就业扶贫、教育扶贫及保障扶贫等综合扶贫措施，建立全方位系统化帮扶体系，并通过大数据对帮扶措施覆盖情况进行实时动态管理。

（四）高效执行

目标计划管理模式是恒大多年来始终高速增长的一大法宝。扶贫攻坚工作中恒大秉承企业独有的"目标计划管理"体系，制定完善的目标计划管理体系和详细帮扶方案及实施计划，既保证进度，又保证质量。产业链环节恒大对扶贫开发项目的规划设计、项目建设、项目质量、资金使用、产品销售、市场拓展完成率等指标进行量化；责任主体上对所有工作目标任务都量化到业务板块部门、到岗位、到个人；时效上分解到年、半年、季度、月、周，调度到日，并且根据量化的指标实施严格考核。同时，恒大扶贫团队秉承从严管理、奖罚分明的企业文化，设立完善的监督监察体系，包括综合计划部、监察室、打击官僚主义办公室等部门，实现对工作计划和目标完成率的有力督导，以超强的执行力确保精准快速推进在毕各项扶贫工作。

（五）立体帮扶

恒大用心用情用力投身脱贫攻坚，恒大通过实施产业扶贫、易地搬迁扶贫、就业扶贫、教育扶贫等一揽子综合措施实现精准扶贫，恒大坚持因户、因人施策，坚持产业、就业等核心帮扶措施多措并举、相辅相成。恒大把产业扶贫视作永久脱贫的根本，创新产业扶贫模式整合产业链各个环节，运用市场手段把分散的一家一户的农民组织起来，根据市场需求指导生产，引进上下游龙头企业分销至国际国内市场，建立起可持续发展的市场化互利共赢合作机制。易地搬迁扶贫中尤其注重配套运营好产业项目，投入大量扶贫资金发展教育事业、组织职业技能培训等，阻断贫困代际传递，坚持实现扶贫、扶智、扶志并举，从而建立起稳定脱贫长效机制。

参考文献

刘建生、陈鑫、曹佳慧：《产业精准扶贫作用机制研究》，《中国人口·资源与环境》2017 年第 6 期。

叶青、苏海：《政策实践与资本重置：贵州易地扶贫搬迁的经验表达》，《中国农业大学学报》（社会科学版）2016 年第 5 期。

李鹏：《精准扶贫视阈下就业扶贫：政策分析、问题诠释与治理路径》，《广西财经学院学报》2017 年第 6 期。

刘军豪、许锋华：《教育扶贫：从"扶教育之贫"到"依靠教育扶贫"》，《中国人民大学教育学刊》2016 年第 2 期。

公丕明、公丕宏：《精准扶贫脱贫攻坚中社会保障兜底扶贫研究》，《云南民族大学学报》（哲学社会科学版）2017 年第 6 期。

（致谢：本文基础材料由毕节试验区有关单位提供。）

B.20
毕节"后扶贫时期"加强民族地区群众返贫致贫风险防范对策研究

文 莉*

摘　要： 毕节市虽然同全国全省一道按时打赢脱贫攻坚战，但由于贫困人口基数大、基础保障底子弱，特别是民族地区存在收入增加难、内力激发难、扶助持续难、治理提升难问题，返贫致贫风险较为突出，需要从动态监测常态化、生产生活组织化、主体作用最大化、外力扶助持久化等方面着力，切实防范发生规模性返贫和新增贫困人口。

关键词： 民族地区　返贫致贫　风险防范　毕节试验区

习近平总书记 2020 年 5 月在山西考察时指出："乡亲们脱贫后，我最关心的是如何巩固脱贫、防止返贫，确保乡亲们持续增收致富。"截至 2020 年底，毕节市所有贫困县、贫困村按国定标准全部出列，贫困人口全部脱贫[①]，习近平总书记要求的"不能落下一个贫困家庭，丢下一个贫困人口""少数民族一个都不能少，一个都不能掉队"[②] 目标全部实现。但"胜非其难也，持之者其难也"，毕节少数

---

* 文莉，毕节市民族研究所助理讲师，主要研究方向为民族地区经济与社会发展。

① 中共毕节市委办公室：《撕扯绝对贫困标签的"毕节七战"》，《贵州调研》2021 年第 2 期，第 21 页。

② 习近平：《习近平扶贫论述摘编》，中央文献出版社，2018。

民族建档立卡贫困人口 64.16 万人，占全市 179.1 万建档立卡贫困人口的 35.8%；少数民族贫困村 777 个，占全市 1981 个贫困村的 39.22%，占 1093 个少数民族村的 71.09%。"后扶贫时期"，民族地区群众返贫致贫风险仍然较大，需要加强防范。

一 返贫致贫风险防范面临"四个难题"

（一）收入增加难

收入是脱贫的硬指标。2020 年，毕节排查出收入在 5000 元以下的边缘易致贫户 1.02 万户 4.48 万人、脱贫不稳定户 1.22 万户 4.93 万人，其中，少数民族边缘易致贫户、脱贫不稳定户人口分别为 1.35 万人、1.42 万人，占比分别为 30.13%、28.8%。这部分人的收入比"脱贫线"高不了多少，属于重点监测对象，一旦遇上灾、病、疫，以及国际国内经济下行压力加大影响劳务就业和产业发展等"加试题"，返贫致贫的风险就会加大。特别是这其中不少群众近年的"高收入"，是在财政扶贫资金支持的产业项目中，通过务工、产业联结群众保底分红等渠道得来的。在产业项目实施完成后，用工量减少、资金投入收窄等将成为"必然"，这就需要寻求新的渠道，方能保障收入不减。

（二）内力激发难

群众是扶贫的对象，更是脱贫的主体，要巩固脱贫成果，群众的主体作用必须全面发挥。据统计，毕节 64.16 万少数民族建档立卡贫困人口，除 18.52 万人为在校生外，剩余的 45.64 万人中，初中及以下学历的人口为 41.88 万人，比例高达 92%。其中，文盲和半文盲人口为 11.09 万人，小学文化人口为 17.78 万人，又分别占初中及以下学历人数的 26.48%、42.45%。文化偏低通常导致两种结果：一是难以适应有技能要求的劳动岗位和技术化的种养殖业发展，只能干"粗活""重活"。而这类既辛苦收入又低的"营生"缺乏吸引力，许多贫困群众都不愿去做。二是有限的思维能力和认知能力，导致等靠思想滋生蔓延，比穷、比谁"拼得"的扶持政策多，甚至成为"本领"和"荣光"，凭借自身努力奔向新生活的拼劲和闯劲严重缺乏。

（三）扶助持续难

在脱贫攻坚中，许多群众是通过采取一些革命性的举措而同步过上好日子的，一旦这些举措弱化，相关挑战会随之而来。一方面，尽管设置了"过渡期"、明确要求"四个不摘"，但正如习近平总书记2019 年在重庆召开解决"两不愁三保障"突出问题座谈会上就指出"一些摘帽县去年以来出现松劲懈怠……一些已脱贫的群众收入不增甚至下降"的那样，松劲懈怠、精力转移的现象仍然可能存在。另一方面，曾经为解决群众就业和收入分红而建成的畜禽养殖场、农产品种植基地、大棚、道路及饮水工程、移民安置点上的扶贫车间及商业配套设施等一大批"扶贫资产"，在管理上还没有形成一套完整高效的机制，还存在权属不明晰、责任不到位、措施不具体等问题①，后期会存在"个个都管、个个都不管"的问题，资产的保值和增值得不到有效保障，群众收入会受到影响。

（四）治理提升难

"村村通""组组通"道路工程的实施，住房、医疗、教育、饮水"四保障"的落实，极大地改善了民族地区生产生活条件。但在

---

① 《民进中央：加强扶贫项目后续管理　防范扶贫资产闲置流失》，北京日报客户端（2020 年 5 月 24 日），https://author.baidu.com/home/1601149438053974，最后检索时间：2021 年 3 月 5 日。

易地扶贫搬迁安置点上推行的基本公共服务体系、培训和就业体系、文化服务体系、社区治理体系、基层党建体系等"五个体系",适用于广大农村地区却没有得到有效推开,因而在如何激活主体、大兴实体、建设载体、解决有人办事、有钱办事、有平台办事,以及信息化、智能化办事等问题上,还没有形成完整管用的制度体系,治理能力和治理水平的提升还有一定的难度。比如,要真正实现在当地就医、读书,劳动就业培训和产业发展要更加精准,党支部领办的村集体合作社破解领办能力弱、群众组织少、利益联结差等障碍,都还有很长的路要走。

剖析问题就是要解决问题,而解决问题之策,"四化"可提供一些借鉴。

二 防范民族地区群众返贫致贫风险的对策建议

(一)监测管理常态化

对已脱贫人员和易致贫人员建立监管机制,跟踪排查、动态管理,及时帮扶。搞好遍访,统筹好贫困村与非贫困村、贫困户与非贫困户,对照"一达标两不愁三保障"的脱贫标准,建立遍访工作内容清单,县直相关部门、乡镇、村三级干部一月一次逐户走访、家家见面,充分了解和精准掌握被访户每一位家庭成员、"一达标两不愁三保障"的每一项指标、产业和就业的每一个方面、落实到贫困户的每一项政策的相关情况。建好台账,把产业、就业、政策保障作为防止返贫致贫的"三驾马车",围绕规模产业和到户产业覆盖群众情况建立产业利益联结的台账、"八个一批"就业形式建立劳动力就业的台账,以鳏寡孤独、留守的老弱幼、一二级重度残疾、卧病在床、受灾害疫情影响、人口多但缺劳力或少劳力家庭等"六类人

员"为重点建立特殊群体的台账，动态监管。强化整改，对排查出的每一个问题建立整改清单，逐项研究解决办法、逐个落实整改措施，确保所有问题不漏一项、按时清零。特别是做到举一反三，通过一个问题的整改，推动共性问题得到全面暴露和彻底整改，通过一类问题的解决，带动一套制度的规范，防止同一问题在不同阶段反复出现。

（二）生产生活组织化

充分发挥党支部的凝聚力、组织力，以领办集体合作社为载体，坚持把闲置的资源资产组织起来、把富余的劳力组织起来、把分散的农户组织起来，抱团发展，解决势单力薄的问题。把资产资金组织起来，鼓励群众以土地承包经营权、实物、地上附着物等资产，以及资金入股合作社，对于发展前景好、收入比例高的投资领域，最大限度地鼓励和支持村民参与，并限制少数人控股，真正实现群众收入最大化。支持村集体通过盘活资源资产、承接资金项目，以及开垦荒地、平整土地、清淤填池和土地升级改造等方式参与发展，增加集体经济积累。把富余的劳力组织起来，在村集体合作社内部建立劳务队，把富余的劳动力按照技能进行编组，对应进入建筑、运输、种植、养殖、市场销售等行列。充分抓住在乡村实施投资 400 万元以下的工程可免招投标程序，可由村集体合作社组织实施的政策优势，以及推行易地集中发展产业的机遇，承包工程、组织务工，让每一个群众通过劳动获得实实在在的收入。把分散的农户组织起来，大力构建"十户一体"的群众互助管理体系，把 10 户左右居住相邻的农户捆绑成一个管理主体，实行卫生联保、公益联合、诚信联建、治安联防、新风联育，互帮互助，一体发展。同时，采取以自然村寨为单元，组建以志愿为主、补偿为辅的服务队，开展对农村"三留守人员"、边缘、弱势群体的服务与照顾，公共设施管护，产业发展的技术、信息、市场服务等工作。

（三）主体作用最大化

习近平总书记强调："脱贫攻坚必须依靠人民群众，组织和支持人民群众自力更生，发挥人民群众主动性。"[1] 只有把群众的内生动力激发出来，最大化发挥主体作用，脱贫致富奔小康才能稳扎稳打。要教得会，贫困村寨的少数民族文化程度普遍偏低，需要通过有效的培训，教会其劳动技能。在培训内容上，要根据劳动力的身体素质和就业意愿等，本着"需要什么就培训什么"的原则，由"群众点菜、部门下单"。通过"问需式"培训，实现所学即所用、即学即用。在培训方式上，不能单一化，要通过集中到脱贫攻坚大讲堂等课堂上进行课程培训，送到企业工厂进行"边工边学"培训，在田间进行栽培、养殖等技术培训等形式，提高培训的针对性和实用性。要拉得动，既要通过常态化政策宣讲、感恩教育和物质奖励、精神鼓励等形式，着力激发群众脱贫致富奔小康的意愿和志向，也要加强典型示范引领，总结推广脱贫典型，用身边人、身边事示范带动，营造勤劳致富、光荣脱贫氛围。更要改进帮扶方式，多采取以工代赈、生产奖补、劳务补助等方式，组织动员贫困群众参与帮扶项目实施，提倡多劳多得，杜绝养懒汉。要管得住，要发挥村规民约的作用，推广扶贫理事会、道德评议会、红白理事会等做法，通过多种渠道约束和规范群众行为。同时，要强化法治教育，引导群众运用法治思维和法治手段表达诉求、主张权利。特别是对不合理的诉求，要敢于坚持原则、善于依法处理，彻底铲除"信访不信法""小闹小解决、大闹大解决、不闹不解决"等现象滋生的土壤。

---

① 习近平：《习近平扶贫论述摘编》，中央文献出版社，2018，第140页。

（四）外力带动持久化

习近平总书记指出，"用好外力、激活内力是必须把握好的一对关系""只有用好外力，激活内力，才能形成合力"①。防范民族地区群众返贫致贫，需要有一批能人长期在村干事创业，最大限度地凝聚起村民共识，团结带领全体村民迈向共同富裕之路。本村干部带强，探索整合县乡事业编制、乡镇招录、村级使用的路径，配强村支书。从"兵支书"、"大学生村官"、退休或返乡的"乡贤能人"、愿意留下的"志愿者"群体中，选拔能组织群众、带动群众的村干部。对村干部采取巡回培训、视频教学、实战训练、外出取经、挂职锻炼、轮岗交流等多种培训方式，提高能力素质，从而提升基层组织和干部的凝聚力、组织力、引领力，把群众带强。留村人才带富，聚焦本地有丰富的实践经验、具有创造性解决实际问题能力的致富带头人、农业科技能手、乡村建筑师、手工艺非遗传承人、民间医生，以及从乡村走进城市而又有返乡意愿的官员、学者、企业家，以及打工者、创业者，愿意到农村干事创业的外地大学生、退役军人、企业家等群体，探索创新留人用人的体制机制，实施吸纳广大群众参与的人才创业工程，真正把群众带富。进村人员带优，坚持阵地前移、重心下移的原则，探索县乡医院、学校"托管"村级医疗卫生、教育的体制机制，有组织地安排科研人员、工程师、规划师、建筑师、教师、医生轮换驻村开展服务，为乡村发展贡献智慧和力量。要把驻村服务成效与补贴补助、职级晋升、职称评聘等结合起来，以"实惠"增"干劲"，以"干劲"换"实绩"。

---

① 习近平：《习近平扶贫论述摘编》，中央文献出版社，2018，第139页。

参考文献

习近平:《习近平扶贫论述摘编》,中央文献出版社,2018。

中共毕节市委办公室:《撕扯绝对贫困标签的"毕节七战"》,《贵州调研》2021年第2期。

皮 书

智库成果出版与传播平台

✤ 皮书定义 ✤

皮书是对中国与世界发展状况和热点问题进行年度监测，以专业的角度、专家的视野和实证研究方法，针对某一领域或区域现状与发展态势展开分析和预测，具备前沿性、原创性、实证性、连续性、时效性等特点的公开出版物，由一系列权威研究报告组成。

✤ 皮书作者 ✤

皮书系列报告作者以国内外一流研究机构、知名高校等重点智库的研究人员为主，多为相关领域一流专家学者，他们的观点代表了当下学界对中国与世界的现实和未来最高水平的解读与分析。截至 2021 年底，皮书研创机构逾千家，报告作者累计超过 10 万人。

✤ 皮书荣誉 ✤

皮书作为中国社会科学院基础理论研究与应用对策研究融合发展的代表性成果，不仅是哲学社会科学工作者服务中国特色社会主义现代化建设的重要成果，更是助力中国特色新型智库建设、构建中国特色哲学社会科学"三大体系"的重要平台。皮书系列先后被列入"十二五""十三五""十四五"时期国家重点出版物出版专项规划项目；2013~2022 年，重点皮书列入中国社会科学院国家哲学社会科学创新工程项目。

权威报告·连续出版·独家资源

皮书数据库
ANNUAL REPORT(YEARBOOK)
DATABASE

分析解读当下中国发展变迁的高端智库平台

所获荣誉

- 2020年，入选全国新闻出版深度融合发展创新案例
- 2019年，入选国家新闻出版署数字出版精品遴选推荐计划
- 2016年，入选"十三五"国家重点电子出版物出版规划骨干工程
- 2013年，荣获"中国出版政府奖·网络出版物奖"提名奖
- 连续多年荣获中国数字出版博览会"数字出版·优秀品牌"奖

皮书数据库

"社科数托邦"
微信公众号

成为会员

登录网址www.pishu.com.cn访问皮书数据库网站或下载皮书数据库APP，通过手机号码验证或邮箱验证即可成为皮书数据库会员。

会员福利

- 已注册用户购书后可免费获赠100元皮书数据库充值卡。刮开充值卡涂层获取充值密码，登录并进入"会员中心"—"在线充值"—"充值卡充值"，充值成功即可购买和查看数据库内容。
- 会员福利最终解释权归社会科学文献出版社所有。

数据库服务热线：400-008-6695
数据库服务QQ：2475522410
数据库服务邮箱：database@ssap.cn
图书销售热线：010-59367070/7028
图书服务QQ：1265056568
图书服务邮箱：duzhe@ssap.cn

社会科学文献出版社 皮书系列
SOCIAL SCIENCES ACADEMIC PRESS (CHINA)
卡号：253916389116
密码：

S 基本子库
SUB DATABASE

中国社会发展数据库（下设 12 个专题子库）

紧扣人口、政治、外交、法律、教育、医疗卫生、资源环境等 12 个社会发展领域的前沿和热点，全面整合专业著作、智库报告、学术资讯、调研数据等类型资源，帮助用户追踪中国社会发展动态、研究社会发展战略与政策、了解社会热点问题、分析社会发展趋势。

中国经济发展数据库（下设 12 专题子库）

内容涵盖宏观经济、产业经济、工业经济、农业经济、财政金融、房地产经济、城市经济、商业贸易等 12 个重点经济领域，为把握经济运行态势、洞察经济发展规律、研判经济发展趋势、进行经济调控决策提供参考和依据。

中国行业发展数据库（下设 17 个专题子库）

以中国国民经济行业分类为依据，覆盖金融业、旅游业、交通运输业、能源矿产业、制造业等 100 多个行业，跟踪分析国民经济相关行业市场运行状况和政策导向，汇集行业发展前沿资讯，为投资、从业及各种经济决策提供理论支撑和实践指导。

中国区域发展数据库（下设 4 个专题子库）

对中国特定区域内的经济、社会、文化等领域现状与发展情况进行深度分析和预测，涉及省级行政区、城市群、城市、农村等不同维度，研究层级至县及县以下行政区，为学者研究地方经济社会宏观态势、经验模式、发展案例提供支撑，为地方政府决策提供参考。

中国文化传媒数据库（下设 18 个专题子库）

内容覆盖文化产业、新闻传播、电影娱乐、文学艺术、群众文化、图书情报等 18 个重点研究领域，聚焦文化传媒领域发展前沿、热点话题、行业实践，服务用户的教学科研、文化投资、企业规划等需要。

世界经济与国际关系数据库（下设 6 个专题子库）

整合世界经济、国际政治、世界文化与科技、全球性问题、国际组织与国际法、区域研究 6 大领域研究成果，对世界经济形势、国际形势进行连续性深度分析，对年度热点问题进行专题解读，为研判全球发展趋势提供事实和数据支持。

法律声明